U0043850

政治暴力團

流氓、極道、國家主義者，影響近代日本百年發展的關鍵因素

RUFFIANS YAKUZA NATIONALISTS

The Violent Politics of Modern Japan, 1860–1960

Eiko Maruko Siniawer

英子·丸子·施奈華

游淑峰——譯

目錄

獻給我的父母，紀念祖母，
並獻給皮特（Pete）

誌謝

這本書的撰寫，從許多方面來看，是一個集體努力的成果。從發想到出版，這個計畫是由多年來教導我、挑戰我與支持我的同事、朋友所形塑和推進的。當我在研究與寫作過程中感覺孤獨的時刻，總有某個人提醒我，這項工作可以如何成為一個與其他人的對話。所以，我很感激有這個機會來懷念、肯定與表達我對所有協助我完成這本書的人的衷心感謝，你們讓這本書比原來的樣子好太多。

在學識方面，我得大大感謝安德魯．戈登（Andrew Gordon），他對日本歷史的看法對我影響極大。直到最近，我才明白這本書是如何反映他所關心的主題，從民主，到跨越戰爭的歷史。他總是全然參與我的工作，甚至同時兼顧多項任務，在學術研究與學術倫理方面，他一直是我的典範。我也很感激丹尼爾．波茨曼（Daniel Botsman），他對犯罪史的專長，以及對日本歷史學術研究的博大精深，為許多章節增加了深度。他深思熟慮的質問與對本書的高度期望，是令人歡喜的腦力挑戰。最後，若不是彼得・佛洛斯特（Peter Frost），我也不會成為一位日本史學家，是他向我引介這個主題，並一直是一位真正的良師益友。他深刻的問題，將草稿中較弱的部分支撐起來，但我永遠感激的，是他的慷慨大方。這三位顧問全對這本書有直接的影響，他們都讀了草稿，對多次修改版本提出批評指教。

其他人則善意分享他們對全部或部分草稿的想法。我希望約翰・道爾（John Dower）對大格局的眼光、對比較歷史的投入，在這裡留下一些印記。藤野裕子一直是絕佳的辯論對象。她對這個主題的熱情與洞見、樂意為我與日本的學者牽線，以及處理困難問題的精神，讓我極為暖心。艾美・史丹利（Amy Stanley）將她對德川時代歷史的專長，帶進了第一章，指引我閱讀重要書籍，並提出有趣的觀點。大衛・安巴拉斯（David Ambaras）與薩賓娜・弗洛斯達克（Sabine Frühstück）慷慨分享他們的時間與建議。湯馬斯・哈文斯（Thomas Havens）也對這本書的早先版本提供意見。

進行研究工作時，我受到許多友人的協助，得以打開新的線索。平石直昭贊助我在東京大學多次停留，並且在關鍵決定時給我實用的建議。我曾與安在邦夫、中嶋久人、須田努針對暴力的想法，激盪對話。星野周弘、根本芳雄、岩井弘融都分享了他們研究極道的大量經驗。法政大學大原社會問題研究所的教職員熱情友好。還有其他人（例如三谷博、中村政則、成田龍一、大日方純夫與玉井清）在我仍在黑暗中摸索時，友善地與我見面。到了研究末期階段，海倫娜・哈尼克（Helena Harnik）忍受了一個難熬的夏天，擔任我碩士研究的助手，將堆積如山的一九六〇年代資料條理化，然後成為最後一章的內容。

各個圖書館與檔案室的員工也不可或缺，尤其是大原社會問題研究所、町田市的自由民權資料館、日本國家檔案，以及哈佛燕京圖書館。我也很高興能挖掘日本外務省外交史料館、國會圖書館、東京都立中央圖書館、大宅壯一文庫、國立劇場、福岡縣立圖書館、馬里蘭的美國國家檔案，以及東京大學多個圖書館的收藏。

我很幸運能以幾個研究單位為家。威廉斯學院（Williams College）是一個超級支持研究工作的地方，對於學者離開的時間和資助都非常慷慨。對於這個計畫，我在歷史與亞洲研究所的同事特別幫忙，我非常感謝他們的參與和鼓勵。東京大學社會科學研究所多次收留我，哈佛大學的賴肖爾日本研究所（Reischauer Institute of Japanese Studies）邀請我以訪問學者的身份，參加他們的社群。透過哈佛的多種體驗，我深受知識同僚的感動，包括Cemil Aydin、Jeff Bayliss、Jamie Berger、Marjan Boogert、Michael Burtscher、Rusty Gates、前田弘美、村井則子、中山和泉、Emer O'Dwyer、下田啟、Jun Uchida與Laura Wong。中納洋一既有眼光，又很坦誠，他與我一起完成了這本書的主軸。

我必須感謝康乃爾大學出版社的羅傑．海登（Roger Haydon），當這本書的文稿還很粗糙，難登大雅之堂時，他就表現出對這本書的興趣，並且以輕鬆幽默的態度，引導這本書走過整個出版程序。兩位匿名的審稿者也對文稿提出非常具建設性的回饋。

我收到這麼多的幫助，但這本書的想法與決定是我的。上述許多的協助，在書中以某些角度與爭議呈現出來。而一如以往，這本書所有缺點與弱點的責任，都在我一人身上。

最後，若不是有來自日本國際交流基金會、美國社會科學研究委員會、賴肖爾研究所與美國國家人文學術基金會的慷慨資助，這本書不可能進行研究與撰寫。

致我的父母，感謝他們的犧牲、相信我的能力——我極為感恩。感謝我在日本的時光，親戚們溫暖地招待我。而我希望祖母的力量、精神，以及對歷史的愛，能在這本書中展現出來。我很遺憾她無法親眼見到這本書的出版。

致我的夫婿皮特，我無法表達他對我這本書有多麼大的信心與耐心，還有他這些年來對我不變的支持。我希望他知道我是多麼地真心感謝。

英子・丸子・施奈華

麻薩諸塞州，威廉斯鎮

引言

暴力一直是日本政治近代史中，一股持續的力量。近代（modern）日本國家的誕生過程，本身即是暴力的。一八五〇年代，當不祥的外國槍砲船出現在外海，近世（early modern）[1]的德川幕府政權（1600–1868）因遭受威脅而動搖了起來；到了一八六〇年代，該政權更被來自叛徒刺客和倒幕諸藩的軍隊擊潰。隨著新上任的明治天皇於一八六八年一月宣布廢除舊秩序，最後一位德川征夷大將軍也在四月讓出了首都，德川幕府的滅亡，被許多歷史學者形容為一次和平的政權移轉。相較於腥風血雨的法國大革命，雖然日本一八六八年的明治維新相對不流血，但也不應該忘記，德川幕府的頑抗分子和明治天皇效忠者之間的內戰，一直持續到一八六九年六月底，期間亦

1 譯註：依台灣史學傳統，「近世」（early modern，又譯「近代早期」）指的是中世紀後，「近代」（modern，又譯「現代」）之前的時期。在日本史中，德川時代屬於近世。

造成成千上萬人死亡。從這個角度看來，明治新政府的建立，其實也是一劇烈斷裂的重要關頭。

近代日本的誕生，並未轉型為和平時代及紳士政治；反而極端助長了某種政治動盪，且在接下來的一百年，以各種不同形式延續下來。抗爭者在政治運動中轉向暴力，最早是發生於一八七〇和八〇年代的「自由民權運動」，當時的抗爭者向明治藩閥施壓，要求制憲、成立議會，並且擴大政治參與。之後，在一九〇五年簽署《樸茨茅斯條約》[2]與一九一八年所謂「米騷動」的數年之間，上萬民眾身體力行，攻擊象徵國家的機關，並藉此表達他們對政府某些政策的不滿。暴力在意識形態戰爭方面，也是不穩定的因素，尤其是在俄國革命後的數十年，當不同旗幟的左翼——從無政府主義者到工會分子——與一國家主義組織或不穩定的國家體制產生衝撞之際。自一八六〇年代到一九二〇年代期間，日本政治人物遭暗殺的事件時有所聞，但也許最著名的，是一九三〇年代企圖政變中，當時軍方的年輕軍官雖然本身未能成功接管政府，卻實際打通了軍人晉升、獲得政治權力的管道。

穿插在這些暴力政治活動之間的，正是本書的中心人物——流氓、極道，以及他們的族類。簡言之，他們是那些使用武力（physical force，或「肢體暴力」）的人，且以其主要目的——施展暴力——而為人所知。這些暴力專家（violence specialists）——如我稱他們的——不只和日本史的學生所熟悉的民眾抗議、暗殺、政變緊密相關，較少為人所知的是，他們施展的暴力甚至跨越這些事件爆發的那一刻。他們的暴力行為（ruffianism）——經常伴隨破壞行為、威脅、恐嚇的鬥毆以及肉搏——與政治結合，顯示暴力並非是單一事件，而是一種系統性的，而且是近代日本政治風貌根深柢固的元素。

暴力專家如何、以及為什麼和政治如此緊密糾結？這個問題，促成本書對暴力政治圈的探索。而同樣備受爭議的，是從一八六〇年代近世政權的最後幾年，一直到一九五〇年代第二次世界大戰後的民主重生之間，日本政治中的暴力所產生的意義及其衍生影響。這也是暴力專家及其暴力行為如何被合法化的故事，以及一個政治暴力的文化是如何成形的，以致使用肢體暴力被許多政治人物視為一種可行的，至少是被默許的手段。這種政治暴力的文化，即便仍在變動、改變中，卻有助於這種持續而且經常被視為理所當然的暴力，長存於政治中。

史學角度的政治暴力

藉由將暴力放在日本政治史的中心，本書試圖闡釋的是，「政治」往往比我們原先所理解的更危險、更暴力。日本政治暴力這個籠統的主題，多年來鮮少被研究；處理暴力這個主題時，通常將之置於社會或政治運動的脈絡中，且僅視之為其他政治現象的證據，不論是某種民主意識或

2 譯註：日俄戰爭後，俄國戰敗，日俄在美國調停下所簽訂的條約。

右翼極端主義的展現。長期以來，單就一種暴力形式本身，極少被視為一種現象，並加以檢視。

在美國，「暴力」的主題最初為二次大戰後數十年的歷史學者所忽略。一九五〇年代和六〇年代的美國歷史學者，致力於反轉戰後數年徘徊不去的戰爭刻板印象，其中之一，便是「日本人」多為好鬥及野蠻的大眾形象。因此，歷史學者強調他們讚賞的，是如日本昔日的正向面（或者，以史學家馬里厄斯・詹森（Marius Jansen）的話來說，是「光明面」）。[3]而所謂的近代派（modernization school）學者，則試圖轉移注意力，從一個壓抑的、封建的日本政治體系概念，重新定位日本為一突出的成功故事，因而聚焦在明治時期（1868-1912），也就是他們認為日本快速進步的時期。[4]戰爭確實是錯誤的一步，但這個議題大多擱置一旁；日本被追捧為近代化國家的典範、抵抗共產主義的堡壘。[5]

這並不是說，近代派學者完全迴避暴力的主題，而是他們很少能夠掌握暴力行動的內涵及意義。例如，詹森確實對不怯於使用武力的反抗者和冒險者，進行了創新的研究。但即使是詹森，偶爾也會落入一種迷思，將這些暴力類型描述為愛國者及改革者，不經意地合理化他們的自我認知，而相較於以他們之名所行使的暴力，詹森似乎對意識形態（自由主義、國家主義、泛亞洲主義）更有興趣。[6]在一篇論文裡，詹森確實考慮到暴力與近代化的關係，聚焦在一八六二年的政治家勝海舟、一九三二年的首相犬養毅以及一九六〇年社會主義政治家淺沼稻次郎等三次企圖暗殺行動（明確地說，後兩起案件屬實際暗殺）。詹森特別選擇這三起事件，闡述日本在這一百年當中，在政治上及社會上，如何變得更為複雜化。無疑地，這三起案件的社會政治背景不同，但是，以進步的角度來定位這種暴力，不只可議，也透露詹森對近代化論（modernization）的關心的程度，影響了他對暴力問題的處理。[7]

3　詹森主張，必須強調「光明面」，以彌補世人對日本「政治上不足和精神上失敗」的關注，從而達到對日本近代史較「平衡的評估」。Marius B. Jansen, "On Studying the Modernization of Japan," in *Studies on Modernization of Japan by Western Scholars* (Tokyo: International Christian University, 1962), 11。

4　針對從一系列關於日本近代化的會議所集結的兩冊書，詳見Marius B. Jansen, ed., *Changing Japanese Attitudes toward Modernization* (Princeton: Princeton University Press, 1965); R. P. Dore, ed., Aspects of Social Change in Modern Japan (Princeton: Princeton University Press, 1967)。

5　關於近代化論者，見John W. Dower, "E. H. Norman, Japan and the Uses of History," in *Origins of the Modern Japanese State: Selected Writings of E. H. Norman*, ed. John W. Dower (New York: Pantheon, 1975), 55–65; Sheldon Garon, "Rethinking Modernization and Modernity in Japanese History: A Focus on State-Society Relations," *Journal of Asian Studies* 53, no. 2 (May 1994): 346–48; Daniel V. Botsman, *Punishment and Power in the Making of Modern Japan* (Princeton: Princeton University Press, 2005), 6–9。值得注意的是，Dower認為，前一代的學者E. H. Norman並未如他的近代化論後繼者一樣，企圖將日本正向描繪。

6　Marius B. Jansen, "Ōi Kentarō: Radicalism and Chauvinism," *Far Eastern Quarterly* 11, no. 3 (May 1952): 305-16; Marius B. Jansen, *The Japanese and Sun-Yat Sen* (Cambridge, Mass.: Harvard University Press, 1954).

7　Jansen, "Studying the Modernization of Japan," 1-2。我在這裡提出近代化論學者處理暴力的方式，但是我不迴避「近代性」（modernity）和「近代的」（modern）是分析的有效類別，或是值得研究的現象。因此在整本書使用「近世」（early modern）與「近代」（modern）這類字時，我覺得有一點忐忑。

比起近代化論學者，其他歷史學者則以更直接的方式，反駁日本人好鬥的刻板印象，暗指、甚至宣稱一種假定為愛好和諧的日本文化。關於日本人喜歡避免爭端的捕風捉影、籠統說法，儼然成為著作中的基本假設，形成誤導的論述，誆說近世日本鄉村有濃厚的社群意識、戰後的勞資關係少有爭端、日本人的法律意識薄弱等。[8]

最後，這一代的政治史學者傾向不檢視暴力衝突，轉而關注在體制、思想以及精英人物身上。[9]這是重要的工作，但這種角度傾向於將政治描繪成一個主要由顯赫的藩閥、充滿算計的政客、高尚的知識分子和備受敬重的官僚所組成的世界。

同樣在日本的這幾十年間，尤其在報紙和期刊裡，可見一些書寫文本講述戰後初期的恐慌這類剛發生不久的暴力事件。而一些歷史學者，如信夫清三郎，則開始面對、處理抗爭的歷史，包括一九一八年的「米騷動」。[10]此處的暴力行為主要被放在抗議活動的脈絡中，且定位為政治表達以及挑戰政府的一種形式。

在這個次領域之外，多數一九五〇年代的日本歷史學者深受馬克思主義的影響，主要關心經濟架構做為社會改變和變革的誘發因子等諸方面的研究。[11]即使是撰寫日本晚近法西斯主義的作者，也甚少處理暴力問題；雖然有明顯的例外，但多數作者鑽研於一九三〇和四〇年代的事件中，所引發的意識形態或制度上的動機。[12]史學家丸山真男在關於這個主題的經典論文中，確實處理了日本法西斯主義的架構、功能、意識形態與社會基礎問題，但也鮮少碰觸暴力議題。[13]國

家主義者認為，特定的組織及人物通常會吸引較多的注意，但他們施展的暴力則經常被忽略，除

8 關於挑戰日本人「和」的精神的論文，見Stephen Vlastos, ed., Mirror of *Modernity: Invented Traditions of Modern Japan* (Berkeley: University of California Press, 1998)。

9 Robert A. Scalapino, *Democracy and the Party Movement in Prewar Japan* (Berkeley: University of California Press, 1953); George Akita, *Foundations of Constitutional Government in Modern Japan, 1868–1900* (Cambridge, Mass.: Harvard University Press, 1967); Tetsuo Najita, *Hara Kei in the Politics of Compromise, 1905–1915* (Cambridge, Mass.: Harvard University Press, 1967); Joseph Pittau, *Political Thought in Early Meiji Japan, 1868–1889* (Cambridge, Mass.: Harvard University Press, 1967); Peter Duus, *Party Rivalry and Political Change in Taisho Japan* (Cambridge, Mass.: Harvard University Press, 1968).

10 見第五章。信夫清三郎《大正政治史二巻》（河出書房，1951）。其他在一九五〇年撰寫關於「米騷動」的文獻，見庄司吉之助《米騷動の研究》（未來社，1957）。

11 關於馬克思主義學者與他們對暴力的處理，見須田努《暴力はとう語られてきたか》，資料來源：須田努、趙景達、中嶋久人合編《暴力の地平を超えて：歴史学からの挑戦》（青木書店，2004），14-15。

12 木下半治《日本ファシズム史》（岩崎書店，1949）；田中惣五郎《日本ファッシズムの源流—北一輝の思想と生涯》（白揚社，1949）；前島省三《日本ファシズムと議会—その史的究明》（法律文化社，1956）。以暴力為焦點的作品包括戒能通孝《暴力—日本社会のファッシズム機構》（日本評論社，1950）。以上這四位作者，只有田中惣五郎是受過訓練的歷史學者。

13 丸山真男最為人知的法西斯論文英文譯本，可以在這本書中找到：Maruyama Masao, *Thought and Behaviour in Modern Japanese Politics*, ed. Ivan Morris (Oxford: Oxford University Press, 1963)。而討論丸山真男關於法西斯主義作品的歷史學評論文章，以及更多近期開始處理暴力的作品，見加藤陽子〈ファッシズム論〉《日本歷史》第700號（2006年9月），143-53。

了對一九三〇年代企圖政變行動的必要描述。而且一如在美國，政治史為狹義取向、一種僅止於架構和概念的學問。[14]

隨著如信夫清三郎等史學家感興趣的主題為一群開始將「民眾」置於研究前線的學者所擁抱，上述的情況在一九六〇和七〇年代逐漸有了改變。受到一九六〇年抗議《美日安保條約》新約引發的大型示威活動所啟發，撰寫「民眾史」的學者開始和他們的馬克思傳統分道揚鑣，轉而討論近代主義者和近代理論，並且選擇草根的方法，聚焦非精英角色在歷史中的驅動力量。[15]鹿野政直與安丸良夫大刀闊斧的切入政治議題，出版關於「大正民主」和社會運動的書籍。特別是隨著色川大吉撰寫關於自由民權運動期間民眾起義的事件，「暴力」逐漸成為關注的重點。這部民眾史學者的作品——尤其是色川大吉和安丸良夫的作品——透過其在概念上跳脫對政治精英的單一關注，加上我蒐集到的豐富研究資料，將在這本書留下印記。[16]

如民眾史學者，一九七〇年代晚期和八〇年代，美國的日本史學者主要透過對民眾抗議的研究，將暴力納入他們的作品。羅傑・鮑溫（Roger Bowen）完成了一本極具說服力的作品，其中討論自由民權運動中「庶民」的地位；麥可・路易斯（Michael Lewis）記錄了一段一九一八年米騷動的重要獨白；而安德魯・戈登（Andrew Gordon）也重新概念化日本的民主概念，致力於自一九〇五年延續至一九一八年的「民眾騷擾期」。[17]日式和諧的形象，原是一種被創造出來的傳統，且因為這些後續被揭露而出的形象，而漸漸失去光采，同時，也愈來愈多人關注日本近代史中的衝突所在。[18]

這些學術研究都很具突破性，但是對於將「衝突與社會運動的暴力」當作一種問題，幾乎是漠不關心。暴力主要還是被視為政治意識和群眾活力的重要證據，訴求一種民眾參與的政治，以及日本民主的草根元素。很少有研究是專門處理政治暴力可能衍生的影響，也鮮少討論民眾暴力

---

14 田中惣五郎《日本官僚政治史（修訂版）》（河出書房，1954），蠟山政道編《日本の政治》（毎日新聞社，1955）；鈴木安蔵編《日本の国家構造》（勁草書房，1957）。

15 關於民眾史學者，見Carol Gluck, "The People in History: Recent Trends in Japanese Historiography," *Journal of Asian Studies* 38, no. 1 (November 1978) , 25-50。

16 鹿野政直《日本の歴史27：大正デモクラシー》（小學館，1976）；安丸良夫，深谷克己校注《日本近代思想大系21：民眾運動》（岩波書店，1989）；色川大吉《困民党と自由黨》（搖籃社，1984）。一九六〇年代其他聚焦暴力的作品：見室伏哲郎《日本のテロリスト：暗殺とクーデターの歴史》（弘文堂，1962）；森川哲郎《幕末暗殺史》（三一新書，1967）。

17 Roger W. Bowen, *Rebellion and Democracy in Meiji Japan: A Study of Commoners in the Popular Rights Movement* (Berkeley: University of California Press, 1980); Michael Lawrence Lewis, Rioters and Citizens: Mass Protest in Imperial Japan (Berkeley: University of California Press, 1990); *Andrew Gordon, Labor and Imperial Democracy in Prewar Japan* (Berkeley: University of California Press, 1991。近期討論抗議活動中的暴力活動，見David L. Howell, *Geographies of Identity in Nineteenth-Century Japan* (Berkeley: University of California Press, 2005), 89-109。

18 Tetsuo Najita and J. Victor Koschmann, eds., *Conflict in Modern Japanese History: The Neglected Tradition* (Princeton: Princeton University Press, 1982).

和其他形式的暴力政治之間可能的關聯。[19]

暴力、暴力專家與政治

本書視暴力本身為一重要的歷史現象，並將此處和全書討論的這種暴力定義為肢體上的真實脅迫。讀者會發現，我有時會用「肢體暴力」（physical force，或「武力」）做為「暴力」（violence）的同義詞，指稱這種脅迫到身體的特定真實力量。[20]這不是要漠視其他種類的暴力，例如心理上的暴力等便具有相同的威脅力，而且也和肢體暴力一樣會造成心理創傷。但是，當暴力是肢體上的，傷害及痛苦同時加諸於身體和心理，兩者便有本質上的不同。[21]因為如此，許多政治理論家視暴力為侵犯身體的一種行為。[22]

特別把焦點放在暴力專家，是聚焦在暴力的工具性本質，行使暴力被當成一種政治工具。「暴力專家」這個詞最常為政治理論家使用，例如查爾斯・提里（Charles Tilly），指稱專門施加肢體傷害的人，例如軍人、警察、武裝警衛、暴徒、幫派分子、恐怖分子、土匪以及泛軍事力量。[23]這裡採用此定義的精神，因為它描繪出暴力如何與國家和政治的運作交織在一起。然而，我著重在國家的暴力手腕之外，暴力專家何以能夠模糊合法性和非法性暴力的概念。[24]我因此使用「暴力專家」指稱那些非國家行為者，他們以在政治領域施加肢體暴力為業，或者從執行政治暴力行動中收取報償。

有鑑於定義「暴力」和「暴力專家」造成的混淆，接著我很快說明語言使用的自我覺知。多數時候，當提到暴力專家時，我通常試著選擇中性字眼，不論是正面或負面，只要是其所引

---

19 這些議題最近在一本書中被提起，專門檢視暴力在日本歷史中的位置。見須田努、趙景達、中嶋久人共編《暴力の地平を超えて—歴史学からの挑戦》（青木書店，2004）。

20 Georges Sorel可能對我將「強制力」或「武力」（force）與「暴力」（violence）視為等同感到不自在。Sorel清楚區分強制力與暴力，主張強制力是由少數人加諸於社會秩序，而暴力通常摧毀社會秩序。Georges Sorel, *Reflections on Violence*, ed. Jeremy Jennings (Cambridge: Cambridge University Press, 1999), 165-66。

21 有些人，如Daniel Ross，可能不同意我完全區分了身體（body）和心理（mind），以及將身體（body）字面定義為有形的身體。他對身體的概念比較是概括的：「任何可以從其他東西區隔出來的，都可以被描述為一個個體（body）。」Ross理解廣泛的暴力為「一種夠有力的行為，足以產生一種作用。」Daniel Ross, *Violent Democracy* (Cambridge: Cambridge University Press, 2004), 3-4。雖然我同意，暴力不一定是肢體上的，把這個概念過於擴大，也會有將暴力等同於威脅的危險，因而混淆有用的區別。Charles Tilly也警告過，使用「暴力」這個字眼，不應太過鬆散。Charles Tilly, *The Politics of Collective Violence* (Cambridge: Cambridge University Press, 2003), 4-5。

22 John Keane認為，暴力是「任何不受歡迎的，但是故意或半故意的以肢體侵害另一個原本過著『和平』生活的人的行為。」John Keane, *Reflections on Violence* (New York: Verso, 1996), 6。

23 Tilly, *Politics of Collective Violence*, 4–5, 35–36。關於「暴力專家」（specialist in violence）的類似使用方式，見Robert Bates, Avner Greif, and Smita Singh, "Organizing Violence," *Journal of Conflict Resolution* 46, no. 5 (October 2002): 600。

24 與日本政治史無關的暴力專家，例如某種執行者或甚至運動員，本書不會納入討論。軍人和警察在其他地方研究過，在本書中也不可能一併討論；但是在討論他們與民間暴力分子的關係時，確實會出現。

起的言外之意最少。尤其是寫到「極道」（ヤクザ，英文為「yakuza」，中文或寫成「雅庫扎」，意指「日本黑道」）這個詞的時候。我決定用這個名詞，而非英語裡的「黑幫」（gangster），是因為「黑幫」一詞，對美國電影觀眾而言，可能會引起他們對禁酒令時期黑幫老大的浪漫想像。而且，「黑幫」的意思也太過廣泛，指稱任何形式的組織犯罪，從街頭幫派到龐雜的犯罪集團皆屬之。當情境恰當，極道也會特別和「黑手黨」——一種定義清楚的組織性犯罪組成——相提並論。[25]同時，我也避免使用日語的「俠客」，這個詞通常是極道用來謙稱自己。這並不是說「極道」這個詞本身沒有概念上或語意上的包袱，而是其建構的形象不如「俠客」那麼一致，極道既被浪漫化，也同樣被妖魔化。而且至少比起「黑幫」，「極道」這個日語詞彙較不會引發美國讀者過多的聯想。在盡可能選擇中性字眼的同時，我不是想指出暴力或暴力事件不應該被評斷，或者使用肢體暴力不具有重要道德意義與暗示。但是，在我心裡，暴力有如此多種類和意圖，以致無法口徑一致地予以讚揚或譴責。例如，在追求民主的草根運動中所使用的暴力，和暗殺一位人民選出的政治領袖或帝國主義者，兩者是不同的。因此，引起爭議的語言不只會扭曲，也不足以描繪其中的複雜性。在書中的某些地方，我明白地提出我對政治行動的判斷，而在這裡，我使用足以說明我的觀點的字詞，例如我選擇「活躍分子」、「抗議者」，而不是「暴徒」。貫穿整本書，我都很注意這個問題，以便清楚討論當代暴力與暴力專家的結構。

檢視日本暴力專家的歷史，可以看出暴力不只是政治表達的一種形式，同時也是一種工具

——被用以獲取和運用影響力，企圖控制、掌握權力，試圖製造混亂，以便以個人願景重整秩序。[26]政治（或許，尤其是民主政治）的對抗本質，傾向製造出這類工具的需求，而日本也不例外，因為日本的政治充斥著紛爭與衝突。[27]暴力之所以具有吸引力，不只因為實用性，也因為一種在限度內容忍，有時甚至鼓勵使用肢體暴力的政治文化。由於結構上與文化上的兩種因素，使暴力成為一種誘人的政治工具。因此，暴力的使用，吸引著活躍分子、抗議者、政客，對政治家亦然。暴力不僅見於偶發事件和政治運動——這些脈絡在書中也會談到——暴力也是例行政治活動的一部分。

25 研究組織性犯罪和黑手黨的學者通常理解，黑手黨是組織性犯罪的一種。而所有的組織性犯罪團體尋求的是一種非法利益的壟斷，而黑手黨特別感興趣的一種商品是保護。如Diego Gambetta所解釋的，他是第一個提出以下定義的人：「黑手黨是一種特定的經濟企業，一種生產、鼓吹並銷售私人保護的產業。」見Diego Gambetta, *The Sicilian Mafia: The Business of Private Protection* (Cambridge, Mass.: Harvard University Press, 1993), 1。與其他組織性犯罪團體比起來，因為黑手黨對於提供保護的興趣，使他們和國家之間有較複雜的關係。

26 關於政治暴力被用來重整秩序，見David E. Apter, "Political Violence in Analytical Perspective," in *The Legitimization of Violence*, ed. David E. Apter (New York: New York University Press, 1997), 5。

27 關於政治與政治的「對抗層面」，尤其是民主政治，見Chantal Mouffe, *On the Political* (New York: Routledge, 2005), 2-4。

暴力與民主

這本書一開始便提到，德川時代末，從近世過渡到近代統治中間，究竟發生了什麼事？還有，日本民族國家的暴力誕生過程，對接下來的近代政治有什麼意涵？這裡的核心，是檢視近代暴力專家——「志士」與「博徒」——的前輩，是如何縱橫於一八六〇年代到一八八〇年代中期的關鍵歲月？「志士」通常是下級武士，他們企圖透過暗殺外國人和被指為叛國的日本官員，以推翻一八六〇年代的近世政權。做為一股政治力量，志士雖未延續到明治時期，但他們確實為愛國和反抗的暴力，樹立一種可變通的先例，讓不同的近代繼承者得以選擇性地引用並合理化自身的政治暴力。而「博徒」則是賭徒、極道的一種，他們不僅為近代留下一種意識型態的傳承，而且他們在日本近代政治的脈絡中，本身就變成暴力專家。有些博徒曾受各藩招募，加入一八六八年至一八六九年的戊辰戰爭[28]，因為他們比武士更善戰，畢竟武士已相對萎靡不振好一段時間。一八八〇年代，博徒參與、甚至領導了自由民權運動裡最暴力的部分，成為對政治有意識的、並採取行動的暴力專家。

自由民權運動也是本書主要議題的起跳板：探究近代日本政治暴力與民主之間的交互作用。相較於上述對暴力的討論，民主的定義則相當單純。民主是一種參與形式的政府，有民意機關，和一部憲法。這種概念的形成是刻意淺顯，以強調民主不只是理想的高尚理念，也確實被實踐出來。民主被視為一種進行中的實驗來理解，而且不必然是進化的；我不使用「民主化」（democratization）這個詞，以便強調民主本身是一個過程，而不是到達的一個地點。我們會毫不假思索地便聲稱，暴力在一個完美的民主政治中無容身之地，但是這樣的政治體系，在現實中未曾存在過。[29]而更困難的問題是，暴力反映了日本民主的哪些特點，以及對該國的政治風景有什麼影響？

提及日本民主時，我刻意避免「大正民主」這個術語，這是日本的歷史學者最常引用的字眼，起因於大正時期（1912-1926）擴大的草根政治活動以及廣泛擁抱民主乃至國家主義的概念，並以之做為此時期的政治特徵。[30]誠然「大正民主」盡可能捕捉了這個時期的多種潮流，但就時間先後來看，既僵化又短暫，以致這段時期和前後時期很難有所連結。[31]明治時期（1868-

---

28 譯註：明治新政府擊敗德川幕府的一次內戰。

29 政治理論家John Keane明確主張，暴力與民主在先天及根本上不相容。「暴力……如我們所見，是民主最大的敵人。暴力對民主的精神和本質來說，都是眼中釘。」John Keane, *Violence and Democracy* (Cambridge: Cambridge University Press, 2004), 1。

30 關於大正民主，可參考的歷史學文章，見有馬學〈「大正デモクラシー」論の現在─民主化・社会化・国民化〉《日本歷史》700號（2006年9月），134-42。

31 Andrew Gordon也對限定詞「大正」在時序上的誤用有類似的論點；他的「帝國民主」是一個有力的選項，但是在這本焦點不在是討論天皇或帝國的作品中，便完全不適合。*Gordon, Labor and Imperial Democracy*, 5-9。

1912）的常民政治，因為對大正時期的關注而被邊緣化了；確實，歷史學者坂野潤治使用了「明治民主」來平衡這種取向。[32]「大正民主」一詞也忽略了自一九一〇和一九二〇年代國家主義及帝國主義至昭和時期（1926-1989）早期的全面戰爭和軍國主義彼此之間的連結。我希望在不涉及年號的情況下談論民主，強調不必然受限於年號標記的跨時期重要連續性，以及關鍵的改變時刻。

接著，這本書要提問的是，從一八八〇年代到一九六〇年代初期，我們可以說日本的「暴力民主」（violent democracy）——用丹尼爾・羅斯（Daniel Ross）的話來說——發展到什麼程度？羅斯主要關心的是，民主建立時刻的暴力，如何與接下來發生的事件相互激盪？我也對這個問題感興趣，但是更聚焦於暴力與民主，在日本如何共存——暴力如何促進民主，但同時威脅民主？民主又是如何催生暴力，並包容暴力？一個政治暴力的文化與民主如何取得一致，並同時運作？

關於一八八〇年代與一八九〇年代，我要探討的是日本議會和憲法政府誕生之初，暴力即如影隨形的意義。在這幾十年中，「壯士」很普遍，他們是自由民權運動的年輕活躍分子，而經過整個一八八〇年代後，他們變得更像是政治流氓。隨著政治愈來愈普及、引人注意，公眾集會、辯論以及選舉活動更為常見，壯士也闖出他們的暴力名號：暴力行為（ruffianism）。壯士突襲並干擾政治集會、以肢體威脅對立陣營、保護政治同盟免於敵對壯士的暴力，這些現象愈來愈常見，甚至在日本民主最初的幾十年成了常態。問題不只是壯士暴力為何以及如何變成民主實踐的一部分，也包括暴力為什麼能留存下來？其中更至為重要的，是我們是否應將壯士理解成日式民主的產物和一種缺失的反映，以及壯士暴力對這些年的政治造成什麼影響？

二十世紀之交，壯士涉入政治的情形愈來愈深，組織化成政黨架構以為政黨「院外團」（壓力團體）的暴力羽翼。一九一〇和一九二〇年代，主要政黨的院外團支持這些流氓的保護及騷擾行為，而且他們在當時一些重大的政治角力中，擔任起規畫者和策動者的角色。院外團壯士在這個被認為民主蓬勃發展的年代如此活躍，看似不尋常，但這層關係也許不如乍看之下那麼矛盾。其中更嚴重的問題是，在這數十年中，壯士與他們協助滋養的政治暴力文化，和我們所理解的民主是否達到一致？以及如何達到一致？

深入探究暴力與民主之間的關係，也會令人思考法西斯運動的暴力，以及暴力民主對一九三〇年代日本軍人在政治上的晉升，可能帶來哪些可能的後果。一九二〇和三〇年代，暴力專家——主要是極道——成為國家主義組織如「大日本國粹會」與「大日本正義團」的活躍分子與領導者，迎戰工人團體、罷工者、社會主義者以及其他左翼分子，形塑當時的意識形態趨勢。有一段時間，政界充斥著這些國家主義團體與院外團的暴力。我所要探討的是，這兩種暴力行為形式上的關聯，以及兩者對當代觀點的政治暴力、政黨的未來以及暴力民主的命運而言，代表了什麼

32　坂野潤治《明治デモクラシー》（岩波書店，2005年）。

意義。

最後，由於二次戰後數年內，有些暴力專家淡出政治舞台，其他則重出江湖，暴力於是再現，我將依此再次探討民主和暴力的關係這個主題。這時，極道繼續維持國家主義和反共產主義的立場，然壯士和暴力院外團已不再權傾一時；那些在政客與暴力專家之間斡旋的政治掮客，也被迫退到政治幕後。尤其是一九六〇年以後，由於金錢做為政治工具的選項，已經取代了肢體暴力，甚至連政治上的極道暴力都少見了。這種轉變所引發的問題是，日本戰後初期的民主，為什麼容許暴力專家以某種形式扮演某種角色？以及，一九五〇年代的日本是暴力民主這樣的說法，是否合理？

因而，這個對於暴力專家史的探究，可以做為一種觀看的鏡頭，藉此檢視廣泛的議題，包括各種政治形式的暴力的地位及意義——從明治政權的成立，到日本的民主實驗，以及與法西斯主義的相遇。

比較歷史的方法

一八六〇年後的百年間，暴力專家和大部分的暴力政治糾結很深，只是，本書並未打算偽裝成詳盡談論日本政治暴力的歷史書。單就一本書，絕無可能說清楚這一整個世紀肢體暴力眾多的衍生結果。此外，這本書對暴力的關注，也不應該解釋成暴力是日本近代政治最重要的特徵。

我也無意指出日本的政治暴力，是世界上獨一無二的，或者刺激戰爭時期日本和「日本人」是分外暴力的刻板印象重又崛起。為了強調這一點，比較性的旁敲側擊散見書中，並列舉出日本國境之外的案例以平行對照。在某些地方特意提及，只不過是為了說明政治暴力普世皆是，非日本獨有。

在其他地方，比較分析甚為冗長，不只探討相似點，也提及相異點，而且直接談到該章的中心論點。應該要補充的是，選擇這些案例所根據的方式。也許最有意義的比較是日本與義大利，因為這兩個國家都曾面臨相似的歷史挑戰，而且後續皆擁有相同的政治特點。如政治史學者理查・山謬爾斯（Richard Samuels）所評論的，這兩個國家自一八六〇年代以來，都進行了「迎頭趕上」的運動，而且當他們都成為富裕的民主國家，享受法治與健康文明社會之際，仍繼續尋求「正常化」。[33]與我們關心的重點更貼切相關的是，日本和義大利都遭遇過法西斯主義，見證了黑社會嚴重侵入他們的政治生活。

我也討論美國與英國的政治暴力，這兩個國家常被公認為世界的民主楷模。我在書中陳述這

---

33 Richard J. Samuels, *Machiavelli's Children: Leaders and Their Legacies in Italy and Japan* (Ithaca: Cornell University Press, 2003), 10-15.

兩個國家也曾與暴力彼此較量，是為了重申沒有一個民主國家能夠自暴力政治中免疫，而日本絕不是單一或特別暴力的國家。

總而言之，這一段關乎政治特性的歷史，已被歷史學者過度忽略。[34]藉由將暴力專家從史學的黑暗角落拉出來，本書的目的是揭露在很長的日本近代史中，暴力不但系統化且深植於政治實踐中。而我們也將會發現一個既井然有序又狂暴粗野、既令人激動又令人惶恐、既高貴又殘酷的政治世界。

34「志士」的歷史學在第二、三章將會處理，但是這裡必須強調，「極道」在學術研究上的稀少性。也許關於極道最好的英文學術著作是Peter B. E. Hill, *The Japanese Mafia: Yakuza, Law, and the State* (Oxford: Oxford University Press, 2003)。另有一篇專題論文David Harold Stark, "The Yakuza: Japanese Crime Incorporated" (Ph.D. diss., University of Michigan, 1981)。關於極道，有兩名記者完成了一篇頗具權威性的文章，即David E. Kaplan and Alec Dubro, *Yakuza: Japan's Criminal Underworld* (Berkeley: University of California Press, 2003)。日文的參考資料在第一章中引用。極道長期吸引大眾的想像，即使不受到歷史學者的關注。有一篇關於極道電影的有趣文章，見Federico Varese, "The Secret History of Japanese Cinema: The Yakuza Movies," *Global Crime 7*, no. 1 (February 2006): 105-24。

第一章 愛國者與賭徒

暴力與明治國家的建立

田代榮助站在一座地方神社前，面對一群擠得水洩不通的民眾，宣布自己是這群人的總理與指揮官，並且命他們為「困民軍」。[1]這群由農民和其他村民組成的戰力，綁著頭巾，挽起他們的袖子，手持竹槍、刀劍和來福槍，站在那裡蓄勢待發。[2]一八八四年十一月的第一天，他們聚集在崎玉縣的秩父郡，發動了一場叛變，對抗他們認為必須為他們的窮困與無助負責的人：巧取豪奪的高利貸商人與明治政府。當成員在接下來的幾天殺害高利貸者、攻擊國家機構所在、和政

1 困民軍的副指揮官加藤織平作證說，在神社前聚集了一千人。東京和泉橋警察署〈第一回訊問調書：加藤織平〉，1884年11月7日。此人數也在以下資料中被引用：群馬県警察史編纂委員会編《群馬県警察史（第1卷）》（群馬県警察本部，1978），361。

2 《朝日新聞》，1884年11月5日，資料來源：《秩父事件史料集成第6卷》，852。

府軍作戰時，便是由田代榮助以及副指揮官加藤織平凝聚起這些困民黨員。田代和加藤尤其引人注目，因為他們原本是「博徒」（賭徒）——嚴格來說，是遊走法律邊緣的人，一種極道。十九世紀期中期以前，幾乎沒有人想過，這類人會成為農夫抗議或政治叛變的主導者。而且，在明治政府的第二個十年，一些博徒接下這些角色，晉升到國家層級的政治舞台。

在廣泛檢視日本近代暴力專家的先驅——「志士」與「博徒」——如何經歷一八六〇到八〇年代、從近世到近代統治的動盪過渡期時，田代和加藤將被視為其中一部分。志士與博徒不是過往封建時代的遺留，而是經歷過德川幕府潰敗的大型起義以及明治時期最初數十年的騷動後，被重新塑造出來的一群人。武士統治的結束、民族國家的興起以及各式民主政治的萌生，重塑了志士和博徒的早期近世暴力，打造出他們近代的樣貌。然而，志士和博徒兩者穿越這數十年過渡歲月的方式則截然不同。

「志士」是典型的下級武士，身為德川時代的戰士，他們是近世國家的官方武力。然而，由於缺乏讓武士真正擔負國家護衛者的機會，他們比較是名義上的戰士，而非實際上的武力。最終，迫使他們拿起武器對抗的，是他們原本應該要保護的政治秩序——他們對幕府面對一八五〇年代抵達日本的西方列強的態度，深表不滿。對身為下級武士的沮喪，加上「直接行動」的意識形態、對政府的蔑視，催生了志士這一群人，並在一八五〇年代末期和一八六〇年代初期，以行使暴力（主要是暗殺形式）的方式，企圖推翻德川幕府。就最嚴格的意義來看，志士不算是暴力專家，因為他們是企圖使用武力達成自身政治目標的反叛者，而不是為他人施行暴力。他們做為一股政治力量，也並未持續至明治時期。然而，志士提供了一種以暴力反叛看似醜惡國家的典範，這種模式在明治初期仍為人所接受。而且，雖然他們的組成分子多元，包括當時的愛國分子和仇外的恐怖分子，但是，他們的愛國主義卻受到明治時期與之後的近代暴力專家所緬懷而起死回生。

德川時代的「博徒」原本是賭徒，他們鍛鍊體魄，以保護他們的事業及地盤。正因為博徒的暴力能力，德川幕府採取了有點諷刺的措施：請求他們協助國土治安，某些藩主甚至招募他們參與明治維新時期的內戰。在一八八〇年代自由民權運動的情勢下，施暴的能力促使一些博徒，如田代榮助和加藤織平等，登上重要的領導角色。博徒不只和志士一樣，留下一種意識形態的傳統，也讓他們本身成為近代政治脈絡中的暴力專家。

志士和博徒都說明了德川時代的暴力，在民族國家形成的過程中發生了什麼事，也說明了暴力如何、又是為何以特定形式繼續存在，以及暴力如何重整，成為鮮明的近代形式。從德川幕府過渡到明治政權的暴力，並未隨著日本成為一新興的近代民族國家而消失，反而留存下來，雖然改頭換面，但仍然牽動日本往後數十年的政治風貌和實踐。

志士：暗殺者、反抗者、愛國者

一八五三年，美國砲艦抵達首都江戶[3]的外海，在一個已經鎖國、切斷與多數西方國家官方關係約兩百年的國家裡，引發了一連串關於外交政策持久且分歧的爭議。雖然各方建議從姑息到驅逐所在都有，主要政府官員最後仍決定，他們別無選擇，只能與軍事上相對強勢的美國人合作。這時，德川幕府面對西方時的無能被一眼看透，民眾對於該政權能否保護並捍衛國家的能力產生質疑，進而助長了激烈的改革。對於視日本拜倒在西方腳下為恥辱的人而言，尤其令他們無法忍受的，是一八五八年日本政府與數個西方國家建立外交和貿易關係所簽署的所謂「不平等條約」，以及接下來兩年，由井伊直弼大老[4]主導的剷除異己行動。受到西方強迫打開門戶的煽動，一種初生的愛國主義鼓動以使用暴力的方式，表達對近世國家的強烈不滿。由此導致了這兩百多年來，其中一次激烈的武士叛變行動。

這個反德川幕府的團體被稱為「勤王派」或「志士」，具有為領土或國家犧牲自己的意涵。孔子曾定義「志士」（志士仁人）為：為了美德與仁慈而捨身取義的人（《論語．衛靈公》：「志士仁人，無求生以害仁，有殺身以成仁。」）；在德川幕府晚期的日本，志士領袖如吉田松陰等，便描述其黨羽為：在戰爭時期為國家展現他們的意志的人。[5]在這些年裡，概括吉田的意識形態立場的口號是「尊皇攘夷」。這些概念的知識典故說來話長而且複雜，但主要由十九世紀初的水戶藩學者提出，接著由一八五〇年代和六〇年代初的重要志士發揚光大。[6]當中最傑出的，不外乎是來自長州藩的吉田，尤其在一八五八年後他更是大聲疾呼，懇求志士擔任「謙虛的英雄」，並採取行動——德川政權一遭受外侮，就應起而攻擊外國人，藉此逼迫幕府以行動制「夷」。吉田同時引領自我犧牲且忠誠的「草莽的志士」，呼籲還政於天皇。他並不是光說不練。一八五八年，他密謀在井伊直弼出使京都途中暗殺他，因而遭到逮捕，並於隔年遭受處決。他的教義在他的弟子中流傳開來，其中至少有十五名弟子成為志士，參與暴力行動，而當中有好幾人——例如伊藤博文與山縣有朋——在明治維新與接下來的日本政界扮演重要角色。一如吉田，土佐藩的劍道老師武市瑞山也有一群志士弟子的追隨者，包括知名的坂本龍馬和中岡慎太郎，他們鼓吹使用暴力推翻德川幕府統治，還政權於天皇。[7]

---

3 譯註：德川幕府時期的首都位在江戶，因此「德川時代」又稱「江戶時代」。「江戶」於明治時期改名為「東京」。

4 譯註：「大老」為日本江戶時代在德川幕府中的官職名，輔助將軍管理政務。

5 芳賀登《幕末志士の世界》（雄山閣，2004），16–17。

6 尊王攘夷思想之展開，參見H. D. Harootunian, *Toward restoration: The Growth of Political Consciousness in Tokugawa Japan* (Berkeley: University of California Press, 1970)。

7 W. G. Beasley, *The Meiji Restoration* (Stanford: Stanford University Press, 1972), 147–55, 161, 165; Harootunian, Toward Restoration, 41。關於不同類型的志士，見Beasley, *Meiji Restoration*, 156-59, 162-66; Thomas Huber, " 'Men of High Purpose' and the Politics of Direct Action, 1862-1864," in *Conflict in Modern Japanese History*, ed. Tetsuo Najita and J. Victor Koschmann (Princeton: Princeton University Press, 1982), 123-27。雖然有些志士對於他們的同僚志士行使暴力的方式深

暗殺是志士常用的暴力手段，用來對付外國人，以及在日本領土上，被視為向西方人的存在與要求卑躬屈膝的本國人。歷史學者經常把這些暗殺行動描述為恐怖主義行為。這些象徵性行動確實是意圖引起驚恐——懲罰據稱的日本叛國賊、引發排外情緒、打擊令人反感的條約協定。[8]

多起暗殺事件發生在首都江戶，這裡是幕府與外國外交使節官方關係的核心所在。在這裡，志士的典型裝扮是長髮鬍面、全身污穢不堪，衣著輕便且隨性，光腳穿著木屐。一八六〇年三月，井伊在江戶城門外遭暗殺，無疑是開了往後數年志士暴力的第一槍。[9]當時一起採取行動的有十八名志士，一人來自薩摩藩，其他來自水戶藩，他們要懲罰井伊締結「不平等條約」的行為。[10]同樣在志士受害者名單中的，則是在英國公使館工作的通譯小林傳吉。他因為經常出入滿足外國人情色需求的場所，並以擔任公使館人員的嚮導而為人所知，但是據說引來殺機的，是他和他的英國同僚對著名「四十七浪人」（脫藩武士）石像表現出的不敬。這是否真的為暗殺動機不得而知，因為聽起來比較像傳說，而非實情，但是一八六〇年初，小林確實慘死在憤怒的志士手中。[11]同樣在江戶，一小群來自薩摩藩的志士將目標瞄準在美國公使館擔任祕書和通譯的荷蘭人亨利·胡斯肯（Henry Heusken），他因為本身的語言能力，在協商「不平等條約」中擔任要角。一八六一年一月十五日夜晚，一名全身黑衣的蒙面志士埋伏在一處檢查哨，企圖給予胡斯肯和他的隨行人員致命的一擊。不久後發現，這些刺客屬於名為「虎尾之會」的成員，該會由清河八郎領導，他曾經設立私塾，讓學生學習中國經典、劍道，並討論政治。虎尾之會由擁抱「尊皇攘夷」理念的清河八郎親信所組成。[12]幾個月後的一八六一年七月，志士襲擊位在東禪寺的英國公使館。[13]十四、五名志士突破理應防衛森嚴的周邊地區，直闖公使館內，造成數十名人員傷亡。[14]在這幾年間，其他志士的攻擊目標還對準一名俄國海軍軍官、一名荷蘭商船船長以及一名

感不安，但所有志士對使用暴力本身，從未感到困擾。

8 許多對於恐怖主義的定義強調，那是一種象徵性的舉動，意圖加諸恐怖和焦慮（雖然後者做為主要部分是有爭議的）。見Jeff Goodwin, "A Theory of Categorical Terrorism," *Social Forces* 84, no. 4 (June 2006): 2027-32; Grant Wardlaw, *Political Terrorism: Theory, Tactics, and Counter-measures* (Cambridge: Cambridge University Press, 1989), 8-10。若我們可以將暗殺定義為「選擇性、故意地，而且是為了政治（包括宗教）目的而殺害某個知名人物的行為」，那麼，一些（但並非全部）暗殺就可以被認為是恐怖主義。這個對暗殺的定義取自Asa Kasher and Amos Yadlin, "Assassination and Preventive Killing," *SAIS Review* 25, no. 1 (winter–spring 2005): 44。

9 譯註：此事件後來被稱為「櫻田門外之變」。

10 Marius B. Jansen, *Sakamoto Ryōma and the Meiji Restoration* (Princeton: Princeton University Press, 1961), 103-4, 136; Beasley, Meiji Restoration, 173.

11 芳賀登《幕末志士の世界》（雄山閣，2004），94–98。芳賀對暗殺所陳述的版本與Hesselink的有些不同；Hesselink描述受害人的名字是「熊野傳吉」。Reinier H. Hesselink, "The Assassination of Henry Heusken," *Monumenta Nipponica* 49, no. 3 (autumn 1994): 342。

12 Hesselink, "Assassination of Henry Heusken," 331-37, 344-48.

13 譯註：此事件後來被稱為「東禪寺事件」。

14 芳賀登《幕末志士の世界》（雄山閣，2004），98–99；Rutherford Alcock, *The Capital of the Tycoon: A Narrative of a Three Years' Residence in Japan*, vol. 2 (New York: Harper & Brothers, 1863), 146-58。

在法國領事館工作的中國人。[15]

雖然志士自認為暗殺行動是英雄行徑，許多外國人士自然是不能苟同的。即便已表明，暴力可因立場而有不同的理解，外國人士依然視志士暴力為恐怖主義，並再次確認日本人的野蠻。第一位英國駐日本公使阿禮國爵士（Rugherford Alocock, 1809-1897）在談論井伊遭暗殺案事件時，確實認同志士的決心和犧牲精神。[16]然而，整體而言，阿禮國仍對他感同身受的暴力威脅極為不滿。在一八五九年八月九日提交給日本政府（應該是幕府）的一份聲明中，他力陳外國人所遭受的惡意對待，阿禮國向地主國陳述在江戶危機四伏的日常生活：

> 沒有任何一個國家的公使館官員，不論是英國或是美國，能走出他們的官邸而不受粗魯、無禮，還有近來——尤其最近更是如此——最胡作非為與決絕的人物的暴力所威脅。他們對著走在通衢大街上手無寸鐵的、和平的、不對任何人造成脅迫或挑釁的紳士丟擲石塊、飽以老拳，或者拔刀相向。[17]

阿禮國說到，永無寧日的危險如此「難以忍受」，以至於他身邊的人「愈來愈冷漠且心灰意冷」，他寫下這段話近乎兩年後，即發生了東禪寺攻擊事件。[18]在他心中，暗殺事件道出日本人與東方的背信、殘忍以及仇恨。同時也透露出幕府的弱點，無法控制如此不法的行為，尤其是在首都；這種如他所稱的「暴民暴力」，讓人想起過去封建時期的歐洲，而阿禮國宣稱，等同志士暴力的行為是不見容於此時歐洲政府的。[19]因此對這位英國公使來說，對外國人的暴力攻擊，確認了他內心的想法，即日本人民和政治無法跟上歐洲的文明、理性與進步。

志士的暗殺行動在一八六〇年代早期達到高峰，自一八六二年中起的兩年內，發生了七十起案件。[20]其中包括一八六二年五月對土佐藩家老[21]的攻擊。這次暗殺行動由武市瑞山策畫，原因可能是懲罰這位家老提倡被視為支持幕府的藩政改革。[22]接著九月，英國商人查爾斯・里查森（Charles Richardson）和他的三名同伴遭受三名來自薩摩藩的志士攻擊，史稱「生麥事件」。英國

---

15 Beasley, *Meiji Restoration*, 172.

16 Alcock, *Capital of the Tycoon*, vol. 1, 308-9。阿禮國也指出，至少在一個案例中，英國人需要為緊張情勢升高負責，因為他在不必要的時機掏出槍。Alcock, *Capital of the Tycoon*, vol. 2, 23。

17 同前註，vol. 1，216。

18 同前註，vol. 2，146。阿禮國並未使用「志士」這個詞，但是提到刀，顯示攻擊者不是平常人。志士通常至少會攜帶一把長的打刀和一把短的小太刀。芳賀登《幕末志士の世界》（雄山閣，2004），29-30。

19 Alcock, *Capital of the Tycoon*, vol. 2, 34; vol. 1, 215–17, 224, 309。當然，英國也不是沒有暴力犯罪或政治紛擾。一八六二年的《倫敦新聞畫報》（The Illustrated London News）就描述了「首都街上暴力犯罪的頻繁及膽大包天。」*The Illustrated London News*, December 6, 1862。

20 Huber,"'Men of High Purpose,'" 109.

21 譯註：家老，為江戶時代幕府或藩中的職位，地位很高，僅次於幕府將軍和藩主。

22 Beasley, *Meiji Restoration*, 161, 188.

領事館人員薩道義（Ernest Satow）評論這起事件後來造成的恐慌，他說：「這（暗殺行動）對歐洲人的心理所造成的最大的衝擊是，之後，他們把每個帶著兩把劍的男人視為刺客，如果他們在街上遇見這樣的人，而後發現自己竟安然無恙地經過他身旁，他們會當下感謝上帝。」[23]就在兩名士官於一八六四年初在鎌倉慘遭殺害之際，英國臣民再次成為標靶。[24]

暴力事件在京都尤其明顯，這裡是朝廷所在，從土佐藩、薩摩藩和長州藩來的志士，聚集在攘夷和倒幕的公家[25]周圍，營造出一種高度緊張的氛圍。這些志士將他們的暴力合理化為「天誅」行動，並且透過看板、傳單或其他形式公開展示，威脅將這個行動加諸於惹惱他們的人身上。第一批「天誅」的受害人之一是島田左近，他是幕府公家的家臣，一八五〇年代末期，他收錢負責監視人民，並向勤王派通風報信，誰在背後批評幕府的不是。幾年後的某一天夜裡，島田正在享受泡澡時，被來自土佐藩、薩摩藩和肥後藩的志士殺死。他的頭顱以一種挑釁幕府報復的方式，懸掛在一張告示的下方公開示眾，告示上寫著：「此人壞事做絕，為天地難容之大奸賊，今梟首誅戮之。」[26]幾個月後，二十四名志士攔截了四名執行井伊肅清政策的負責人。他們四人遭受攻擊時，正在從京都前往東京路上的旅店；其中三人當場死亡，另一人逃走不久後便喪命。志士選擇襲擊目標的政治警告意味，在一八六三年二月一起事件中格外清楚，因為這一次他們刀下的受害者不是活人，而是足利將軍的雕像。志士不滿這三位足利將軍在十四世紀背叛後醍醐天皇的行為，因而砍下三人（或者說，他們逼真的雕像）的頭顱。[27]和島田的頭顱一樣，三位幕府將軍的木像頭顱也被公開示眾，同時附上清楚的訊息，以免有人誤解其象徵意義：「我輩執行天誅，處置這些可恥叛徒的形像。」[28]

雖然志士暴力在製造恐怖氛圍方面極見成效，但情況很快變得明朗，單靠暗殺無法攘夷或倒幕。一八六三年，一次大規模暴力行動為幕府的軍力所擊潰，暴露出志士的局限。到了一八六四年底，一些志士受到嚴懲，很多人在衝突中死亡，而其餘多數志士終於承認，要將具有軍事優勢的西方強權從日本驅逐，只是徒勞無功。最暴力且最引人注目的志士被包圍；數百名志士同時遭到逮捕，或驅逐到京都以外的地區。藩主的軍隊協助打擊志士，由浪人組成的軍隊如「新選組」，也支持幕府以暴制暴。外國勢力對嚴懲及遏止暴力當然毫不手軟，他們更是展現出要將他們驅逐出境是絕無可能的事。一八六三年八月，英國船艦對薩摩藩的鹿兒島展開攻擊，強迫日方

23　引用自Ian C. Ruxton, ed., *The Diaries and Letters of Sir Ernest Mason Satow* (1843-1929), *A Scholar-Diplomat in East Asia* (Lewiston: Edwin Mellen Press, 1998), 27。

24　Daniel V. Botsman, *Punishment and Power in the Making of Modern Japan* (Princeton: Princeton University Press, 2005), 135-36.

25　譯註：公家，即為天皇和朝廷工作的貴族及官員之泛稱。

26　Huber, "'Men of High Purpose,'" 113.

27　譯註：史稱「足利三代木像梟首事件」。

28　同前註，112-13；Jansen, *Sakamoto Ryōma*, 131-32。關於公開展示與官方處罰，見Botsman, *Punishment and Power*, 20-28。

對英國商人理查森的暗殺事件簽下一份協議。大約一年後，英國、法國、荷蘭以及美國的海軍轟炸了長州藩的下關，以此報復該藩由志士鼓動攻擊西方船隻的事件。所有這些發展，預示了暗殺政治的結束，以及「尊皇攘夷」意識形態的式微，因為殘存的志士不是退出政治人生，就是加入了推翻德川幕府的軍隊。[29]

明治初期志士的貢獻

雖然志士倒幕運動的殘酷面在一八六八年之前便已式微，但是他們為近代時期以暴力表達對國家的不滿提供了一個先例。而且他們創造了豐富的意識形態歷史，並受到其後繼者的復興、重塑，合理化其自身的政治暴力。[30]這點貢獻相當引人側目，因為如此具有可塑性——志士可能因為他們對國家激昂的反抗、對天皇的效忠，或者對保護國家的奉獻而被美化，一切端看個人的政治取向。所有這些可能性，雖然有時被政治立場根本不同的人僭用，依然為志士增添浪漫精神。將志士投射為有勇氣、果敢且具英雄氣概的年輕人，致使志士的暴力行為與他們近代版的暴力變得可接受，甚至令人景仰。

採取並重新詮釋國家草創時期的意識形態、合理化暴力，這在獨立戰爭後的美國也可見到；當時「人民主權」的用語和概念，被援引為維持治安、施以私刑、對那些被視為「公眾利益的敵人」淋焦油、塗柏油黏羽毛等行為的合理解釋。一八四〇年代中期，紐約北部的反租稅抗議者在敵人身上貼「托利黨」（Tories）的標籤，而且穿得像「莫霍克族」（Mohawks），將自己喬裝成如波士頓茶葉事件裡的「印第安人」；而獨立戰爭時期的「義勇兵」（minutemen）[31]則歷經過數次的復興，如一九六〇年代的反共準軍事義勇兵，則涉及到一次銀行搶案和多次攻擊行動。[32]

日本明治時期初年，士族（或之前的武士階級）亦受到志士以及他們以暴力挑戰新政府的理念所啟發。[33]這些士族叛亂，吸取昔日志士的精神，將英勇行動的概念帶到近代。由於近代化的明治政府實行徵兵制（一八七三年一月）因而解除了武士的軍事角色，《廢刀令》禁止他們身上配劍（一八七六年三月）因而剝奪了他們地位的象徵，又下令他們世襲的薪俸將轉成政府債（一

---

29 Beasley, *Meiji Restoration*, 215–18; Botsman, *Punishment and Power*, 136; Jansen, *Sakamoto Ryōma*, 138; Huber, "'Men of High Purpose,'" 116.

30 Marius Jansen在書中提出相同的看法，*Sakamoto Ryōma*, 376-77。

31 譯註：義勇兵，原文意為「分鐘人」，原指美國獨立戰爭時期，在麻州一召即來的特殊民兵組織，具高機動性，是早期響應革命的網絡之一，後來也被用於稱呼許多美國公民組織的準軍事部隊，以紀念當年分鐘人的成功，並宣揚愛國主義。

32 Richard Maxwell Brown, "Violence and the American Revolution," in *Essays on the American Revolution*, ed. Stephen G. Kurtz and James H. Hutson (Chapel Hill: University of North Carolina Press, 1973), 103–8, 112-15。

33 「士族」不能完全等同於武士後代，因為有些在德川時代不是武士的人被拔擢為士族，而有些曾經是武士的人（例如支持幕府的藩主家臣）並未成為士族。落合弘樹《明治国家と士族》（吉川弘文館，2001），1-3。

八七六年八月），使他們淪落到經濟不穩定的地步；以上種種於一八六〇至一八七〇年代的措施，迫使士族失去特權，因而激怒了他們。怨聲載道的前武士想重新拿回武士的特權，就像志士想重回沒有「夷狄」（外國人）入侵的國家；兩者都對政府不滿，認為政府阻礙了他們維持舊秩序的使命。一八七四到七七年之間，對明治政府的反感，加上其他政治問題，導致了六場暴力叛亂事件。

反叛決定的成形，直接得自於一八六〇年代初期前志士的遺留傳統。六場叛變都是由幕末（德川政權最後的十五年）早期討幕行動的擁護者所領導。一名作者強而有力地指出，這些反抗者堅持使用武力解決政治爭端，因為他們是明治維新的產物。[34]更確切地說，「荻之亂」的首領是來自前長州藩的志士。**前原一誠**是一八五〇年代末期，志士領袖吉田松陰的弟子，而「直接行動」的教條，可能在年輕的前原身上留下長遠的影響。一八七六年十月，他計畫領導一群來自長州藩（今天的山口縣）的反抗者，攻擊萩的縣廳，可惜這群叛軍最終為政府軍所逮捕。[35]

在「神風連之亂」裡，志士的影響則是意識形態方面的。這群叛亂者的政治取向和宇宙觀，源於神道教的神職人員兼學者林櫻園，他在幕末時期曾表達出極端的排外主義，並主張「外夷」應該要被阻擋在外，而且可以靠神風與武士的團結力量來驅除。林於一八三七年成立的私塾原道館，經營至明治維新時期。一八七二年，也就是林去世後兩年，他一群更加排外的門生強烈反對明治政府的西化改革，於是成立「敬神黨」，或稱「神風連」。一八七六年十月二十四日，受神風連啟發的荻之亂爆發前兩天，一百八十一名敬神黨員穿戴武士裝備，攻擊熊本鎮台，這件事後來被稱為「神風連之亂」。第二天圍城行動被平定時，叛軍中有二十八人死亡，八十五人自殺。[36]

最後、也最戲劇化的叛變，則是西南戰爭，在英文裡較常被縮小範圍稱「薩摩藩之變」（Satsuma Rebellion），這起事件與前志士和他們的意識形態關聯微乎其微，但因為是一次暴力行動，仍和志士的記憶及形象糾結在一起。使西南戰爭浪漫化的元素，是這場戰役的領袖西鄉隆盛；西 是來自薩摩藩的前武士，受到幕末時期一些薩摩志士的敬重，也曾為倒幕奮戰。西鄉在明治政府初期就任天皇參議、陸軍大將、近衛都督等重要職位，但是由於朝鮮問題，而和其他政府官員起爭端，眾所皆知，他在一八七三年辭官。回到鹿兒島（之前的薩摩藩）後，西鄉對政治一直保持冷漠，除了在一八七四年成立私學校，其體系擅長軍事訓練（步兵與砲兵），也有一些學科。往後幾年，中央政府廢藩置縣、縮減武士特權以及政府嚴密監視鹿兒島上的活動等一連串

---

34 Stephen Vlastos, "Opposition Movements in Early Meiji, 1868-1885," in The *Cambridge History of Japan*, vol. 5, ed. Marius B. Jansen (Cambridge: Cambridge University Press, 1989), 382-83；松本二郎《萩の乱—前原一誠とその一党》（鷹書房，1972），131。

35 来原慶助《不運なる革命児前原一誠》（平凡社，1926），5-6；松本二郎《萩の亂》，136-39。

36 John M. Rogers, "Divine Destruction: The Shinpūren Rebellion of 1876," in *New Directions in the Study of Meiji Japan*, ed. Helen Hardacre with Adam L. Kern (New York: Brill, 1997), 408-9, 414, 424, 428-30; Vlastos, "Opposition Movements in Early Meiji," 391-92.

的動作，惹惱了私學校的學生；一八七七年一月底，由西鄉領導，發起反抗明治政府的叛變行動。經過八個月的零星戰鬥，叛軍全數殲滅——共有一萬八千人傷亡，西鄉本人也自殺了。[37]

所有這些士族叛變，都與他們志士前輩的暴力和意識形態相呼應，所以士族為近代遺留的傳統，經常與志士傳統交織在一起。有些反抗者成為傳奇人物，大量湧現的傳奇圍繞著他們的生平，超過國家所能控制。西鄉隆盛當時雖然被政府貼上叛徒的標籤，但是當報紙報導他已經升天成為彗星，後來甚至化身為火星，他成為大受歡迎的人物；佛教出版品也將他描述成得道之人。擁戴西鄉的人當中，也包括自由民權運動分子，他們視西鄉為「自由與抵抗」的象徵，起因於西鄉對明治政權的反抗。[38]神風連的反叛者也得到部分人士的頌揚，其中最著名的是戰後作家三島由紀夫；一九七〇年十一月二十五日，三島占領日本自衛隊位於東京的駐地，鼓動自衛隊員發動政變，讓天皇復權，接著便切腹自殺。[39]

不只是反叛者，明治國家本身也透過象徵性的動作，意圖頌揚志士對天皇的忠誠。例如，一八六三年某次志士叛變的九名領導者，死後即被追贈皇室身分。同樣的，志士組織「虎尾之會」的七名成員也被授予同樣的榮譽，其中兩名志士甚至曾參與暗殺通譯亨利．胡斯肯的行動。[40]

志士也給了一些人靈感，讓他們變得激進、有影響力，並成為國家主義者。其中一例是成立於一八八一年的政治組織「玄洋社」，其成員便自認為是幕末志士在明治時期的化身。尤其是該團體採取清晰的國家主義色彩，由玄洋社發出的傳單，以及他們的同情者，都稱其追隨者為「志士」，並強調他們和志士的相同之處：關心國家，尤其是執行強硬的對外政策。[41]

僭用志士身分是很直接且理所當然的，因為某些未來的玄洋社領袖也參與了一八七〇年代的士族叛亂。對荻之亂而言，重量級人士如箱田六輔、進藤喜平太、頭山滿，都曾協助召募叛軍。他們後來都被福岡警察嚴密監視，警察在搜查頭山滿的住處時，不只找到叛變相關的文件，也找到計畫暗殺內務卿大久保利通的計畫：大久保利通於一八七三年曾因為當時反對征韓論，激起某些士族的怒火。頭山、箱田、進藤和其他人都遭到逮捕，鋃鐺入獄；箱田在獄中做苦役；頭山和其他人一直被關到一八七七年，因為證據不足而宣判無罪。[42]另一次發生於一八七七年三月的事

---

37 Mark Ravina, *The Last Samurai: The Life and Battles of Saigō Takamori* (Hoboken: John Wiley & Sons, 2004), 183-210; *Jansen, Sakamoto Ryōma*, 189; Vlastos, "Opposition Movements in Early Meiji," 398.

38 Ravina, Last Samurai, 7-11; Ivan Morris, *The Nobility of Failure: Tragic Heroes in the History of Japan* (New York: Holt, Rinehart and Winston, 1975), 221.

39 Rogers, "Divine Destruction," 438-39.

40 Huber, "'Men of High Purpose,' " 118; Hesselink, "Assassination of Henry Heusken,"350–51.

41 參見玄洋社社史編纂會編《玄洋社社史》，1917（復刊：葦書房，1992）；葛生能久《東亜先覚志士記伝》，1933（復刊：原書房，1966）。

42 王希亮〈大陸浪人のさきがけ及び日清戦争への躍動〉《金澤法學》第36巻第1－2合併號（1994年3月），55-5；渡辺龍策《大陸浪人：明治ロマンチシズムの栄光と挫折》（番町書房，1967），71-73；相田猪一郎《70年代の右翼：明治・大正・昭和の系譜》（大光社，1970），82-83；玄洋社社史編纂會編《玄洋社社史》，109-13；都築七郎《頭山滿：そのどでかい人間像》（新人物往來社，1974），43。關於頭山滿的獄中生活，見薄田斬雲編《頭山滿翁の真

件中，玄洋社的母企業——「強忍社」和「矯志社」兩名成員從福岡召募了八百名反抗者，謀畫攻擊福岡城，做為同情西南戰爭的支持行動。他們攻下福岡城，卻被天皇軍逼出，而且在試圖逃往西南戰爭戰場時遭到逮捕。[43]九月，西鄉戰敗後，這些明治時期的「志士」意識到，他們必須拋棄重建武士特權的希望，而且要培養某種更進步的眼光，但是他們仍然存有對明治政府的敵意，以及他們的愛國精神。因此，玄洋社的要角頭山滿和內田良平皆視西鄉隆盛為英雄，奉他為對抗明治政府的反抗者、愛國者、強硬外交的鼓吹者。事實上，內田還編了一套關於西鄉隆盛與西南戰爭評傳的六冊史書，於一九〇八年出版。[44]在玄洋社主導及其政治衍生作品中，如頭山與內田這樣的人物，影響了日本內政和外交政策數十年，直到一九三〇年代。儘管他們對特定議題的立場在六十年間顯然非一成不變，他們的意識形態與策略，往往透過他們從志士先驅身上學習到的經驗、感受以及重塑，而為人所理解並合理化。

志士暴力在明治政權誕生時各種意氣風發的敘事中被如此包裝，但是志士暴力並非停留在近世的過去式，而是與時俱進，經過重整後，成為近代政治風景的一部分。

博徒：不法之徒、羅賓漢、地方領袖

德川幕府勢力衰微的幕末時期，志士與博徒無不涉入政治。然而，與志士不同的是，博徒是被迫參與政治事務，並非出於對國家社稷的關心，或是對西方勢力鯨吞蠶食的恐懼，而是因為他們是地方上的名人，他們以暴力聞名。

幕末時期，施暴的能力是博徒嶄露頭角不可或缺的一部分。雖然賭博早在十七世紀便是流行的娛樂，德川時代中期，為賭博劃設的空間開始在全國大量出現，成為較不正式的賭博場所——例如私宅——的另一種選擇。[45]這些賭場由博徒組織經營，早期主要是由勞力仲介、工人與消防員組成。[46]當這些團體變得愈來愈有組織，他們就根據「親分」（老大）與「子分」（小弟）之間

面目》（平凡社，1932），23-24。大久保利通可能沒有活超過一八七八年，當時薩摩出身的士族將他殺害了。

43 相田猪一郎《70年代の右翼》，84；James H. Buck, "The Satsuma Rebellion of 1877: From Kagoshima through the Siege of Kumamoto Castle," *Monumenta Nipponica* 28, no. 4 (winter 1973): 443。

44 譯註：即《西南記傳》。E. Herbert Norman, "The Genyōsha: A Study in the Origins of Japanese Imperialism,"Pacific Affairs 17, no. 3 (September 1944): 265; *Morris, Nobility of Failure*, 221, 223.

45 近代之前賭博簡史，見安丸良夫編《監獄の誕生—歴史を読みなおす22》（朝日新聞社，1995），26。較長的討論，見田村栄太郎《やくざの生活》（雄閣出版，1964），8-16。

46 田村榮太郎的焦點在於季節勞動者與消防員，而星野周弘指出，貧困的農民、武士、相撲士與工匠也成為博徒。田村栄太郎《やくざの生活》，17-19；Hoshino Kanehiro, "Organized Crime and Its Origins in Japan" (unpublished paper), 3。這些賭場當然不是人們賭博的唯一場所。田村指出，賭博的地點位在藩主的「屋敷」（房舍）裡，因為這樣可以享有治外法權，免於被「町奉行」（掌管行政、司法的江戶時代官員）逮捕。武士的所有地（尤其是兵舍與倉庫）也是賭博的場所，同樣因為這些地方明顯較難進入。田村栄太郎《やくざの生活》，22-23。

賭博的武士對德川幕府而言，是困擾的事，他們將賭博列入犯罪，並且對地位高的人施予更嚴苛的罰責。根據Daniel

的關係，形成了有擬親關係的「一家」。[47]漸漸地，這些「一家」由那些認定博徒是他們主要，甚至是唯一職業的人組成，所以，博徒往往是「無宿者」，也就是沒有正式戶籍、在德川時代的身分制度中沒有地位的人。[48]隨著不可計數的博徒一家成立——他們的收入全仰賴賭場——能夠迎戰競爭團體、捍衛並擴張地盤的能力，成為維持「一家」命脈的核心能力。因此，逞兇鬥狠的蠻力就成了野心勃勃的博徒一項重要資產、成功老大的先決條件。

有權勢的博徒老大在一八〇〇年代起，漸漸嶄露頭角，透過鬥毆和殺害削弱敵對陣營，進而開拓並施展自身的影響力。幕末時期的國定忠治即是其中一個博徒老大，一生以驍勇俠義聞名。[49]國定忠治出生在日本中部的農家，求學時不僅學習讀書寫字，也學習劍術。十七歲時，國定在一場鬥毆糾紛中殺死了他的對手，之後便切斷了與家人和村人的關係，家人把他從人口登記中除名，使他淪為無宿者。他在今群馬縣一帶四處遊盪時，幾名博徒老大將他收留在羽翼下，不久後，他就在田部井村建立國定一家。在身為博徒老大的生涯中，國定為爭奪地盤，殺了很多人，也派遣幾十個配帶鏢鎗，甚至槍枝的親信涉入喋血衝突。「關東取締出役」[50]派出六百人來追捕這個國定忠治老大，便足以說明他的勢力有多麼龐大。當他最後於一八五〇年被幕府當局在一千多人面前施以磔刑時，高札（即幕府公告板）上張貼了他的七大罪狀，包括連續（攜帶鏢鎗和槍枝等武器）入侵關所，以及謀殺（受害者包括關東取締出役人員）等。由於所有這些行動，日本歷史小說家阿部昭因而稱國定一家為「無賴的暴力集團」。[51]

Botsman的研究，「在一七九二年（寬政改革）最初的禁令下，涉及任何種類賭博的『足輕』（步兵）和『中間』（武士的聽差）將無條件逐出江戶。雖然這項處罰不如上級武士的嚴厲（他們會被放逐到偏遠小島），但無疑仍比處罰涉賭的普通百姓的罰金嚴重。更有甚者，一七九五年，幕府補充原來的規範，命令所有的武士，包括足輕和中間，若被抓到在主君的屋敷內賭搏，都將無條件被放逐至遠島。」Botsman, *Punishment and Power*, 72-73。

47 神田由築認為，博徒組織裡的親分－子分關係，與相撲集團裡的親方－弟子關係有很緊密的連結。他認為，相撲士（他們本身也是一種暴力專家）也會成為博徒，他們帶來相樸士內部的組織結構，有助形塑博徒團體。神田由築《近世の藝能興行と地域社会》（東京大學出版会，1999），247-48。第二次世界大戰後的博徒組織成為龐大的黑社會聯盟，仍保留非血緣的擬親關係。從這方面看來，他們與西西里和義裔美國的黑手黨不同，與俄羅斯的黑手黨較類似。見Peter B. E. Hill, *The Japanese Mafia: Yakuza, Law, and the State* (Oxford: Oxford University Press, 2003); Diego Gambetta, *The Sicilian Mafia: The Business of Private Protection* (Cambridge, Mass.: Harvard University Press, 1993); Francis A. J. Ianni, *A Family Business: Kinship and Social Control in Organized Crime* (New York: Russell Sage Foundation, 1972); Federico Varese, *The Russian Mafia: Private Protection in a New Market Economy* (Oxford: Oxford University Press, 2001)。德川時代後，博徒組織和儀式變得更複雜精細，見田村栄太郎《やくざの生活》，44-45、94-106；岩井弘融《病理集団の構造：親分乾分集団研究》（誠信書房，1963），128-30、146-50、160-61。

48 增川宏一《賭博の日本史》（平凡社，1989），154-55。關於德川時代的身分制度，以及為什麼「無宿」不應該譯為「無家者」，見Botsman, *Punishment and Power*, 59-62。關於身分制度問題的經典英文著作（Botsman亦曾引用），見John W. Hall, "Rule by Status in Tokugawa Japan," *Journal of Japanese Studies* 1, no. 1 (autumn 1974): 39-49。

49 關於這時期的博徒老大，見今川德三《考證幕末俠客伝》（秋田書店，1973）。

50 譯註：關東取締出役為幕府時期的關東警力。

51 阿部昭《江戸のアウトロー——無宿と博徒》（講談社，1999），11-16、20。亦見田村栄太郎《やくざの生活》，179-205；高橋敏《国定忠治》（岩波書店，2000）。關於入侵關所，以及設置「高札」的習慣，見Botsman, *Punishment and Power*, 19, 46。

博徒一家的暴力導致他們無論居住或活動，都和當地社會之間的關係變得複雜，與幕府當局的關係亦然。一方面，像國定忠治這樣的人所使用的暴力，確實招致數百人同時緝拿他。而且我們也不應該忘記，博徒一家參與各種敲詐勒索、恐嚇、強盜等侵犯活動，不太可能不被案件發生的當地村町嚴懲。[52]另一方面，有些博徒似乎在一些地方被視為正當，甚至是重要人物。至少，某些博徒的行為從更寬鬆的社會常規來看，「非法」與「非非法」之間的界線有可能變得模糊。例如，從一七〇〇年代初期起，幕府便利用刺青標誌罪犯，未想後來刺青成為工人與傳統匠人之間普遍的常規，包括消防隊員、木匠、車夫、建築工人以及打零工者。在他們的手上，幕府偏好以刺青線條標示罪行（如在前臂上的兩條線表示此人第二次犯竊盜罪），後來，刺青演變成彩色和裝飾性的圖案，用以標示自創的身分。[53]我們可以進一步推測，刺青後來不只成為宣告自己這個人的象徵，也是一個人忍受刺青冗長且痛苦過程的體力象徵。博徒也展示這些華麗的標誌，促成一種與某些群體的常規呼應的文化；這群人經常是博徒團體的衣食父母，而且似乎也不把博徒當成非法之徒。在這種與博徒交融的（非非法）文化常規下，博徒遊走在不合法的非法之徒以及合法的工人與傳統匠人之間的模糊界線上。[54]

更重要的是，在很多方面，博徒融入他們所經營賭場的村町，而且還頗受歡迎。賭博受到廣泛的歡迎，意味著他們能提供一種人們想要的服務，而賭場變成各種社會地位的地方成員聚集的場所。在德川時代早期，有些博徒更可能被視為鎮上士兵或保護當地社町的町奴，尤其可以

讓村民免於浪人的侵擾。[55]據傳，博徒會試著討好村裡較不幸的人。例如有一位名為勢力富五郎

52 因為缺乏特定村莊以及誰在當地得到或損失利益等詳細資訊，博徒在鄉村的地位之曖昧就更嚴重了。例如，若我們知道協助關東取締出役追捕像國定忠治這樣的博徒，或者在村子裡誰成為勒索、脅迫、強盜的對象，會很有幫助。大口勇次郎討論了一八三〇年代多摩地區的多起犯罪，包括無宿的暴力事件，讓我們看到村落如何處理這種攻擊，以及村莊和類似關東取締出役這類機構之間的關係。大口勇次郎《村の犯罪と関東取締出役》，資料來源：川村優先生還曆記念會編《近世の村と町》吉川弘文館，1988，79-101。

53 Botsman寫道，不是所有刺在犯人身上的刺青，皆如幕府原先設想的在手臂上的線條：「例如在廣島藩，再犯者的前額中間有一『犬』字刺青。在紀伊藩，他們用的是『惡』字。」Botsman, *Punishment and Power*, 27-28。關於吸引人的刺青圖樣（Botsman也有引用），見Donald Richie and Ian Buruma, *The Japanese Tattoo* (New York: Weatherhill, 1980)。這些彩色的、繁複的、裝飾性的刺青，在第二次世界大戰後持續成為極道的標誌。

54 Takie Sugiyama Lebra提出一類似戰後的論點：「當時，異常可能被視為一種文化類型的產物，或者某種主流價值的極端表現，而不是正規文化的相反。」Lebra強調，「極端」表現是異常的，但是對德川時期而言，博徒（或極道）文化既不異端也不異常。Takie Sugiyama Lebra, "Organized Delinquency: Yakuza as a Cultural Example," in *Japanese Patterns of Behavior* (Honolulu: University of Hawai'i Press, 1986), 169。另一個源自德川時代現象的博徒（或極道）儀式是「仁義」，是博徒之間（通常是旅人與他想落腳當地的親分之間）正式的見面儀式。它最早是德川時代臨時的職人要求訓練或工作時執行的儀式，後來由臨時的工人向「人足寄場」（類似現在工人聚集找工作的收容所）的親分要求食物與住處時，所執行的儀式。關於更多「仁義」，見岩井弘融《病理集団の構造》，262-67；田村栄太郎《やくざの生活》59-60；田村栄太郎《上州遊び人風俗問答》，資料來源：林英夫編《近代民眾の記録(4)流民》（新人物往來社，1971），218-22。關於刺青方式，見Richie and Buruma, Japanese Tattoo, 85-99。

55 岩井弘融《病理集団の構造》，37；George A. De Vos and Keiichi Mizushima, "Organization and Social Function of Japanese Gangs: Historical Development and Modern Parallels," in *Socialization for Achievement: Essays on the Cultural Psychology of the Japanese*, ed. George A. De Vos (Berkeley: University of California Press, 1973), 286-87。

的博徒老大就以拿錢（一、二兩）給村子裡的窮人而聞名，也會提供農民一些矛槍，讓他們保護自己。其他的博徒老大同樣特別留心對村民做出一些貢獻。國定忠治盡責地做好清理村裡好幾口井的工作，村長不僅允許他經營賭場以為回饋，還會在幕府官方派人來巡查時，向他通風報信。用史學家安丸良夫的話來說，博徒與村莊的這種關係，使他們無登記或非法之徒的地位，轉化成某種地方上的「有力者」（有影響力的人）。[56]基於此，這些老大在村子裡居中排解各種爭端時有所聞，而且我們也都聽過，在幕末時期，他們甚至成為一些鄉村起義事件的領導者。一八〇〇年代中期，名為北澤伴助的人，曾因為賭博和其他違法事件遭逮捕六次，後來他在信州帶領窮困的農民、佃戶、小佃農參加各種抗議，因而被判終身監禁。[57]從他們與農村社會盤根錯節的關係來看，博徒就像史學家艾瑞克．哈伯斯鮑溫（Eric Hobsbawm）談論義大利社會運動裡的「強盜」一樣——雖然博徒不是職業搶匪，而是某種「社會強盜」，嚴格來說是非法之徒，但至少得到農民社會中某些人的尊敬。[58]

幕府也嘗試與博徒維持某種巧妙的平衡關係，試圖控制被視為失序或威脅主權的行為，一方面也容忍符合其利益的冒犯行為。另一方面，在統治期間，幕府發布了如麻的法條控制賭博和賭客。[59]雖然單就法條的數量來看，意味著博徒的地位並未受到重視，但幕府確實會懲罰公然的違法行為，例如當國定忠治這樣的博徒玩弄幕府威信的時候。此外，博徒也可能被當成經濟不穩定與道德淪喪問題的代罪羔羊，例如一八二七年幕府的文政改革就包括指示村長舉報製造麻煩的強盜和博徒。[60]另一方面，幕府可能會對部分違法的博徒活動睜一隻眼閉一隻眼，以藉助他們的勢力維持社會秩序。

德川時期前半，對博徒的寬鬆處理可以解釋成在執法方面有意識且慎思熟慮後的手段。幕府官員對利用「目明し」（情報提供者）或罪犯——包括博徒——的情況也是也一樣，這些人同意協助官方追捕緝拿犯人，並且以免於牢獄之災加上一筆小費做為交換。由於他們本身即是犯人，而且即使在身為情報提供者時，仍繼續他們的非法勾當，他們總有消息、網絡和關係，能捉到被通緝的犯人。這些人尤其深受大名（藩主）注意，因為博徒不在官方的管轄範圍內；情報提供者大可越界到另一個管轄權的所在，不必經過任何一種官方申請，由官方聘任的武士則不行。這種對情報提供者的策略性利用，緩和了官方管轄區的重疊及分散造成的混亂，也反映出幕府將重點

56　安丸良夫編《監獄の誕生》，27-28。

57　James W. White, *Ikki: Social Confl ict and Political Protest in Early Modern Japan* (Ithaca: Cornell University Press, 1995), 4-6, 15.

58　Eric Hobsbawm, *Bandits* (New York: Delacorte Press, 1969), 13, 78.

59　田村栄太郎《やくざの生活》，19，24。關於俠客相關的法令，見尾形鶴吉《本邦俠客の研究》（博芳社，1933），309-14。

60　David L. Howell, "Hard Times in the Kantō: Economic Change and Village Life in Late Tokugawa Japan," *Modern Asian Studies* 23, no. 2 (1989): 358.

放在逮捕重大要犯，更甚於捉拿情節較輕的犯人。如史學家丹尼爾．波茨曼主張的，維繫情報提供者網絡源於一重視選擇性且引人關注的犯罪懲罰體系，而非懲罰所有的犯罪。[61]

德川時代後半，尤其是幕末時期，幕府和博徒合作的意願，與其說是基於有意識且慎思過的策略，不如說純粹是因為政府軟弱。[62]當時幕府已經因為一八三〇年代的饑荒以及接踵而至的農民抗議疲於奔命，之後的一八五〇年代，又只能無奈的處理強力且痛苦的「開國」挑戰。由於財政上的困窘，幕府決定縮減在他們直接統領地區的「代官所」（地方法官）官員人數，也縮減幕府直轄「旗本」（一種日本武士身分）的土地。在這些地區，具影響力的博徒勢力蓬勃，博徒一家會在光天化日下公開鬥毆，無懼於遭受惡果。在管轄權屬於多方或模糊的地帶，幕府根本無法維持秩序。信濃國（今長野縣）正是如此，這裡孕育出很多的博徒。三河國以警力不彰聞名，遂成為博徒老大的安全避難所，他們在其他藩國犯罪，來到這裡躲避法律制裁。[63]當幕府企圖打擊某些博徒的囂張行徑，卻發現自身得仰賴其中較不具攻擊性的博徒，而這正是幕府想納入旗下的。一八〇五年，當幕府成立前面提過的關東取締出役，便得仰賴博徒老大擔任「案內役」（嚮導），才得以追捕通緝犯。可惜這並非絕對有效的策略。一八四四年八月的一起案件裡，關東取締出役獲得老大哥飯岡助五郎的協助，領路去拘捕他的博徒對手之一笹川繁藏。然而笹川繁藏的左右手聽到飯岡助五郎的風聲，不但有備而來，更是予以反擊，偷襲飯岡的住所以為報復，之後順利逃走，躲掉了被捕的命運。[64]在這起事件中，幕府和博徒老大的合作不只沒有成果，反而助長了一家之間的暴力火拼。

接受並和博徒合作所得到的意外結果是，默許他們的暴力行為。將博徒納入眼線，及後來當成嚮導，幕府等於是向博徒暗示，他們的勢力只要不危及整個國家政權，就會被容許。如果博徒對村莊有正面貢獻，地方可能就會忍耐博徒的暴力。此外，像勢力富五郎這種幫助貧困農民的老大，則助長了往後博徒「刼強濟弱」的理念。那些擁抱類似羅賓漢形象的人想到博徒時，不只想到賭徒，也想到「俠客」。就像是西西里黑手黨的「榮譽者」（man of honor），日本的俠客先在傳說中受到青睞，後來透過頌揚如國定忠治這類博徒，在小說與電影中也大受歡迎。[65]在一九

---

61 Botsman, *Punishment and Power*, 93-95。對博徒而言，成為「目明し」可以換成金錢以及較高的地位。見阿部善雄《目明し金十郎の生涯—江戸時代庶民生活の実像》（中央公論社，1981）。感謝 Amy Stanley 提供這則參考與本章其他多處的參考。

62 安丸良夫強調，由於幕府軟弱，形成了一權力真空，使得博徒可以獲得地方上的名望，挑戰既成的主權形式。安丸良夫編《監獄の誕生》，28。

63 長谷川昇《博徒と自由民権：名古屋事件始末記》（平凡社，1995），46-47。

64 一八〇五年與一八二七年的關東取締出役體系，包括各來自四個「代官所」（地方法庭）的兩人，總共八人。在每個代官所人員下，有兩名聘任的「足輕」（步兵）、一名「小者」（職位較低者），以及兩名「道內案」。一組人含六個人，兩組形成一巡邏班。安丸良夫編《監獄の誕生》，27。

65 關於西西里黑手黨以「榮譽守則」與「緘默法則」做為一個男人的概念，見Robert T. Anderson, "From Mafia to Cosa Nostra," *American Journal of Sociology* 71, no. 3 (November 1965): 302; Raimondo Catanzaro, *Men of Respect: A Social History of the Sicilian Mafia, trans. Raymond Rosenthal* (New York: Free Press, 1988), 31; Gaia Servadio, *Mafioso: A History*

二七年伊藤大輔的默片《忠次旅日記》裡，國定忠治就被浪漫化成英雄式的博徒，在殺了一個對赤貧農民刻重稅的惡霸官員後，他成為逃犯。經過許多類似的故事和電影描繪，國定變成典型俠義博徒的傳奇，一個超然法律之外的人物，因為他高尚的道德準則而受到正面評價。[66]更重要的是，博徒「劫強濟弱」的理念後來在近代經過整理及曲解，合理化那些根本不是俠義之舉的暴力行為。

德川時代後期，博徒主要在彼此之間使用暴力，但也是在此時，他們開始被幕府視為武力的提供者，這種情況在某些地方可能也是。然而，即使被當成幕府的眼線或是關東取締出役的嚮導，博徒都不能被過度或特別說是具政治性的——他們並不尋求政治目標，他們也不涉及任何一種政治意識形態。值得附帶一提的是，博徒習慣上被視為日本黑手黨的先驅。[67]在此時期，他們確實開始發展出像「家族」一樣、有時提供保護的組織，但是博徒一家的目標仍不是獨占保護產業——即定義黑手黨的特徵之一。[68]

博徒與明治維新

在德川時代與明治政府的過渡時期，博徒在一個不容置疑的政治領域，成為暴力的提供者。明治維新時期，施暴實戰經驗豐富的特定博徒老大和他們的親信被各藩召募，參與戊辰戰爭，這是一八六九年六月底最後一批支持德川幕府的反抗者遭壓制之前，舊德川幕府頑固勢力與明治勤王派之間的一連串戰役，共計造成上萬人傷亡。

史學家長谷川昇拼湊了許多資料來源，顯示尾張藩重要的博徒老大如何由藩主親自挑選，領導主要由博徒組成的平民（非武士）軍隊，而這些人正是以逞兇鬥狠聞名。兩名接受徵召的博徒老大為近藤實左衛門和雲風龜吉。近藤實左衛門是有名的博徒及劍士，二十多歲出道時是相撲士，鄰近的一名博徒老大聽聞他打鬥和勇猛的名聲，便將他納入羽下。近藤最後建立起自己的地

---

of the Mafia from Its Origins to the Present Day (New York: Stein and Day, 1976), 27-28。關於俄羅斯的「律賊」（vor-v-zakone or vor-zakonnik），見Varese, *Russian Mafia*, 145-66。

66 以國定忠治為題材的藝術創作，包括劇作家行友李風的《国定忠治》（1919）、マキノ省三監製《国定忠治》（1924）、衣笠貞之助監製《弥陀ヶ原の殺陣》（1925）、小說家子母澤寬的《国定忠治》（改造社，1933）、山中貞雄監製《国定忠治》（1935）、谷口千吉監製《国定忠治》（1960）。

67 賭博與極道（ヤークーザ，音ya-ku-sa）的關聯，可以從這個詞的源頭來看。ヤークーザ分別代表8-9-3這三個數字，在一種名為「花札」或「花かるた」的紙牌遊戲中，是輸家的牌（牌的總數加總尾數為零的，是最輸家）。ヤクザ這個字意謂他們被某些人認為是「輸家」；我們不清楚這個詞何時重新調整，免除這個負面涵義。見加太こうじ《新版日本のヤクザ》（大和書房，1993）。

68 Diego Gambett曾定義黑手黨為「一種生產、宣揚並銷售私人保護的產業。」關於建立一個保護的壟斷事業，「暴力是一種方法，不是目的；一種資源，不是最後的產品。」Peter B. E. Hill在處理戰後日本黑手黨時，採用了Gambetta論述的變化版本。Gambetta, Sicilian Mafia, 1-2; Hill, Japanese Mafia, 6-35。Gambetta強調，黑手黨所從事的產業，與其他以他們的生活方式、「心理狀態、思考和行動的體制」來定義黑手黨的作法不同。見Servadio, Mafoso, 20, 22。

盤，成為北熊一家的首腦，是尾張藩最有勢力的博徒團體。雲風龜吉是平井一家的老大，是相對較無章法的三河國最大的博徒團體。他之所以成名，是因為他經常逞兇鬥狠、四處惡意刁難，而且在與博徒老大清水次郎長對決時，證明了他的搏鬥能力。[69]近藤與雲風之前似乎都曾與官方合作過，但也許可以說，他們在戊辰戰爭中的貢獻是前所未見的。一八六八年一月中旬，尾張藩官方向兩名博徒老大主動提議，徵召他們帶領小組人馬去壓制該國東北邊的挺幕派頑固分子。雲風召集了八十六名博徒手下，近藤也招到五十名；三月時，這兩隊人馬正式成為稱之為「集義隊」的第一隊和第二隊。兩隊都包括平民志願者，而不是藩軍，他們同時召集了一些不屬於近藤、雲風一家的博徒。五月時，集義隊離開名古屋，在接下來的七個月打了一連串的戰役，直至十二月底勝利凱旋。[70]

在徵召近藤和雲風的大隊成軍時，即使是範圍相對大的尾張藩也要慎重盤算，如何結合經常在打鬥中展現武打技能的博徒，以增強他們未有戰鬥經驗的武士正規軍。近藤與雲風特別突出，是因為他們超凡的武藝，而且藩主願意忽略他們為非法之徒的事實。[71]藉由同意擔任集義隊的先頭部隊，近藤和雲風投入超越他們勢力範圍的政治舞台。他們當然沒有更大的政治野心或目標，但是他們無意間為舊秩序蓋上棺木，鞏固了新統治者的權力。

隨著明治時代宣誓就位，這些博徒有一段時間不受西化政府青睞，此時的新政府正計畫透過現代化的軍事和警力強化自身的武力，而非透過與非法之徒的結盟。當博徒再次於政治舞台上活躍時，已經站在明治政府的對立面。而政府的回應，是試圖將博徒罪犯化，即使他們當中有些人，如近藤與雲風，曾經在一八六〇年代晚期的內戰中和他們站在同一陣線。

博徒做為政治暴力專家：自由民權運動

博徒堂而皇之重新踏進政治的時代背景，是自由民權運動。當明治政府於一八七〇年代漸漸穩固，很多日本人開始問，在一個迅速發展的政治體制中，人民的角色應該是什麼？那些倡議透過制定憲法與設置國會來擴大民眾政治參與的人，促成了自由民權運動。雖然呼籲議會政治和立憲政治是這個運動團結的元素，但其中也包括了在意識形態、動機以及背景上不同光譜位置的人。一些主要領袖是明治之前的元老政治家，例如西鄉隆盛，他曾於一八七三年因為征韓論的爭議離開政府，後來卻採取一條完全不同的路線。板垣退助則是這股潮流中，民權活動分子的重要典範。他主要由前武士所支持，甚至在不同情況下，多次離開運動，重新加入明治政府。其他派

69　長谷川昇補充道，大正初期，在三河約有十四個博徒一家，其中平井一家是最重要的兩大家之一。長谷川昇《博徒と自由民権》19–22、29、70-71。

70　同前註，62-63、68-70、72-80、90-91。

71　同前註，70-72。關於這個時期博徒的其他著作，見高橋敏《博徒の幕末維新》（筑摩書房，2004）。

別的人不若板垣屬於精英分子，而是真正的草根，例如農民組成讀書會與地方政治協會，討論彼此的想法，甚至起草屬於他們的憲法。[72]

本章開頭提到的秩父事件，即是一八八〇年代自由民權運動普及且革命性的一個階段，其中包括無數次的「激化事件」（暴力衝突）。這個階段的自由民權運動，導因於草根民眾對明治政府政策的失望。赤貧的農民轉向武力，抗議他們的經濟窘境，正如德川時代晚期的農民一樣。而如今，他們的貧窮是因為國家執行的松方通貨緊縮財政政策，他們的不滿和牢騷表現在自由民權運動的語言和概念上，而他們的攻擊目標則包括明治政府的象徵。身為這次暴力運動的領袖和參與者，博徒成為政治的一部分，而且如今在很多方面都現代化了。[73]博徒角色的轉變，在我接下來要探討的三次抗議中格外明顯：群馬事件、名古屋事件以及秩父事件。

博徒參與群馬事件，起因於賭博和賭客兩者在當地社群的根深柢固。在明治初期的群馬縣，據說唯一不賭博的人是寺廟裡的佛（本尊）和地藏菩薩的石像。在日本中部這個多山的地區，農夫前往高崎鎮上的神社與佛教寺院參拜時，多會賭上一把，高崎可說是經營賭場的人的金礦。賭博業從德川時代就在這裡欣欣向榮了，因為此處複雜的管轄權，以及十九世紀中葉，來自農人養蠶業豐厚的現金流。[74]這一帶有為數眾多的博徒，單是在群馬西部，就有十個博徒組織。[75]

身為在地一分子，博徒也與這些農民一樣，體驗到財務上的困窘。一八八〇年代初期，放高利貸者和明治政府是造成財務緊縮的一方。即使有一八七八年的法律（《利息制限法》）來防止高利貸，但是在地方層級上，仍有一種稱之為「生產會社」的財務單位，得以放出高利息的借貸。[76]當時大藏卿松方正義的通貨緊縮政策使蠶絲的價格大幅滑落，生絲從一八八一年的每斤七

---

72 自由民權運動的草根面相，見Irokawa Daikichi, *The Culture of the Meiji Period*, trans. and ed. Marius B. Jansen (Princeton: Princeton University Press, 1985), 108-13。

73 Stephen Vlastos與Anne Walthall都認為，在德川時期的前半期，農民抗議並不特別暴力。Walthall寫道，甚至在破壞性的抗議中，政府機關也很少成為攻擊目標。Stephen Vlastos, *Peasant Protests and Uprisings in Tokugawa Japan* (Berkeley: University of California Press, 1986), 3, 20; Anne Walthall, *Social Protest and Popular Culture in Eighteenth-Century Japan* (Tucson: University of Arizona Press, 1986), 15, 121。而且，James White也指出，博徒在一八六八年前的民眾抗議中，也未扮演重要角色。White, *Ikki*, 185-86。

74 森長英三郎〈群馬事件—博徒と組んだ不発の芝居〉《法學セミナー》第20巻第14號（1976年11月），124；田村栄太郎編《上州遊び人風俗問答》，216；福田薫《蚕民騷擾錄：明治七年群馬事件》（青雲書房，1974），16。

75 在碓冰峠：新井一家。高崎：濱川一家、福島一家、金子一家、大類一家。富岡：小串一家、田島一家。藤岡：田中一家、山吉屋一家。下仁田：大和一家。清水吉二《群馬自由民権運動の研究上毛自由党と激化事件》（あさを社，1984），184。

76 一八七八年的法律規定了年利的上限，一百日圓以下的債務為百分之二十；一百日圓到一千日圓的債務為百分之十五，超過一千日圓的債務為百分之十二。迴避這條法律的機制（切金貸）為收取本金的百分之二十到三十為前金，例如一名放款人曾記錄，一百日圓的貸款，只會收到七十或八十日圓。如果貸款未在預先約定的時間內付清，利息會開始計算，且原來的貸款金額會重新謄寫，變成將原來本金加上利息為新本金的一筆新債務，而利息會根據新的本金來計算。例如，本金為一百日圓（只會給出七十或八十日圓）的債務會有百分之五的利息，使得新本金為一百零五日圓，若加上另外百分之二十的利息，總共債務便達一百二十六日圓。田中千弥《秩父暴動雜録》，資料來源：大村進、小林弌郎、小池信一編《田中千弥日記》（琦玉新聞社出版局，1977），586-87；群馬縣警察史編纂委員會編

點四五九日圓，跌到一八八四年的每斤五點八四四日圓。[77]這導致農民很難償還他們在生意興隆時借貸的債務，而且養蠶業也被迫轉往高利貸，以便在價格暴跌後存活下來。博徒同樣感受到這一波的財務困難，不只因為可想而知的賭金萎縮，也因為博徒本身也是農民，他們也養蠶。[78]

博徒在一八八四年一月的全國《賭博犯處分規則》公告後，或許更能感受到明治政府的加強管制，這部法律明確說明了懲罰賭客和賭博集團成員的廣泛規範。[79]這部法律把執行和懲處的細節留給地方層級，到了三月，群馬縣宣布細目規定，包括刑期長度、罰鍰金額，以及減刑的部分。[80]單在一八八四年，群馬縣就有一千二百九十七人遭受反賭博法的懲罰。[81]

當博徒和農民切身體驗到財務上的困難，感受到明治政府權力的所到之處，他們開始與自由黨取得聯繫；自由黨是日本第一個政黨，也是自由民權運動早期的產物。在博徒、一個名為「有信社」以及自由黨的激進側翼「決死派」三者之間，開始形成一聯絡網。[82]

和起義領袖有緊密連結的博徒之一是山田丈之助，原名山田平十郎，他後來成為群馬事件中最重要的博徒。山田是來自碓井郡的博徒老大，從幕末時期開始，就在上州與信州（明治時期的群馬與長野縣）有一群追隨著。[83]山田是德川時代知名新井一家的成員，年輕時就為創立者新井一家的老大收留，學習劍術且頻繁出入賭場。山田最後成了新井一家的老大，他最為人所知的，是他在他廣大地盤上巡訪各個賭間的幹勁。[84]山田和新井一家成員，與群馬事件的其他重要角色聯合，在該區建立起一個網絡。

一八八三年春天，沮喪和不滿愈來愈具體，農民向縣府訴願，呼籲重視他們的困境，也向財

《群馬県警察史（第1巻）》（群馬県警察本部，1978），336-37。

77 一八八〇年至一八八五年之間，生絲的價格如下：一八八〇年為六點七四二日圓；一八八一年為七點四五九日圓；一八八二年為六點九三六日圓；一八八三年為五點〇二一日圓；一八八四年為五點八四四日圓；一八八五年為四點九八三日圓。群馬縣警察史編纂委員會編《群馬縣警察史（第1巻）》，336。

78 森長英三郎〈群馬事件〉，124；福田薫《蚕民騷擾錄：明治七年群馬事件》，16；清水吉二《群馬自由民権運動の研究》，服部之總引用，187。

79 賭博的人會被處以一個月到四個月的監禁，以及五日圓至兩百日圓罰金。組成集團、攜帶武器和騷擾鄰里的賭徒會被處一到四年的監禁，以及五十日圓至五百日圓罰金。不但沒收賭博的工具，也允許警察在任何時間持令狀進入民宅。萩原進《群馬県博徒取締考》，資料來源：林英夫編《近代民衆の記録(4)：流民》（新人物往來社，1971），577；清水吉二《群馬自由民權運動の研究》，185-86。

80 福田薫《蚕民騷擾錄：明治七年群馬事件》，17；萩原進《群馬県博徒取締考》，578。

81 1884年後數年間遭處罰的民眾人數如下：一八八五年1,012人；一八八六年1,002；一八八七年876人。群馬縣警察史編纂委員会編《群馬県警察史（第1巻）》，383。這筆資料來源中印出的表格跳過了一八八八年，但是持續到一八九二年；可能是一八八九年後的資料是根據不同的反賭博法，因為1889年《賭博犯處分規則》廢止了。萩原進《群馬県博徒取締考》，577。

82 例如：有信社的宮部襄在擔任前橋警長時，就靠著耐心與手腕協調歧異，與該區博徒維持良好的關係。田村栄太郎編《上州遊び人風俗問答》，215。

83 福田薫《蚕民騷擾録：明治七年群馬事件》16–17，95；萩原進《群馬県遊民史》（復刊：國書刊行会，1980），139；森長英三郎《群馬事件》，126；関戸覚蔵編《東陲民権史》，1903（復刊：明治文献，1966）。

84 福田薫《蚕民騷擾録：明治七年群馬事件》，96；萩原進《群馬県遊民史》，139。

政機構請求延展償付貸款的時間。從一八八四年三月起，有信社舉辦政治集會，鼓勵農民加入自由黨。這場運動的地方領袖——活躍分子湯淺理兵、縣的黨員清水永三郎、教師三浦桃之助，還有前武士日比遜——鼓吹用武力獲得人民的權力與自由；他們召募了數百名農民、博徒、獵人和力士；在當地山區為他們進行軍事訓練。[85]

四月十四日的一次政治集會時，部分受過訓練的新成員和當地警察互毆。有信社集會的參與者手中揮舞著竹槍和蓆旗，並高唱革命歌曲：

彼若想起往事，這亦是解放美利堅的蓆旗。
若此處不飄血雨，自由之基將不穩固。[86]

當警方與群眾之間的小爭執演變成直接的衝突，博徒老大山田丈之助來到現場，後面跟著一百名身帶武器的手下衝進混亂之中，逼迫警察撤退，結束這次集會，沒有一個人被逮捕。那天晚上，為了讚頌山田的義勇行動而舉辦了一場宴席。[87]

不像明治維新時期的博徒，在群馬事件中至少有些老大不單純是被請來的槍手——山田不只因為他善戰的能力而受到重視，他同時也扮演組織者的角色。幾名領導者便是在他住處籌畫抗議行動。五月一日原本是個大日子：天皇將會前往高崎市，參加為中山道幹線連接京都與東京這一路段的完工所舉行的通車典禮。他們的計畫是派遣大約三千名農民俘擄和天皇一同前來的高階官員，地點不在高崎市的典禮現場，那對天皇太不敬，而是選在火車將短暫停留的本庄車站。同時間，山田會帶領一支兩千五百人的博徒武力，攻擊東京鎮台高崎分營，之後，在沼田城向世界宣告正義得到伸張。[88]在這次任務中，山田會有同夥的新井一家成員和親信關綱吉協助。關綱吉原本因為賭博被定罪而服刑中，但是他在勞役時脫逃，正好來得及加入山田這支武力。[89]

---

85 群馬県警察史編纂委員会編《群馬県警察史》，337–39；萩原進《群馬県遊民史》，137。

86 宇田友豬、和田三郎合編《自由党史：下卷》，206-7。

87 群馬縣警察史編纂委員会編《群馬県警察史》，339；萩原進《群馬県遊民史》，140；森長英三郎《群馬事件》，126；宇田友猪、和田三郎合編《自由黨史：下卷》，207。

88 福田薰《蚕民騷擾錄：明治七年群馬事件》，11、127、130-31；萩原進《群馬県遊民史》，141；森長英三郎《群馬事件》，126。

89 有關綱吉的監禁過程，在某種程度呈現了民權運動領導者和博徒緊密的聯繫，以及互相掩護的程度。關於這起事件的某些細節有些出入，但是故事大致如下：一八八四年一月，關違法開設賭場，不久他得知自己已被警察監視。這時藤田讓吉來找他，有些資料說，他是關認識的一名密偵或刑事人員，他向關提議一種協調方案：如果關自首，他只會被處六十至七十天的監禁。在藤田的建議下，關向松井田的警察自首。未想他卻在新的反賭博法下，被判處最重的十年禁錮和懲役，外加五十日圓罰金。藤田對關的背叛行為激怒了新井一家的博徒。四月一日這一天，町田鶴五郎和神宮茂十郎決定為關的禁錮報仇。四月三日晚上，町田和神宮帶著刀劍前往藤田住所。他們等到一名客人離開後，在藤田住所門口放火。藤田從家中跑了出來，揮舞著他的劍，攻擊飽受驚嚇的町田，他根本來不及拔出自己的武器，只用手上的棍棒回擊。神宮急忙加入戰局，重擊藤田，揹起負傷的町田，並逃離現場。町田當晚喪命，藤田也在四月六日死去。博徒神宮的胸部和肩膀受傷，在民權運動領袖三浦桃之助家中避難，三浦把他藏匿在另一名民權運動籌畫者清水在很多方面，群馬事件算是一場失敗。當自由黨成員開始在本庄附近以二、三十人的方式聚集在一起，警察便對如此大規模的動員起了疑心，因此五月一日當天並未舉行通車典禮。就事件領導者所能搜集到的資訊，得知典禮延到了五月五日，所以他們前往高崎，向山田請教新日期的計畫，隨後回到本庄。回程時，他們攻擊了一個以痛恨自由黨聞名的村長住處，但並未如計畫斷送他的性命。五月五日到了，通車典禮仍未舉行。最後他們決定要做一件事——畢竟，集結了這麼多參與者卻一事無成委實浪費，也會被認為是一場騙局，未來可能很難再次召募群眾。[90]因此，五月十五日深夜，數千名農民手持火把，聚集在妙義山麓的陣場之原，放火燒了一個高利貸業者的住所，搶劫了幾個富裕的農民，而且根據一些資料顯示，他們還包圍了松井田警察署。[91]之後，他們試圖攻擊高崎鎮台，但當時的士氣低迷，中途脫逃的人數眾多，以致行動失敗，多人被警察逮捕。[92]而高崎攻擊行動困難的原因，也在於三浦桃之助指揮的秩父武力未到，山田丈之助底下的博徒部隊亦尚未抵達。

整個五月，警察都在逮捕參與者，總共追捕到五十二人，而且持續追捕起事者，直到十二月。[93]一八八七年七月二十九日，前橋重罪裁判所（法院）做出多人判刑，最嚴重的是十二到十三年的徒刑；三浦被判七年的輕懲役。[94]山田逃過一劫，據說，他也保護了日比和清水免於遭到逮捕。[95]

在計畫五月一日襲擊高崎分營的行動中，博徒山田丈之助和關綱吉的領導，以及召集其追隨者組成這次戰鬥部隊中間力量的角色，顯示博徒被視為這次事件主要的戰力提供者。我們很難爭辯未發生的事，強稱五月十五日襲擊高崎分營未遂的行動若有博徒參加，就會成功；但是很明顯的是，少了他們，整個行動極其失敗。[96]這使得查爾斯．提里的論點格外有力，他認為，「暴

永三郎的一間倉庫裡。群馬県警察史編纂委員会編《群馬県警察史》，339–40；福田薫《蚕民騒擾録》，97、100、110-12；萩原進《群馬県遊民史》，140；森長英三郎《群馬事件》，126。

90 估計聚集的人數從兩百到三千人。群馬縣警察史編纂委員會編《群馬県警察史》，342；萩原進《群馬県遊民史》，141-42；森長英三郎《群馬事件》，126。

91 萩原進《群馬県遊民史》，142。有些人稱警察署實際上並未遭到襲擊。群馬縣警察史編纂委員會編《群馬県警察史》，344；《下野新聞》，1884年5月22日，資料來源：《明治ニュース事典：第3卷》，261。

92 福田薫《蚕民騒擾録》，11；群馬県警察史編纂委員会編《群馬縣警察史》，340、344；萩原進《群馬県遊民史》，142-43；森長英三郎《群馬事件》，125-27；《下野新聞》，1884年5月22日，資料來源：《明治ニュース事典：第3卷》，261。

93 群馬縣警察史編纂委員會編《群馬県警察史》，345；森長英三郎《群馬事件》，126-27。

94 在一八八〇年的《刑法》（後來被為稱為《舊刑法》，以有別於一九〇七年的《刑法》）中，犯罪被分為三種類別：重罪、輕度犯罪，以及違抗警察取締的違警罪。「重懲役」與「重禁錮」都翻譯為「重勞動伴隨禁錮」。重懲役通常是重罪，刑責九到十一年的刑期；重禁錮通常是輕罪，刑期為十一天至五年；「輕懲役」也有監禁和勞動，但刑期是六到八年。見明治《舊刑法》第1條、第22條、第24條。我妻栄編《舊法令集》（有斐閣，1968），431。

95 森長英三郎《群馬事件》，127；田村栄太郎《上州遊び人風俗問答》，215。

96 福田薫認為，山田丈之助與關綱吉不可能奪下鎮台，而五月一日的襲擊計畫只是「極道的喧嘩式作戰」。福田薫《蚕民騒擾録》，131-33；森長英三郎《群馬事件》，127。

力專家的現身與否，往往造成暴力與非暴力結局之間，極大的不同。」[97]博徒不只是身強力壯的人，他們也在攻擊明治政府高階官員與明治政權象徵——鎮台——的政治抗議行動中，擔任計畫與組織的人。[98]群馬事件中博徒的領導與參與角色，顯示他們相當快速適應一個轉變為近代的社會，而且透過意識到更寬廣的政治情勢，他們也承襲了一種近代的形式。[99]

由於博徒是自由民權運動的一部分，明治政府極欲控制他們以及他們的暴力行為。前面提到一八八四年的全國反賭博法便是一個例子，其所針對的對象，比較可能是在政治上活躍的博徒，而非真正的賭博。然而，和政府的預期背道而馳的是，這道法律可能反而鼓動了博徒的暴力，這在名古屋事件中特別明顯。與一系列挹注民權活動分子戰鬥基金的搶劫行為相比，名古屋事件比較是獨立的事件，不過是兩名警察慘遭殺害，導致這個行動瓦解。和先前的群馬事件一樣，名古屋事件也和經濟困窘糾結，並且有一政治目標：推翻政府，將民權倡議者推上權力舞台。所有這些事件又因為最近博徒—國家的敵對而惡化。博徒對明治政權的不滿，在戊辰戰爭結束後，很快發展起來，當時是一八七二年一月，所有集義隊的志願民兵團都被認為是平民，不是前武士（士族），武士地位的取得，至少有些人是因為他們之前的貢獻而被授予。他們因此展開一段要求恢復前武士地位的漫長過程，直到一八七八年七月，終於以失敗告終。[100]此外，全國的反賭博法也尤其重創愛知縣，即名古屋的所在地。如反賭博法在愛知縣被解釋並執法的情況，單是參加博徒團體就可能遭受處罰——博徒老大可以因為「招結」博徒與「橫行」鄰里而接受管訓，其黨羽則必須因為身為聚會的其中一員而受到盤問。這樣的規定，就像美國一九七〇年的《反勒索及受賄組織法》，比之前只逮捕正在從事賭博行為的現行犯更嚴厲，而且刑期更長、罰金更嚴苛。[101]此外，這些法條似乎不只是紙上談兵，而是確實執行，從一八八四年二月到五月，逮捕博徒的行動達到最高點。史學家長谷川昇注意到，國家可能把目標瞄準那些以流血鬥毆、搶食地盤以展現他們勢力的著名博徒集團。在愛知縣大約四十個博徒團體中，只有七或八個遭追捕，其中兩個——平井一家和北熊一家——是戊辰戰爭中集義隊的核心力量。由於他們比其他博徒集團擁有較多的

---

97 Charles Tilly, *The Politics of Collective Violence* (Cambridge: Cambridge University Press, 2003), 4-5.

98 萩原進可能會無法認同我為博徒增添了政治色彩，因為他主張，博徒是受雇的。像山田丈之助這樣的人很可能從領導者手中拿到錢，然而，單純視博徒為雇用槍手似乎是錯誤的。首先，事件的主導者要怎麼補償山田和綱號召兩千五百名手下的參與？如果賭徒的唯一動機是金錢，應該是很大一筆金額。第二，如果博徒只是雇用的槍手，山田和關就不會參與計畫，或者這樣的網絡早就存在於博徒和事件主導者之間。見萩原進《群馬縣遊民史》，142。

99 萩原進發表了類似的議論，但是他將他們的寄生性質視為博徒改變的動力（萩原進用了「極道」這個詞）。就本質上而言，極道做為「社會的寄生蟲」，在他們明治時期的新宿主身上適應、保護自己並繼續抓緊既得利益。這種思維無法解釋為什麼博徒選擇在政治領域上採取行動，更無法解釋為什麼他們要與明治政府對抗。如果金錢是博徒最關心的事，他們最好只要把焦點放在賭博、恐嚇、特種行業等這類事情上。萩原進《群馬縣遊民史》，137-38、142。

100 長谷川昇《博徒と自由民権》，11、101-5。

101 因賭博被捕的標準刑期是一至兩個月。在新的法律下，博徒老大被禁錮四年或更久，或重要的幹部禁錮兩年或更久，是常見的事。即使是低階的手下也可能服監一年左右。我將一部美國聯邦法《反勒索及受賄組織法》與之對比，因為他們同樣針對「組織犯罪」，只要屬於曾涉及某個犯罪活動的團體或企業，就是違法的。

武器和作戰經驗，這些在戊辰戰爭中為政府資產的一家，逐漸變成明治政權試圖建立秩序過程中的威脅。

全國的反賭博法對被鎖定的一家造成重大打擊——因為賭博變得愈來愈危險，賭博活動被迫中斷，切斷了博徒的收入，博徒集團面臨崩解。由於參與民權活動武力行動的，是這些經濟收入不穩定的博徒，長谷川昇因此認為，博徒籌畫暴力事件的動機，與其說他們是對松方通貨緊縮失望的農民，不如說他們是被反賭博法壓抑的博徒。名古屋事件核心的博徒——大島渚——亦然。大島渚是北熊一家的成員，曾經在集義隊的第二隊打仗。他開始積極參與事件，是在北熊一家成員不斷被逮捕之後；他重新集結前集義隊同袍，和那些沒有參與戊辰戰爭的博徒，一起展開行動。

大島渚帶領這群博徒和事件中其他兩個主要（非博徒）分遣隊——「愛國交親社」和「愛知自由黨」。愛國交親社大多由都市底層的民眾組成，鼓吹增進國力以及成立國會。這群參加者在名古屋事件中，是由名為山內德三郎的人領導，他因為與大島渚都對劍術有興趣而相識。愛知自由黨則是由其中一群相信「行動派」的年輕黨員組成。他們基本上是流氓，如一八八三年三月在名古屋一間高級旅館發生的事便可見端倪。這些年輕人在這間旅館擾亂敵對政黨的成立大會；他們不但當場質問受人敬重的貴賓尾崎行雄，並為自由黨歡呼，導致大會陷入一片混亂。同一天深夜，這些年輕人中的三十人由內藤魯一領導，帶了一桶排洩物，追打敵對黨員，用滿是糞便的糞杓對準他們的政敵、旅館的大廳直接潑灑。[102]

這三個團體在一八八三年十二月底本來是一起行動的，大島渚和山內德三郎也同時說服了自由黨的久野幸太郎加入他們的搶劫行動。大島一夥人已經參與過四起竊盜案，山內一夥人則是三起。他們通常把目標鎖定在富裕商人和農民身上，很可能是要用這些戰利品來維持因為松方緊縮政策或《賭博犯處分規則》，或兩者加乘而倒退的生活品質。對大島、山內和他們的黨羽而言，搶劫主要是為了保住他們可以活下去的錢，在某種程度上來說，是抗議高利貸。對久野而言，起心動念可能不太一樣。身為自由黨中較有學識的一員，他認為，偷竊若是為了最終推翻政府所做的集資，那麼就是可接受的手段；他後來參加了十一起搶劫行動。不管是合理化或是政治承諾的層次，對所有參與者而言，為了達成目標，違法與暴力都是可接受的手段。

在歷經十餘起強盜案後，幾名久野的自由黨同僚涉及了一起由十二人犯案殺害兩名員警的事件。一八八四年八月中的一天晚上，原訂的竊盜計畫因為打不開門鎖而受阻，這些人只好回家，凌晨兩點多時，一行人來到平田橋。他們各自分成三夥人，其中一夥人遇到中村和加藤這兩名員警，並受到他們的盤問。突然間，大島開了槍，呼喊其他人，慌亂間每個人都拔出劍，攻擊這兩名員警。他們追打中村和加藤，有些人則阻止附近因為騷動而從家裡出來的人靠近。最後，中

102 長谷川昇《博徒と自由民権》，126、140-43、148-49、162、171-76、183-95、213-39。

村身受十九傷，七處在頭部，當場死亡。加藤身受十五傷，八處在頭部，倒臥在附近的稻田中死亡。[103]

又發生了十餘起強盜案件後，警方逐步釐清有哪些人涉案，並且將他們和中村、加藤遭殺害的事件連結在一起。一八八四年十二月十四日，一群人搶劫知多郡長草村存放稅收的町役場（地方政府），過程中有三人受傷、五名職員遭綑綁。當他們準備逃跑時，一名參與者被逮捕，供出整起名古屋事件的來龍去脈。雖然有幾起竊盜案件發生在一八八六年八月，但是大部分的要角似乎都在這起強盜案告一段落後遭到緝捕。[104]

名古屋事件的審判從一八八七年二月四日開始，屬於名古屋高重罪裁判所的審判範圍。兩星期後，判決結果出爐，二十九名受審人中，有二十六名獲判不同名目的罪刑。最嚴重的是過失殺人到畏罪潛逃，有三人獲判死刑，其中包括大島渚。久野幸太郎則因和其他兩人或兩人以上同夥犯下武裝強盜，獲判十五年徒刑。[105]

和群馬事件一樣，博徒領導人和參與者的動機不是純粹政治性的，因為他們無論搶劫或掠奪，至少有部分是為了在金錢上獲益。然而，加入愛國交親社與愛知自由黨的武力的同時，他們是有意識地為自己的行動框上政治色彩，即使他們的竊盜行為不必然是出於政治理由。吸引他們共同參與犯罪的，是他們對明治政府的共同厭惡，以及本身動武的意願和能力。

最後，我們回到秩父事件，也是這一章開頭所提及的事件。相較於群馬和名古屋所發生的一切，秩父事件是持久且全面的叛變，上千名反抗者對抗明治政府的部隊武力。最初於十一月一日在一座當地神社聚集了大約一千人，之後起義人數達高峰時，壯大至三千人，而且遍布崎玉縣，擴及附近的群馬縣及長野縣，最終為自衛團、警察以及政府軍擊潰。[106]

正如群馬事件和名古屋事件，秩父事件也是多方因素堆疊的結果——受到松方通貨緊縮惡化和因高利貸者而加重的鄉村貧困問題、自由黨的意識形態和組織，以及使用暴力的意願——所有這些因素都體現在這次事件的領導人——博徒田代榮助——身上。博徒參與像秩父事件這類鄉村、草根的運動並不是頭一遭。一八六〇年代，博徒就參與了稱之為「社改起義」（世直し一揆）或者農民抗議的活動，一貧如洗的農民、佃農以及農村勞動零工，起而攻擊村中的富人及高利貸

103 同前註，203-4、223-25、242-45、251。

104 久野幸太郎和其他三名自由黨在此事件一星期之前被逮捕，因為懷疑他們與飯田事件有關聯，企圖推翻政府，為民權運動的一部分。然而，十二月十四日的強盜事件，則將他們與名古屋事件連結在一起。長谷川昇《博徒と自由民権》，251-53。

105 七人被判終生監禁，有些是因為殺人，其他是因為強盜傷害。十一人在獄中死亡。三人被判無罪的原因是罪證不足。長谷川昇《博徒と自由民権》，243、255–58。也可參見寺崎修《明治自由党の研究：下卷》（慶応通信，1987），105–14。寺崎稱名古屋事件的參與者為「志士」。

106 千嶋壽《困民党蜂起：秩父農民戰争と田代栄助論》（田畑書房，1983），280、324；我妻栄他編《日本政治裁判史録：明治》（第一法規出版，1969），80。

業者、當鋪和商人。[107]秩父事件在很多方面，是一場混亂敘事的延續，當中涉及人們面臨經濟巨變和「改造世界」的想望。[108]然秩父事件之所以為人所知，在於其處在自由民權運動的脈絡中，有著名的博徒扮演關鍵角色，還有明治政府透過謹慎建立博徒和他們的武力，企圖消除叛變的正當性。

田代榮助早年成長於一村落社區。他出生在大宮鄉一個地方領袖家庭；父親是村長，由最年長的兄長世襲村長之位。雖然田代永遠不可能繼承那個身分，但他似乎也會照顧鄉里中一些較不幸的人。一份戶籍登記資料顯示，一八八〇年，田代名下的兩間房子裡，住了二十三個人，意味著他不僅照料九名親人，包括他的妻子クニ（KUNI）、四個兒子、一個女兒、一個養子與養子的妻子，他也收留了好幾個人——那些可能太窮而無法自力更生。田代也為當地人仲裁糾紛，無疑是「三百代言」（一種無照律師），並藉此和當地社群建立關係。[109]

由於本身為養蠶業者，田代親身體認到松方緊縮政策與高利貸造成的痛苦。他平日的工作是採集野生蠶繭，深受一八八〇年代生絲市場價格崩跌的影響；這場對養蠶業者財務上的打擊，又因一八八四年春天的收成不佳而加劇。艱困的財務狀況迫使田代和當地許多農民一樣，轉向借貸業者借錢，一八八三年前，他貸款的總額為一百五十三日圓。[110]

普遍的財務困境是「困民黨」成立背後的主要動機，在一場凍結拖欠債務的請願活動失敗後，一八八四年七月，困民黨抗議高利息債務的行動終於漸漸具體化。[111]困民黨的政治立場——

要求全國團結、減稅、推翻明治政府——深受自由黨的影響，兩者有許多共同黨員。[112]

107 須田努《「惡党」の一九世紀：民眾運動の變質と「近代移行期」》（青木書店，2002），168-72。

108 David Howel指出，許多秩父事件的參與者有千年王國的願景，見David Howell, "Visions of the Future in Meiji Japan," in *Historical Perspectives on Contemporary East Asia*, ed. Merle Goldman and Andrew Gordon (Cambridge, Mass.: Harvard University Press, 2000), 107-8。稻田雅洋也觀察到類似的情況，但他指出，秩父事件在對國家的直接挑戰方面，不只是一個「社改起義」。稻田雅洋《日本近代社会成立期の民眾運動：困民党研究序書》（筑摩書房，1990），222-23、226。

109 大宮郷警察當部《逮捕通知，田代栄助》，1884年11月5日，資料來源：《秩父事件史料集成：第1卷》，100；《郵便報知新聞》1884年11月6日，資料來源：《秩父事件史料集成：第6卷》，381；高橋哲郎《律義なれど、仁侠者——秩父困民党総理田代栄助》（現代企畫室，1998），60；千嶋壽《困民党蜂起》，45-50、58。

110 稻田雅洋《日本近代社會成立期の民眾運動》，219-20；淺見好夫《秩父事件史》（言叢社，1990），60；高橋哲郎《律義なれど、仁侠者》，60。關於更多此地區養蠶業，請見第五章Kären Wigen, *The Making of a Japanese Periphery, 1750-1920* (Berkeley: University of California Press, 1995)。田代必須向人借貸，似乎和他平日經濟寬裕，能收留親族以外的人住進家中的形象矛盾。然而，從一八八〇年戶籍登記為二十三人住在一起的資料，在接下來的兩、三年都沒有維護。而且，在一八八五年夏天，也就是田代被處死後的幾個月，有些田代的地產轉到他的債權人名下。平野義太郎《秩父困民党に生きた人びと》，資料來源：中澤市郎編《秩父困民党に生きた人びと》（現代史出版会，1977），67。

111 Roger W. Bowen, *Rebellion and Democracy in Meiji Japan: A Study of Commoners in the Popular Rights Movement* (Berkeley: University of California Press, 1980), 53–54；新井依次郎《秩父困民軍会計長：井上伝蔵》（新人物往來社，1981），87；群馬県警察史編纂委員会編《群馬県警察史》，347-48。

112 有些歷史學者指出，困民黨與自由黨在秩父的密切關係，是迫使對經濟情況和國家的失望情緒，以民眾起義的形式爆發出來的原因。例如色川大吉主張，困民黨與自由黨在秩父郡的重疊，導致了暴力事件；而在較貧困的武相，困民黨與自由黨之間的緊張關係，則抵消了有效起義的努力，事實上，還刺激了困民黨攻擊自由黨員經營的銀行或其本身為九月初，草創的困民黨邀請田代榮助擔任總理。他們與田代接洽，不只因為身為當地一員，他或許理解財務方面的困境，也因為他已用拳頭打響名號。確實，田代是受加藤織平推薦擔任總理，加藤即博徒老大，也是後來困民黨的副總理，他促請田代以暴力對抗高利貸業者。[113]加藤本身也學習柔道，在警方的紀錄裡，他被描述成高大圓臉，據說已有三十至四十名手下。[114]那年夏天，加藤站在一場會議的群眾面前，滔滔不絕地敘述田代如何在下影森村砍斷一個高利貸業者的頭顱，同時提醒在場黨員，或許他們對暴力致死感到羞愧，但因正義而死是這些人的本分。這種罪有應得的概念，是從加藤自稱為「我們這些俠客」這樣的用語衍生而來的，同時援引博徒劫強濟弱的說法。[115]不論田代是否真的犯下那次殺人案，加藤支持田代，是因為田代與該團體的理念一致，以及他行動的能力。而召募田代入黨的黨員也很清楚，他所身懷的絕技將引領一場可能的起義。[116]

這裡應該提及的是，歷史學者對於田代是否為博徒，有一些爭論。所有人皆公認他似乎不是全職博徒，他也沒有賭場。然而，田代與博徒的世界糾葛極深，自己也表現出一副博徒老大的樣子。在一次警察拷問中，田代作證說，他「喜歡劫強濟弱」，而且他有超過兩百名手下。裁判所後來寫到，他在鄉里間被視為俠客。當然，田代的證詞中有可能涉及逼供，而裁判所也極欲將他貼上聲名狼籍的標籤（雖然他們若使用「博徒」而非「俠客」的話，會更見成效）。田代在困民黨的集會中使用這種如羅賓漢的正義之詞，而鄉里的人似乎也認為他是「大宮的俠客」。一八八四年初，他曾經因為一起犯案者身分不明的犯罪（《讀賣新聞》聲稱是一宗賭博罪）被判監禁六十日和懲役，且幾個有名的博徒據稱是田代的手下。[117]不管田代的博徒身分可能性究竟有多高，很

借貸業者。色川大吉《困民党と自由党》（搖籃社，1984），18-19、23-25；亦可參見稲田雅洋《日本近代社會成立期の民眾運動》，24-25、29-34、223-24。

113 高崎警察署〈第二回訊問調書：小柏常次郎〉1884年11月15日，資料來源：井上幸治、色川大吉、山田昭次共編《秩父事件史料集成：第3巻：農民裁判文書3》（二玄社，1984），175。對於加藤是否為博徒，幾乎沒有爭議。一名檢察官將加藤描述為一個在博徒社會有影響力的人，而田代也在他的證詞裡提到加藤的博徒人脈。大宮鄉警察署〈第五回訊問調書：田代榮助〉1884年11月19日，資料來源：埼玉新聞社出版部編《秩父事件史料：第1巻》（埼玉新聞社出版部，1971），117；千嶋壽《困民党蜂起》，312。

114 淺見好夫《秩父事件史》，21–22；Bowen, *Rebellion and Democracy*, 277；千嶋壽《困民党蜂起》，312。關於加藤織平身為博徒老大的描述，見松本健一〈暴徒と英雄と—伊奈野文次郎覚え書〉《展望》第223號（1978年5月），118；我妻榮他編《日本政治裁判史録》，72。

115 千嶋壽《困民党蜂起》，115-16；淺見好夫《秩父事件史》，21-22；高橋哲郎《律義なれど、仁侠者》，27。

116 田代榮助是否曾為自由黨正式黨員，一直是個疑問。在秩父事件後一次警察審問時，田代供述自己於一八八四年一月底或月初加入自由黨，但是他的名字從來沒有出現在《自由黨新聞》的新黨員介紹欄。大宮鄉警察署〈第五回訊問調書：田代榮助〉1884年11月19日，資料來源：埼玉新聞社出版部編《秩父事件史料：第1巻》（埼玉新聞社出版部，1971），14-15；千嶋壽《困民党蜂起》，126-28。

117 大宮鄉警察署〈第五回訊問調書：田代榮助〉1884年11月19日，資料來源：埼玉新聞社出版部編《秩父事件史料：第1巻》（埼玉新聞社出版部，1971），116；《読売新聞》1884年11月18日，高橋哲郎《律義なれど、仁侠者》，79；大宮鄉警察署〈第一回訊問調書：田代栄助〉1884年11月15日，資料來源：埼玉新聞社出版部編《秩父事件史料：第1巻》，100；淺見好夫《秩父事件史》，365；小池喜孝《秩父颪：秩父事件と井上伝蔵》（現代史出版會，

清楚的是，他的一舉一動都像是博徒，也被看成是博徒——尤其談到他施展暴力的能力和意願時。

九月七日，困民黨正式成立時，田代榮助接任總理，當天也清楚說明了該組織的四項訴求：「（一）高利貸使財富縮水，致使許多人維生困難，故促請債主將債務凍結十年，以及四十年的分期付款；（二）促請縣政府關閉學校三年，以節省學費開支；（三）促請內務省減少雜收稅；（四）促請村吏減少村費支出。」[118]雖然這四項原則都和財務問題有關，田代也表達該團體對政治面向的關心，卻也是地方對國家層級之政府主權的直接挑戰。這位新任總理站在聚集的群眾前面，據說他宣稱：「這是真正重要的事（如四項訴求中所勾勒的）。我們必須反對國家、縣府、鄉所，以及警力。」[119]

當田代於十月中旬開始積極展開他的總理職務，可以清楚看出他在施展武力方面的能力，是困民黨的一大資產。到了這個時候，黨員不斷增加；大約一百名農民在九月時已經加入，到了十月，秩父郡八十四個町村中的三十個，已選出困民黨代表。更重要的是，他們明白合法行動的限制，決定要進行武裝起義。[120]田代在決議做成後的隔天，開始為反抗行動準備，他與加藤一起統籌資金及彈藥。十月十四日夜晚，與名古屋事件的竊盜案件不同，田代帶隊襲擊橫瀨村兩戶富裕人家——他們把在場的人綑綁起來，然後在進行搶劫時用劍威脅他們。十月十五日夜晚，一夥人又鎖定西入村的一戶人家。後來田代將焦點從資金轉向招募人員，接下來的八、九天，他巡迴多個鄉町招募反抗者。[121]我們很難說這些反抗者中有多少人是博徒，但博徒確實在反抗運動中不時出現。針對此次事件，自由黨官方歷史文獻中指出，除了農民，博徒也是事件的參與者。[122]

十一月一日，站在田代前面的群眾，以忠於困民黨的名義，組成了一支軍隊。困民黨領導者隨之改以軍隊頭銜稱呼——司令官田代榮助、副司令官加藤織平——而現場聚眾則分成各個大隊與中隊，每一隊都有隊長。他們高聲念出五條軍規：禁止私掠金錢與物品、禁止侵犯女色、禁止飲酒過度、禁止挾私怨縱火或其他暴力行為，以及禁止違抗司令官命令。同時宣布的還有五項目

1974），84；Bowen, *Rebellion and Democracy*, 278；高橋哲郎《律義なれど、仁侠者》，91–92；千嶋寿《困民党蜂起》，59；中嶋幸三《井上傳藏：秩父事件と俳句》（邑書林，2000），110。

118 大宮鄉警察署〈第五回訊問調書：田代榮助〉1884年11月19日，資料來源：埼玉新聞社出版部編《秩父事件史料：第1卷》，101；高橋哲郎《律義なれど、仁侠者》，19-20；千嶋寿《困民党蜂起》，131。

119 井上光三郎、品川栄嗣《写真でみる秩父事件》（新人物往來社，1982），32。

120 千嶋寿《困民党蜂起》，227-28；中嶋幸三《井上傳藏》，6；浅見好夫《秩父事件史》，42；Bowen, Rebellion and Democracy, 57；群馬県警察史編纂委員会編《群馬県警察史》，349；色川大吉〈民眾史の中の秩父事件〉《秩父》（1995年3月號），6。

121 田代的手下柴岡熊吉在襲擊事件中是重要資產——他在十月十四日參與了兩次搶劫。後來擔任困民党的會計兼中隊長。浅見好夫《秩父事件史》，42、56；千嶋寿《困民党蜂起》，250；高橋哲郎《律義なれど、仁侠者》，110-12、116-19，群馬県警察史編纂委員会編《群馬縣警察史》，351-52；我妻栄他編《日本政治裁判史錄》，75。

122 文獻中也提到特定的博徒，例如青木甚太郎及其四名手下，他們都是秩父的反叛之徒。《自由黨史》（1910年）資料來源：井出孫六編《自由自治元年：秩父事件資料、論文と解說》（現代史出版會，1975），65；高橋哲郎《律義なれど、仁侠者》，41。

標，主要是針對軍隊的指導原則，包括若協商失敗可殺死借貸者，以及攻擊警察署以解救任一遭逮的領導人的指令。[123]

儀式結束後，田代指揮分成兩大隊的軍隊，各自從兩個方向接近小鹿野町。途中，田代的第二大隊燒毀並竊取下小鹿野村一個高利貸業者私宅，而第一大隊燒了下吉田村一個高利貸業者的住處。當兩大隊在小鹿野會合，他們攻擊警察署、町役場，以及數個高利貸業者私宅，同時派遣游擊隊成功襲擊偏遠的目標。十一月二日清晨六點左右，軍隊離開小鹿野，朝東南的大宮前進。中午前他們抵達目的地，反抗者燒了高利貸業者私宅，突襲並占領郡役所、搶　富人和上流社會家庭大約三千日圓，向商人強索食物，並且闖入警察署和裁判所。那天晚上，困民黨幹部在大宮郡役所召開會議，討論在全國製造騷亂，並建立新政府。[124]

然而，這群反抗軍的決心和武力在隔天便遭受到明治政府部隊的考驗，主要是警察部隊和一些憲兵隊。[125]一聽聞他們步步逼進的消息，困民黨便分成三個大隊。第一大隊擊潰幾處村落，集資並發動游擊戰，往附近一座山裡去。第二大隊在下午三、四點左右和警力及憲兵隊駁火，並取得勝利，只是他們取得勝利的原因是憲兵隊帶錯槍彈。第三大隊在田代的指揮下，終於和第一大隊會合，並在皆野的一間旅館成立本部。

此時，困民黨情況危急。領導者不是失蹤就是負傷，一個民兵團正追趕他們，政府部隊包圍該地區。十一月四日下午，皆野的困民黨幹部解除了軍隊指揮的任務，並解散部隊。田代成功躲過追捕，直到十一月十五日凌晨三點半左右，他在黑谷村被捕，嘴巴被塞住，關進「唐丸籠」（用來運送罪犯的竹籠）裡。[126]

十一月四日是困民黨草創時期的統帥解散，以及田代領導地位結束的日子，但其他的博徒卻順勢竄起，成為秩父事件第二波游擊戰的要角。十一月五日，超過一百名反抗者重新組織成一支隊伍，並在接下來的五天內，從崎玉、群馬到長野縣，共同抵抗從東京派遣過來的大約八十名警察部隊和一百二十名鎮台兵部隊。[127]這支游擊隊由新就任的領導者擔任指揮：菊池貫平擔任

123 大宮鄉警察署〈第二回訊問調書：田代榮助〉1884年11月16日，資料來源：埼玉新聞社出版部編《秩父事件史料：第1卷》，103–4，106–7；千嶋寿《困民党蜂起》，279-81。士官的任命和一八三六年志士的天誅組叛亂並無不同。Huber, "“Men of High Purpose,”" 117。

124 大宮鄉警察署〈第二回訊問調書：田代榮助〉1884年11月16日，資料來源：埼玉新聞社出版部編《秩父事件史料：第1卷》，107；千嶋壽《困民党蜂起》，8、279-81、315；高橋哲郎《律義なれど、仁侠者》，149、153、234；Bowen, Rebellion and Democracy, 60-61；我妻榮他編《日本政治裁判史錄》，75。

125 色川大吉《困民党と自由黨》，25；群馬縣警察史編纂委員會編《群馬県警察史》，361–62、371；千嶋壽《困民党蜂起》，9、337。

126 大宮鄉警察當部〈逮捕通知，田代榮助〉1884年11月5日，資料來源：《秩父事件史料集成：第1卷：農民裁判文書1》，31；千嶋壽《困民党蜂起》，9–10、316、337–39；高橋哲郎《律義なれど、仁侠者》，291–94、302；高野壽夫《秩父事件：子孫からの報告》（木馬書館，1981），132–33。

127 Bowen, *Rebellion and Democracy*, 64–65；高橋哲郎《律義なれど、仁侠者》，305；松本健一《暴徒と英雄と》，117；我妻栄他編《日本政治裁判史錄》，76。

總理，坂本宗作擔任副總理，伊奈野文次郎擔任參謀長，另外還有荒井寅吉、橫田周作和小林酉藏。幾乎所有第二代的領導者本身若不是博徒，就是之前曾因賭博被定罪過。[128]

十一月六日，新兵招募完成，這支困民黨游擊隊在中川河畔與一支自衛團激戰大約五十分鐘，直到游擊隊被迫脫逃。十一月七日、八日，困民黨部隊持續招募新血，抓到一名員警並置他於死，襲擊一個村又一個村，不同小組又攻擊當鋪和高利貸業者。到了這個時候，游擊隊包括了一支劍士分隊和一個自稱「自由隊」的「倒毀組」。然而，游擊隊的策略最終打不過戰力十足的政府軍。十一月九日，反抗軍被長野縣警和高崎鎮台兵擊潰；三十六人死亡，兩百人被捕，約兩百人逃逸。那些逃走的人，也在第二天下午舉旗投降。[129]

明治政府集結重兵成功鎮壓秩父反抗軍後，接著便仰賴正規軍隊，嚴懲那些如此公然挑戰政府的人。單是在崎玉縣的裁判所就判了兩百九十六人重罪、四百四十八人輕罪，以及兩千六百四十二人罰金。一八八五年二月十九日，田代榮助遭浦和重罪裁判所判處死刑，是七名被判死刑中的一人。[130]

雖然政府將秩父叛亂分子貼上罪犯的標籤，親明治政府的報紙也藉由將叛亂分子描繪成非法之徒，企圖為整個叛變行動去正當性。這些報紙誇大這起事件動搖國本的手法之一，是強調田代與其他人是博徒，希望這個標籤為叛變帶入負面意涵，而所有反抗者都會因為這個連結的關係而被判有罪。[131]一些刊物對博徒的批判更是不假辭色。如《東京日日新聞》描述博徒是下層社會卑

賤、無賴之徒。藉著稱他們為「殘暴的賭客與激進的遊蕩者」，這篇報導令人想起德川時代的浪

128 坂本宗作有可能是加藤織平的手下。據說伊奈野文次郎是博徒，在一八八四年十月中就被處以兩個月的重禁錮和四日圓罰金，另外因為攜金潛逃，被處以六個月的保護觀察處分；他逃過刑責，在十一月三日加入皆野附近的困民黨。荒井寅吉於一八八三年九月因賭博罪被判兩個月的重禁錮、五日圓罰金；而横田因為賭博被判八十日懲役刑。小林酉藏為多摩川一家的博徒，曾於一八八二年一月被判處兩個月的重禁錮，後來又因為賭博被判處三個月的重禁錮和七日圓罰金。小林原本是警察的間諜，但是他在十一月二日被困民黨逮捕後，就加入叛軍行列，最遠到長野縣，而且在途中殺死了一名群馬縣的警察，因為殺警罪，小林隔年於前橋被處死。松本健一《暴徒と英雄と》，117–19、122–23；千嶋壽《困民党蜂起》，311、314；淺見好夫《秩父事件史》，365。學者新井佐次郎說，博徒在籌畫秩父事件中並未扮演重要角色，顯然是錯誤的。新井佐次郎〈明治期博徒と秩父事件ーその虚実を地元資料でただす〉《新日本文學》第34卷第1號（1979年1月），131。

129 松本健一《暴徒と英雄と》，125–26；群馬県警察史編纂委員会編《群馬県警察史》，373；Bowen, Rebellion and Democracy, 65–67；千嶋寿《困民党蜂起》，11。

130 依據一八八〇年的明治刑法第二編第一三八條，田代榮助被判有罪。浦和重罪裁判所〈裁判言渡書：田代榮助〉1885年2月19日，資料來源：《秩父事件史料集成，第1卷》53–56。被判處死刑的有：田代榮助、加藤織平、新井周三郎、高岸善吉、坂本宗作、菊池貫平、井上傳藏。井上被判刑後，成功脫逃到北海道。對於這起事件領導方面的處罰如下：菊池貫平遭到缺席宣判；他的團隊於一八八九年大赦時減刑至無期懲役。伊奈野被判至北海道服刑十五年，但後來因為罪證不足，提早被釋放。小林因為殺害警察被判死刑。横田服刑八年、荒井六年的重懲役。我妻榮他編《日本政治裁判史錄》，78、81；松本健一《暴徒と英雄と》，126–27。

131 見《朝日新聞》、《明治日報》、《東京日日新聞》1884年11月5日、《東京日日新聞》1884年11月25日，資料來源：《秩父事件史料集成，第6卷：日記、見聞記／報導、論評他》，852、965、951、627、506。

人和無宿者，暗指博徒反抗者是倒退到封建時代的人。[132]博徒也被一些似乎與政府無關的人士嚴厲斥責。下吉田村一座寺廟的宮司田中千彌詆毀他們，說他們是一群沒有教養之流，不懂道德，也不尊敬天皇政府。[133]

秩父事件中博徒的領導階層以及參與者，亦受到《郵便報知新聞》的譴責，這份報紙雖然對自由民權運動友善，卻總是為自由黨政敵「立憲改進黨」喉舌。該份報紙的編輯在報導中嚴厲批評這場叛亂：「如果這場騷亂真的是由博徒的同黨所主導，他們的行動可能被視為強盜幫派……遲早必須接受審判與嚴懲。」[134]同一份報紙的另一篇文章則指出，當鋪被燒的行為，是「為了逃避他們（叛亂者）的債務」，抗議者只是「尋找製造騷亂的機會，希望謀得他們個人的利益。」[135]雖然反抗者確實不想支付他們的債務，而且的確是為了私事鋌而走險，但報紙選擇使用像「逃避」和「個人利益」的字眼，描述抗議者為「無恥的賭客」，對秩父事件的參與者，以及整個事件，傳達出一種斷然的負面觀點。可以料想的是，這類敘述不會出現在同情自由黨的刊物上。例如《改進新聞》最難以認同的說法，便是稱這些反抗者不過是被激進又暴力的博徒牽著走。[136]

這種將不受控的人士予以定罪的行為，在新興的民族國家中屢見不鮮。例如在義大利，一八六一年國家統一後，為了鞏固政權，政府面對極大的反抗，主要來自那些對高賦稅、失業與徵召入伍不滿的人，尤其是在西西里島。義大利政府的作法是，與其處理動盪不安的源頭，不如全力將西西里島的反抗人士羅織入罪，說他們是氾濫的密謀組織裡墮落的成員，或者「黑手黨」（mafia）。第一次正式提到類似「黑手黨」的說法，出現在一八六五年四月，菲利波・蓋特里歐伯爵（Filippo Gulterio）寫給內政部長的一封信裡，蓋特里歐伯爵是當時西西里島首府巴勒摩（Palermo）的行政長官，正為該區的政治動亂忙得焦頭爛額，也許極欲尋找代罪羔羊。那個年代，多數評論者都堅持，在當時的西西里島，不太可能有大型犯罪社群或網絡這種概念的「黑手黨」。[137]

並非所有的報紙都對博徒大肆批評。有些只是批評明治政府助長暴動這部分的責任，尤其是指一八八四年之前處理博徒問題的方式。《朝野新聞》毫不留情地描述博徒是毒瘤，賭博則是摧毀社會的勾當，但也暗示若政府及早控制，這起事件可能就不會發生。[138]多份報紙指責在一八八四年全國反賭法之下，不合理地打壓博徒，製造出一群一貧如洗又失去工作的博徒，導致他們發

132《東京日日新聞》1884年11月17日，資料來源：《秩父事件史料集成，第6卷：日記、見聞記／報導、論評他》，506；*Bowen, Rebellion and Democracy*, 296。

133 田中千弥《秩父暴動雜録》，586；Bowen, *Rebellion and Democracy*, 259；千嶋寿《困民党蜂起》，300–301。

134 引用自1884年11月8日Japan Weekly Mail裡《郵便報知新聞》中一篇報導的英文翻譯。

135 *Japan Weekly Mail*，1884年12月13日。

136《改進新聞》1884年11月8日，資料來源：《秩父事件史料集成，第6卷：》，974。

137 Christopher Duggan, *Fascism and the Mafia* (New Haven: Yale University Press, 1989), 23–27, 85–86.

138《朝野新聞》，1884年11月11日，資料來源：井出編《自由自治元年》，34–35。

動起義。例如《明治日報》主張，新的賭博法，與原來的初衷相反，將博徒推往犯下駭人罪行的絕路。[139]

我們很難釐清報紙對博徒與秩父事件的論述，是如何被閱讀並理解的。這些報紙的讀者很可能同意，博徒是個社會問題，為明治新政府帶來不必要的政治慘案。但不可否認的是，有大量的博徒被羅織入罪，是因為他們被許多鄉村的草根群眾認同，也為自由黨的政治領袖，以及許多自由民權運動的參與者認同。明治政府當然不能宣稱他們的正統觀點，正是認定博徒是製造麻煩的低層人民。確實，對博徒的模糊地位與多種觀點，有助於他們以及他們的政治暴力延續下去。

到了一八八〇年代中期，企圖推翻政府與當時政治秩序的暴力行為——不論是透過一連串的暗殺，或是全面的暴動——在面對一個權力日益鞏固的現代化國家時，再再證明了基本上是徒勞無功的。在許多方面，新的明治政權很擅長鎮壓暴力威脅。叛變的前武士，以及和他們有連結的維新前志士，輕易就被平定，博徒參與的自由民權運動暴力事件亦然。

然而，志士與博徒以各自的方式，成功延續到明治早期。志士所稱的愛國主義持續喚起反抗和反政府暴力的正當性，當中有一部分仿效志士的策略，即便規模有所不同。志士和愛國主義與暴力糾結的模式，對二十世紀最初幾十年的日本政治方向，有著深遠的影響。一八八〇年代的博徒則與時俱進，有些人在混合了近世與近代策略、目標的政治裡，扮演起暴力專家的角色。一八八〇年代轉化博徒角色的暴力事件，部分是抗議近世的政治模式，部分則屬於近代、民主的運

動。由於博徒並未死命地抓著過去的德川幕府，而是開始改造自己，他們因此確保了自己得以繼

139 《明治日報》，1884年11月15日，資料來源：《秩父事件史料集成，第6卷》，970。《時事新報》也討論到自從賭博法施行以來，博徒如何騷擾村町，而《郵便報知新聞》認為，賭博法是促使賭博參與事件的原因。《時事新報》1884年11月21日，《郵便報知新聞》1884年11月6日，資料來源：《秩父事件史料集成，第6卷：》，949、379。日本的史學家和媒體一樣，他們也將博徒，尤其是田代榮助，放在解釋更大事件的架構裡——他們對田代的博徒身分的立場，似乎透露他們理解秩父事件架構的方式。而主張田代非博徒的學者，通常將這起事件直接放在自由與民權運動的脈絡，或者強調大眾意識形態的複雜性。例如井上幸治將田代降格為「傀儡」，而比較重視自由黨與困民黨當中具政治意識的領導人的重要性，以及啟蒙大眾的角色。他大致上對博徒參與該事件的部分輕描淡寫，而且提到「親分」（老大）這個詞可以指稱任何一種老大，不一定和賭博有關（有理的論點）。千嶋壽也提到，用「親分」來描述田代，不意謂他是博徒老大，還說沒有證據顯示田代經營賭場，而且真正的博徒老大可能召募到更多手下來參與這次起義。對千嶋壽來說，輕描淡寫田代角色的罪犯元素，與他將這起事件的核心解釋為人民對公義的渴望，是一致的想法。

與井上和千嶋相對的是，有些歷史學者無所顧忌地將田代貼上博徒標籤，他們似乎對博徒有正面（甚至浪漫）的觀點，而且通常不關心他與自由民權運動脈絡的關係。高橋哲郎只稍微問到田代是職業還是業餘的博徒，並將焦點放在這名領導者的俠義和正義感。松本健一雖然提到田代，但也討論到其他不同的博徒，認為他們為這場起義增加了勇氣。井上幸治《秩父事件：自由民権期の農民蜂起》（中央公論社，1968），37；千嶋壽《困民党蜂起》，55、350–51；高橋哲郎《律義なれど、仁侠者》，88–90；松本健一《暴徒と英雄と》，117–28。

井上與千嶋隱約拉開博徒與秩父事件的距離，是假設暴力和犯罪在某些方面是與民主相左的。認可田代榮助的博徒身分，或者承認博徒在這場自由民權運動中最持久的暴力事件中的參與程度，有可能使這起事件看起來比較不民主、不草根，較缺乏意識形態。井上與千嶋都不認為這起事件可以既暴力，又民主。對於田代榮助與秩父事件例外地以公平且非浪漫主義觀點來評論的，見安丸良夫〈困民党の意識過程〉《思想》726號（1984年12月），90–95。

續留在政治裡。明治時期第二個十年的開放性問題是，博徒是否要繼續保有草根、反政府暴力專家這個角色？

志士對政治想像的抵抗，以及博徒開始涉入政治，顯見明治政府能夠透過軍事、合法以及文化的方式，戰勝立即且暴力的挑戰，並遂行其統治，但是如此並未能對暴力元素進行全面的控制。確實，明治早期的國力不應被誇大。尤其是在最初二十年，由於正試圖掌握近代國家形成期間，前所未有和不可預測的體驗，致使明治政府仍處於一種前途未卜的狀態。這個過程或許相當堅定，卻充滿不確定性，尤其是從統治的角度來看，這個政權曾經靠武力拿下權力，而如今，竟得讓不久前才參與過的那種暴力叛變失去正當性。[140]然而，明治政府無法馴服所有暴力專家，也不應該被視為一項失敗——壓制所有的暴力需要一個軍事國家；而多數國家是在絕對鎮壓和混亂秩序之間，保持一個平衡。我解釋馬克思．韋伯（Max Weber）的知名理論，關於政府在使用武力這方面的壟斷，不是為了完全的控制，而是底線，不論多麼模糊，國家得以壓制最根本的挑戰，遂行統治。[141]明治政府確實行使了壟斷權，但由於這個政權沒有、也無法避免所有的暴力政治行動，因此近代國家成立初期的暴力，無可避免地成為接下來發展的一部分。

相對於明治政府，剛統一的義大利為了根除反對勢力——不論是暴力的或非暴力的——以達成中央集權，過程更是一場磨難。歷史學家曾經爭論過，義大利的情況為何如此，尤其是談到合併南方的時候，足見多種論述，包括領導者未能全然相信軍方、高壓的政府以及缺乏當地精英的支持等。政權成形與國家建立的缺失——有些人甚至會說失敗——會刺激政府轉而尋求劇烈的軍事鎮壓，同時問題也會更加惡化；這種劇烈方式並未處理潛在的社會與經濟挑戰，也無助於為政權在地方上鞏固基礎。鎮壓過程中所造成的結果，尤其是鼓勵南部人，特別是西西里島上的人，愈加轉向有力的非政府角色（黑手黨），以尋求保護與安全。[142]

不若義大利政權希望自由的政府能設法提升貧困的義大利南方，而且對以武力建立並維持政權的手段有恃無恐，一七九〇年代法國的糾結掙扎，正是在自由與安全之間的兩難。當督政府由一七九五年的憲法創建中產生，其重點即是建立一自由民主共和國。而在面對政治動盪時（又因

140 關於明治政府所面對建立國家暴力（警察與軍人）的困難，見大日方純夫《日本近代国家の成立と警察》（校倉書房，1992）；D. Eleanor Westney, *Imitation and Innovation: The Transfer of Western Organizational Patterns to Meiji Japan* (Cambridge, Mass.: Harvard University Press, 1987)；戶部良一《逆說の軍隊》（中央公論社，1998）；Roger F. Hackett, *Yamagata Aritomo in the Rise of Modern Japan, 1838–1922* (Cambridge, Mass.: Harvard University Press, 1971)。感謝Colin Jaundrill讓我留意到戶部的書。

141 韋伯描述國家對武力的合法使用擁有壟斷權，這是有問題的，不只因為壟斷的概念是模糊的，也因為這個想法（錯誤地）暗示所有國家的暴力都是合法正當。見Max Weber, *Economy and Society: An Outline of Interpretive Sociology*, vol. 1, trans. Ephraim Fischoff et al., ed. Guenther Roth and Claus Wittich (Berkeley: University of California Press, 1978), 54。

142 Antonio Gramsci強調，政治領導階層對政治改變少了一些作為，因為他們並未與中階軍官調解成聯盟。他啟發了馬克思主義者，他們強調政府壓迫的殘酷。相對地，Riall則將焦點放在地方精英對現代中央集權國家的反抗。L. J. Riall, "Liberal Policy and the Control of Public Order in Western Sicily 1860–1862," *Historical Journa*l 35, no. 2 (June 1992): 345–51, 355, 365–68。

為暴力而相形惡化，如左翼的雅各賓（Jacobin）極端主義者和右翼的保皇黨、外戰以及盜匪之間的競爭），國內缺乏一個機關來建立秩序，並且執行將自由置於安全之上的措施。接下來兩年對政權的不斷挑戰，促使第二督政府背棄法治，轉向整肅、簡易裁判與軍隊。之後所形成的穩定政權，或許標記了法國大革命的結束，但同時也成為拿破倫獨裁的基礎。[143]

日本的明治維新不是以自由或民主之名施政，而且人民並不期待新政府會是一個自由民主的政體，明治政府因此——暫時——避免了如十八世紀的法國那樣，必須在面對反對陣營的暴力下，建立一自由民主共和國的挑戰。然而，當日本的自由民權運動在一八七〇年代逐漸有了動能，而明治政府承諾建立議會與立憲政府時，暴力將大量轉而包裹在日本的民主實驗之中。

143 Brown自己說的很清楚：「一般公民與所謂秩序維持力量達成的浮士德式的協定，創造了一個現代的『治安國家』，其基礎是行政監視、強制的管理，以及伴隨回復與維持秩序的正當性。」Howard G. Brown, *Ending the French Revolution: Violence, Justice, and Repression from the Terror to Napoleon* (Charlottesville: University of Virginia Press, 2006), 8,14–16; on "the militarization of repression," 119–233。

第二章 暴力的民主

流氓與議會政治的誕生

一八八九年二月十一日，《明治憲法》在一場精心規畫的儀式中頒布，這場儀式企圖展現日本即將躋進十九世紀末期政治上「文明」國家的一員。在這個企圖象徵開明政治的歷史性時刻，明治天皇一身軍裝，站在他的歐式皇位前，面對一小群身著西式服裝的日本及外國權貴，頒布了《大日本帝國憲法》（即《明治憲法》）。[1]精心營造成帝王與紳士政治經典場面的這一幕，正面預示著在新的憲法和議會政府下，政治與社會秩序的穩定發展。

然而，與理想政治願景相左的是，要求更廣泛政治參與和貫徹憲法中關於民主條款的現實，

1 Carol Gluck, *Japan's Modern Myths: Ideology in the Late Meiji Period* (Princeton: Princeton University Press, 1985), 42–45; Takashi Fujitani, *Splendid Monarchy: Power and Pageantry in Modern Japan* (Berkeley: University of California Press, 1996), 76–78.

無疑是一段暴力的過程，而且往往是不穩定且失序的。與所有議會制的政府一樣，政策實際執行時，並非如理想中的包容或平等。在明治時期的日本，傳統的政治集團並不樂於和他們的國民分享政治影響力，而且對其自身權力某種程度的不安全感，致使他們邁向憲法與議會政治的腳步充滿遲疑，他們更期待的，是被視為「西方憲政體系的一分子」，並非真心歡迎新的聲音進入政治。[2]一八八〇年代冗長的制憲過程，以及對於誰有投票權的嚴格限制，無疑是明治時期的政治元老操弄政治的結果，而這些則刺激了那些拒絕被邊緣化的人轉而使用暴力。而這些政治元老以國家暴力回擊的決定，只是提油救火，助長政治動盪，使得暴力成為日本政治樣貌的常態。

最能描述一八八〇年與九〇年年代成形的政治體制與文化的，是「暴力民主」（violent democracy），即暴力與民主以一種不安且時而矛盾的關係共存。「暴力民主」這個專有名詞，因政治哲學家丹尼爾・羅斯而為人所知，他堅信，「民主的起源與核心，基本上是暴力的」，完全呼應了明治時期的日本。羅斯完美捕捉到暴力催生民主這充滿諷刺意味的結果；在他的觀點中，民主的建立總是、而且必然是暴力的，還有，這段暴力的奠基時期將「糾纏著每一件後來發生的事。」[3]在明治時期的日本，暴力的奠基時期即自由民權運動，而一八八〇年代結出的果實，的確是民主。然政治參與、天皇為人民所頒布的憲法以及對人民主權的認知有限，在當時，也確實有其限度。只是，如色川大吉和羅傑・鮑溫等學者，已經闡釋草根運動是明治政治的進步力量，而史學家坂野潤治亦使用「明治民主」這樣的字眼，來強調民眾的能量對催生憲法、政治代議制度以及擴大參與的重要性。[4]到了一八九〇年代，日本已經能以一部憲法、一個投票產生的眾議院議會，以及人民普選而自豪。

這個時期的政治也是暴力的，一八八〇年代的年輕民權活躍分子很願意假民主與自由主義之名，使用肢體武力。這些後來被稱為「壯士」的人，在他們施展暴力做為政治守護者與策動者時，逐漸發展出粗野以及暴力行為的名聲。一八九〇年前後，當自由民權運動失去動能，一些志士將他們的暴力出口到朝鮮和中國，並稱之為「大陸浪人」。其他人則留在國內的政治領域，經歷了自我轉型，不再是活躍分子，而是職業流　。壯士與大陸浪人的暴力出現在議會政治及帝國創建的時刻，成為與近代政治糾纏不清的一部分。隨著議會民主的開啟，暴力行為為什麼不見緩和，反而日益壯大，是此處主要關心的議題。隨之而來的問題是，這股暴力勢力對日本早期的民主實驗而言，有何意義，以及暴力勢力是如何在接下來的幾十年，「陰魂不散」的糾　民主政治？

---

2 George Akita, *Foundations of Constitutional Government in Modern Japan, 1868–1900* (Cambridge, Mass.: Harvard University Press, 1967), 13.

3 Daniel Ross, *Violent Democracy* (Cambridge: Cambridge University Press, 2004), 7–8.

4 Irokawa Daikichi, *The Culture of the Meiji Period*, trans. and ed. Marius B. Jansen (Princeton: Princeton University Press, 1985); Roger W. Bowen, *Rebellion and Democracy in Meiji Japan: A Study of Commoners in the Popular Rights Movement* (Berkeley: University of California Press, 1980)；坂野潤治《明治デモクラシー》（岩波書店，2005）。

從活躍分子到流氓：一八八〇年代的壯士

「壯士」一詞——字面上主要的意思是「戰士」——在一八八〇年代早期成為政治詞彙的一部分，指的是那些參與政治的年輕人，他們的使命是擴大人民的權利。這個既新穎又冠冕堂皇的訴求，被參與自由民權運動和自由黨人所讚頌，至少在他們之中，有兩人宣稱創造了這個名詞。據說自由黨員星亨建議使用這個詞語，取代我們在前一章裡討論的幕末「志士」。另一名政治人物尾崎行雄也說過，他是怎麼提議以這個詞語取代過時的「有志家」。[5]不論是誰最先想到「壯士」的標籤，都因為如星亨和尾崎行雄等名人的宣傳而普遍了起來，而且在一八八〇年代的多數時候，至少在人權的領域方面，維持著正面的形象。一名壯士在一八八六年寫下他臨死前的遺言，表達他對年輕政治伙伴的尊敬：「我們壯士早就為了國家，置個人福祉於度外，即使就在明天，我們也會為了自由，犧牲我們的性命。」[6]這個時期出版的書籍高度讚揚壯士；其中，更是有人描述他們為國家的「元氣」。[7]

然而，在「壯士」取代「志士」或「有志家」而廣泛被使用之前，還有一段過渡期。整個一八八〇年代中期，一些報紙仍指稱這些政治青年為「志士」，通常強調他們有別於政府的立場，或者是將他們與德川時代後期志士前輩的高尚愛國情操連結。[8]有時候，這三種稱呼還可以交替使用。[9]至少有一份報紙，即崇尚自由主義與反政府的《朝野新聞》，則結合這兩個名詞，創造出新詞「志士壯士」[10]。這種用語的混合，可能是因為對於誰才真正是壯士有所混淆，或者另一種可能是，因為明白這些年輕人相對複雜的背景。這也反應了早期壯士的複雜性質，他們在政治活動、對政府的懷疑，以及愛國主義方面，和他們的志士前輩極其相似；但是他們在身為進步的人權先鋒方面，則與德川時代後期的青年完全不同。

---

5 《時事新報》，1882年4月28日，資料來源：《明治ニュース事典：第2巻》，296；《郵便報知新聞》1883年11月22日，資料來源：《明治ニュース事典：第3巻》，363；高橋彦博〈院外団の形成—竹内雄氏からの聞き書を中心に〉《社會勞動研究》第30卷第3、4號，1984年3月，106；Ozaki Yukio, *The Autobiography of Ozaki Yukio: The Struggle for Constitutional Government in Japan*, trans. Hara Fujiko (Princeton: Princeton University Press, 2001), 94。星與尾崎似乎注意到，「壯士」一詞源自於中國西元前約兩百年，有「為大義犧牲」的寓意，尤其是反抗專制政權。摩天楼・斜塔《院外団手記：政黨改革の急所》（時潮社，1935），57。

6 遠山茂樹編《三多摩の壮士》，資料來源：《明治のにない手（上）人物・日本の歴史11》（読売新聞社，1965），181。

7 梅田又次郎《壯士之本分》（博文堂，1889），14。又見清水亮三（瓢々居士）編《社會の花：壮士運動》（翰香堂，1887）；內村義城《明治社會壯士の運動》（翔雲堂，1888）。梅田試圖要重建，而非維持，壯士的正面形象。見木村直恵《「青年」の誕生：明治日本における政治的実践の転換》（新曜社，1998），276–79。

8 《國民之友》1887年4月3日；《朝野新聞》1887年4月5日。

9 《朝野新聞》1887年9月6日；《國民之友》1887年11月15日。

10 《朝野新聞》1888年2月23日。一九一〇年最初由自由黨的創建者板垣退助刊載的自由黨歷史，也使用「壯士」和「志士壯士」來形容那些倡議民權的人。板垣退助監修，遠山茂樹、佐藤誠明校訂《自由党史（下巻）》，1910年（復刊：岩波書店，1958），279。

壯士活動的第一階段，亦即一八八〇年代前半期，確實能看出一種混合性。壯士在從事暗殺或小型叛亂等，以動搖統治權的象徵性行動時，確實和幕末相呼應的一批人相似。和志士一樣，從他們只為個人而行使肢體暴力、受個人欲望的驅動而改變政治秩序來看，他們並不是暴力專家。[11]然而，壯士在擁抱更民主的願景方面，角度更是嶄新而且不同以往。如我們在前一章討論的博徒，壯士也參與自由民權運動的暴力事件（激化事件）。[12]例如，在一八八四年九月的加波山事件，壯士反抗者（一些史學家稱「志士」）計畫用炸彈暗殺明治政府的重要官員，以利建立更民主的政府。這次事件被認為是為了報復鎮壓一八八二年福島事件的政府指導階層；壯士曾批評統治集團濫用國家權力、壓制自由言論。一八八五年的大阪事件，起因於活躍分子計畫干涉朝鮮、扶植親日的改革者金玉均。壯士負責為這件事籌措基金並製造武器；負責武器的人聚集在東京文京區的一間房舍，偽裝成一間鐵工廠，祕密製造炸彈。[13]

一八八〇年代後半期，壯士暴力的階段漸漸結束，主要原因是參與者陸續被逮捕並判刑。加波山事件後，十餘名反抗者送審，七名被判死刑；而大阪事件裡，一百多人被捕，超過三十人被判刑。[14]國家對這些壯士的鎮壓，耗弱了民權運動使用暴力的意願，嚇阻想採取暴力行動的人，而且彰顯了大規模起義或暴動的徒勞。也許更重要的是，因為政治參與已經隨著地方議會的召開、各政黨政治人物的崛起、日本國會的成立而日漸擴大，針對幾名明治政府主導者的象徵性暗殺行動，因而變得較無意義。由於政治勢力不再集中於一小群人手裡，暗殺一個主導者並不足以促進改變或革新。此外，一個朝向更具參與制度的政府，也使得民主推翻行動不再那麼急迫。

壯士活動的第二個階段，是由另一種於一八八〇年代末期較常見的暴力形式突顯出來：包含鬥毆、拳架、破壞財物、威脅、恐嚇之類的暴力行為。相對於暗殺策略，這類暴力的盛行有很多種解釋。其中一種是關於意圖。這時的壯士追求的是影響政治行為，而不是從根本上改變社會秩序。一名尚未決定投票意向的選民可能會被拳頭脅迫，但是置他於死並除去這潛在的一票，並不符合壯士的利益。

政治參與的擴大，以及政治更公共化的本質，也助長了暴力行為的滋長。隨著政治權力愈來

11　色川大吉主張，這些明治前半期的壯士（他稱為「青年志士」）的人，在他們深刻的意識形態與對民權思想的投入方面，和後來數十年的流氓／無賴漢不同。色川大吉、村野廉一《村野常右衛門伝（民權家時代）》（中央公論事業出版，1969），142–43。

12　有一篇文章列出了壯士參與的事件：暗殺大久保利通，以及福島、高田、加波山、崎玉、飯田、靜岡事件。《國民之友》1887年8月15日。

13　高橋哲夫《風雲・ふくしまの民権壮士》（歷史春秋出版，2002），20、24–25；我妻栄他編《日本政治裁判史錄：明治》（第一法規出版，1968），43–53；佐藤孝太郎《三多摩の壮士》（武藏書房，1973），10–14。我妻使用「志士」稱呼加波山事件的參與者。

14　我妻栄他編《日本政治裁判史録：明治》，53–56；手塚豊《自由民権裁判の研究（中）》（慶応通信，1982），133。在卡波山事件中，有些人因為違反一八八四年十二月二十七日生效的《爆發物取罰責》而受審。手塚豊《自由民権裁判の研究》，132。

愈分散，消滅全部的政敵是不可能的，但是透過暴力行為、嘗試影響政治結果，不但有其成效，更是有其可能性。肢體暴力不再只針對明治政府內具威望的主導者或地方大老，而有了一個更大群體的目標，包括候選人、雄心勃勃的政客、黨員以及地方級和國家級議員。此外，由於政治愈來愈普及，也愈來愈公開——演說會、辯論、選舉造勢——把暴力當成政治工具的機會也就更多。當公開的政治活動愈來愈普遍且日常，隨之而來的暴力亦然。壯士突襲、搗亂政治集會、威脅並以肢體恐嚇政敵、保護政治同盟免於有敵意的壯士的暴力，成為了壯士例行的活動。

壯士的暴力行為也因為持續被壓抑的政治參與而壯大。關於誰能參選、誰能投票，意味著政治人物的整體人數，雖然較過去更多了，但仍然不足以讓壯士的影響無法發揮潛在作用。從另一個脈絡來看，這些限制製造出一群想要參與國家政治，卻被隔絕於正式政治過程的年輕人。政治能量出口有限的年輕人，有可能被慫恿或誘惑而成為壯士，透過暴力方式表達他們無法透過投票行為表達的想法。

暴力行為不僅受到這些制度因素的鼓勵，也為民權領袖積極培植，他們不但促成且組織了壯士暴力。自由黨從八〇年代的前十年著手訓練壯士，在一八八三年的一次會議上，黨的捐款便用來成立劍術學校。而同一筆資金可能用於支援成立一八八四年的「有一館」，這所學校是東京自由黨總部的附屬學校，主要教授文學與武藝。有一館是黨內壯士團的訓練基地，同時籌備多場政治演說集會，討論自由等議題。學校由內藤魯一擔任館長（前一章談到名古屋事件時曾提過他），成員中有些人曾經參與大阪事件。其他教育機構，包括位於東京外圍三多摩地區的學校裡，民權運動領袖表面上同時教授文學與武術，卻都特別強調體能。[15]例如「關東會」即是主要由三多摩的壯士組成的組織。一八八〇年代晚期，各種壯士團體以及協會如雨後春筍般出現。「大阪壯士俱樂部」成立於一八八八年四月；一八八九年春天，「東京壯士俱樂部」刊載一則報紙廣告招募壯士，特別鎖定那些有犯罪紀錄的人。離首都較遠的地方，其他團體也紛紛成立，包括青森縣一有三百五十名壯士的大型聯盟。[16]

大體而言，壯士的組織相當鬆散且不盡相同。有些直接與政黨有連結，例如政黨「院外團」（壓力團體）的成員。又例如自由黨就在一八八〇年代成立一院外團，似乎會協同壯士暴力，共同為政黨利益服務。其他的團體、俱樂部和協會若有的話，多少會與某一政黨有較非正式的伙伴關係。關於招募壯士的文獻紀錄少得可憐，但確實似乎有重要的領袖、政客或政治首腦召集當地

15 《郵便報知新聞》1883年11月22日，資料來源：《明治ニュース事典：第3巻》，363；安在邦夫〈自由民権裁判派壮士に見る國権意識と東洋認識〉《アジア歴史文化研究所：シンポジア報告集：近代移行期の東アジアー政治文化の變容と形成》（早稲田大学アジア歴史文化研究所，2005），20；遠山茂樹編《三多摩の壮士》，178、182；我妻榮他編《日本政治裁判史錄：明治》，51；色川大吉編《三多摩自由民権史料集》（大和書房，1979），444–49。

16 真辺将之〈宮地茂平と壮士たちの群像〉《土佐史談》第211號，1999年8月；遠山茂樹等人編《三多摩の壮士》，166、190；高橋彥博《院外団の形成》，89；《朝野新聞》1888年7月28日，資料來源：《明治ニュース事典：第4巻》，5。

年輕人，加入這些不同的組織。至少在自由黨的案例中，比起和政黨之間的聯繫，壯士對特定政治人物的忠誠是更加確定的。

壯士暴力在一八八〇年代晚期，因為「大同團結運動」的政治紛爭更是風起雲湧，這是一個從一八八六年持續到一八九〇年的運動，目的是支持較進步且自由的政黨力量，如自由黨與立憲改進黨，為一八九〇年的新國會正式召開而有所準備。同時一起攜手並進的，是一八八七年的「三大事件建白運動」，事後證明，此事件對於壯士持續受全國關注相當關鍵。[17]外務大臣井上馨僅微幅修改一八五〇年代與數個西方列強簽訂的「不平等條約」的消息一披露，憤怒的民權分子備受刺激，並要求要有更實質的條約修訂。而他們所列的「三大事件」，分別是減少地租、更大範圍的言論和集會自由。

身為這些運動的一分子，壯士在一八八七年後半，籌辦且經常參加大型公共集會。這些集會通常是以「運動會」的形式出現，融合了運動競賽、扮裝遊行以及暢飲會的示威活動。其典型的形式是，數百名壯士透過口耳相傳、傳單或是報紙公告等方式一起出現，他們攜帶寫著標語的旗幟，參加兼具娛樂性和政治性的公開活動。例如十一月二十五日在京都的運動會，就有一百五十到一百六十名壯士一邊遊行，一邊揮舞紅色、白色的橫布條和旗幟，對著皇室以及自由高喊「萬歲」。[18]這些運動會以其政治內涵與形式考驗明治政府，因為這些集會多元的本質，是試圖規避一八八〇年四月頒布的《集會條例》，該條例為了控制自由民權運動，分外禁止學生的室外政治集會和政治活動。[19]運動會也反應出體能是壯士重視並培養的能力，運動本身、身體的活動與訓練的程度，都是這些運動會的一部分。[20]

壯士肢體的強健技能在各種政治活動上同樣也是有目共睹，通常都由某個特定的政治人物精心安排他們扮演煽動者及保鏢的角色。協助重整自由黨與大同團結運動領導人之一的星亨，本身即是擁有流氓隨扈的政治人物。一八八七年十月的一起事件中，他放任他的壯士對付立憲改進黨的政客和《東京橫濱每日新聞》的發行人沼間守一，任由個人的敵意凌駕他對自由團結的政治目標。在一次自由黨與立憲改進黨的聯合公開會面中，據說星被酒醉的沼間激怒——家世較好的沼間羞辱星，說他不過一介農夫，接著兩人言詞交鋒。這時，燈突然暗掉，星叫來他的壯士，他

17 歷史學者安在邦夫非常強調一八八七年是一八八〇年代初激化事件結束的一年，同時促進了壯士劇增。安在邦夫、田崎公司合編《自由民権の再發現》（日本經濟評論社，2006），214–18。河西英通也發表相同的論點。河西英通《明治青年とナショナリズム》，資料來源：岩井忠雄編《近代日本社會と天皇制》（柏書房，1988），139–41。

18 《朝野新聞》1887年11月25日，資料來源：《明治ニュース事典：第3卷》，366。

19 一八八〇年的《集會條例》要求所有的政治結社與集會須向當地警方登記，並獲得許可。制服員警可以監視並解散這類集會。除了禁止戶外集會，此條例也禁止不同政治組織之間的聯繫。而公職、警察、老師以及學生，也不能參加政治活動。

20 有些運動會包含軍事訓練，相當於初級的肢體武力訓練。而且，在那十年間稍早，運動會就曾經舉辦過，至少有一次有運動競賽（一種奪旗運動），讓民權活動份子與明治政府的支持者互相較勁。木村直惠《「青年」の誕生》，64–78。

們將沼間團團圍住，用銅製燭台狠狠揍他，直到警察前來制止。沼間身負重傷[21]，為了抗議這件事，立憲改進黨後來不再派代表參加兩黨原訂的下一次會議。除了政治餘波，星似乎不受這次攻擊沼間事件的影響。[22]少了法律上的懲罰，只會助長長此以往的現象——更多的政治人物招募壯士，尚未招募壯士效勞的政客，發現自己也需要人身保護。壯士充斥的結果並未中和暴力，反而製造出一種更劍拔弩張的氛圍，肢體衝突更突顯了政治上的分歧。

大同團結運動到了一八八七年底，獲得很大的動能，引發了明治政府的警戒。十一月，一次支持者全國集會上的演說，激烈抨擊政府。十二月，在發起者後藤象二郎多次嘗試向天皇遞交請願書被斷然拒絕後，一場全國支持者的造勢活動正計畫中。活躍分子原本打算在東京集結三千名壯士，要在皇宮前遊行，要求中止關於「不平等條約」的談判。壯士確實進入了首都，但是由於組織力不佳，人數僅三百人。[23]然而，數百名壯士出現在東京街頭，已經足夠讓一個政府傷神，尤其八月時，外務大臣井上馨即因為條約問題辭職，政府尚未恢復元氣，也擔心進步運動的力道以及升高情勢，尤其是在議會政治正要展開之際。因此，一八八七年十二月二十五日，政府頒布《保安條例》，而且立即生效——共七條法律限制政治集會與意見表達。這種限制的想法並不陌生，因為明治政府已經在一八七五年實施《新聞紙條例》，還有一八八〇年的《集會條例》，試圖扼止自由民權運動。特別被期待能夠取締擁武壯士的，是第五條條款，賦權各地區禁止攜帶、運送、私運「槍械、短槍、火藥、刀劍或杖劍」等壯士選用的武器，除非有地方當局的允許。更能反映出壯士對政府帶來壓力的，且與大同團結運動在東京遊行更相關的，是第四條，只要是被認定為「計畫煽動叛亂或妨害治安」的人，便允許警視廳在內務大臣的同意下，淨空皇居半徑三日里（大約十一公里）內的範圍。在第四條下，共超過五百名政治人物與壯士被逐出首都，有些是由當地警察護送出指定區。雖然《保安條例》得以讓東京中心擺脫反政府分子的騷擾，但並沒有澆熄他們的熱情或能量，有些壯士只是撤退到附近的橫濱和八王子。[24]

隨著二月十一日《大日本帝國憲法》的頒布，《保安條例》暫時撤銷了，雖然不是廢除，而且受該條例或《出版條例》、《新聞紙條例》影響，因政治罪被監禁的人，大多獲得大赦與釋放。[25]此外，德川時代的志士領袖兼導師吉田松陰，以及士族叛變者如西鄉隆盛等人，也都獲得

21 譯註：原文寫沼間守一身負重傷死了，但實際上，沼間專一於三年後（1990）年才過世。

22 Ozaki, *Autobiography of Ozaki Yukio*, 92.

23 鈴木武史《星亨—藩閥政治を揺がした男》（中央公論社，1988），77–79；Ozaki, *Autobiography of Ozaki Yukio*, 93–94；佐藤孝太郎《三多摩の壯士》，15–16。

24 R. H. P. Mason, "Changing Diet Attitudes to the Peace Preservation Ordinance, 1890–2," in Japan's Early Parliaments, 1890–1905: Structure, Issues, and Trends, ed. AndrewFraser, R. H. P. Mason, and Philip Mitchell (New York: Routledge, 1995), 91–94, 115–17; Ozaki, *Autobiography of Ozaki Yukio*, 95–97；佐藤孝太郎《三多摩の壯士》，16。木村強烈主張，《保安條例》應該被理解為壯士對政府產生威脅的結果。木村直惠《「青年」の誕生》，108。

25 一八六九年的《出版條例》，如一八七五年修改的版本，規定所有的出版品必須交由內務省查核。一八七五年的《新聞紙條例》也賦予內務省審查報紙的權力。這兩個條例被明治政府用來控管自由民權運動。

死後平反。其他包括參與自由民權運動激化事件的博徒，也都得到大赦、釋放，或者減刑。簡言之，在憲法誕生的這一刻，明治政府的敵人獲得寬恕，甚至得到尊崇。歷史學者木村直惠認為，這些大赦是明治政府的慷慨表現，源自於深植其中的信心——他們一定能夠戰勝這些具敵意的暴力元素——他們相信，法律、國家與其合法性終將贏得勝利。[26]

然而，壯士的暴力行為氣焰依舊囂張。就在同一個月的大阪，一場慶祝憲法頒布的慶祝活動後（所有人都喝了很多酒），約一百名壯士突襲一間土木工事會社，以及《大阪每日新聞》社。幾個月後，在岡山縣，壯士闖進地方議事堂，在旁聽席不住高聲咆哮。[27]壯士也在他們各種政治利器中，加入決鬥，或是決鬥威脅的選項，寄信給他們的政敵，要求一對一的對決。德島縣和岡山縣兩者皆是對決的目標，一八八九年三月到四月間，新任的內閣閣員後藤象二郎就收到十二封類似信件。我們不清楚一較高下的確切地點，但至少在青森縣，壯士膽敢不斷挑釁地方議會議員進行決鬥，並藉此施壓，要他們在一八八九年之前辭職，政治人物因而紛紛前往偏遠的地方度假，或是把自己關在家裡。[28]即使在憲法頒布後的數個月，《保安條例》的施行充其量虛有其名；一八八九年十月，來自東京及橫濱的壯士依舊肆無忌憚地包圍內閣官員，遞送關於條約修改議題的陳情書。[29]

一八八〇年代晚期，壯士已是日本政治圈的一個實質存在，而定義壯士原型亦成為可能，亦即木村直惠所稱的「實踐」來定義，如服裝、髮型和說話的方式等。一八八九年《每日新聞》上的一篇文章便提到，可以從他們粗野的舉止辨識出壯士，加上骯髒破舊的衣物、長髮、聲音粗獷，以及舊到鬆鬆垮垮，以致隨易地服貼在他們臉上的棉帽。[30]壯士也會配帶武器，例如杖劍、短劍或手槍。而且他們散發著某種獨特的風格；如一名前壯士團成員——演歌師添田啞蟬坊——便留意到，他們「粗俗、不修邊幅，不管走到哪裡，肩膀後都甩著一根長棍棒。」[31]史學家傑森・卡爾林（**Jason Karlin**）認為，這種粗俗是一種「『陽剛』的男子氣概」，或者說「正統的男子氣概」，與西化的日本紳士所表現相對陰柔的男子氣概形成對比。[32]

從壯士原型的變化，可以看出一名壯士所屬的地區，也許還能辨識出所屬的政黨。位於日本

---

26 木村直惠《「青年」の誕生》，108–11。

27 《東京日日新聞》1889年2月17日，資料來源：《明治ニュース事典：第4卷》，651；《山形新報》1889年5月30日，資料來源：《明治ニュース事典：第4卷》，79。

28 《東京日日新聞》1888年12月28日，資料來源：《明治ニュース事典：第4卷》，190；《山形新報》1889年5月30日，資料來源：《明治ニュース事典：第4卷》，6；木村直惠《「青年」の誕生》，100–101。

29 《東京日日新聞》1889年10月15日，資料來源：《明治ニュース事典：第4卷》，387–88。

30 木村直惠《「青年」の誕生》，14、103、120–21。

31 Jason G. Karlin, "The Gender of Nationalism: Competing Masculinities in Meiji Japan," Journal of Japanese Studies 28, no. 1 (winter 2002): 59.

32 同前註，41–44、60。壯士中也有一些女性，雖然在資料中似乎不常見。有一例可參見《東京日日新聞》1891年4月28日，資料來源：《明治ニュース事典：第4卷》，389。

中央金澤地區的壯士以「壯士」而為人所知，因為他們穿著短版、打褶、像褲裙一樣的褲，還有恨天高的木屐。他們的腰帶綁得很低，刻意帶著粗棍，並將左肩抬得高高的。三多摩的壯士是金澤壯士中相對特別，他們戴著白棉布做的頭巾，綁上腰帶，攜帶約兩日尺（約六十公分）長的杖劍，還有棍子和槍枝。信濃的壯士稱為「毯壯士」，因為天冷時，他們會披上一條粗毯。從衣物的長度也能區別出所屬政黨。[33]

壯士不僅在穿著和舉止上有可茲辨別的風格，他們也推廣自身文化——通常帶有政治意識且暴力。他們表演政治劇（壯士芝居）批評政府，創作流行的「演歌」，例如有一首一八八七年左右的歌曲，歌詞中就有：「增進國家利益與人民福祉，還權於民！若非如此，炸藥伺候——砰！」[34]

這種粗蠻的文化與學生流氓（硬派）的男性虛張聲勢重疊，而且也受其鼓舞。如歷史學者大衛·安巴拉斯（David Ambaras）對他們的描述，這些特定的流氓是「這類型的學生，致力於如柔道等體能活動，行事風格趾高氣昂、具攻擊性，拒絕和女性接觸則是出於唯恐變得軟弱又陰柔的緣由。」[35]這種行為舉止可追溯到明治早年，當時有些學生把自己裝扮成志士，在成為自由民權運動的活躍分子中可見這類學生。在世紀之交，東京的學生暴力不但公開且常見：「很多（學生流氓）身上帶著短劍、杖劍，或者刀子；而且學生團體之間的『攤牌決鬥』，以評論者的話來說，『根本是一種流行』。」[36]

圖2.1

明治時期兩種類型的壯士（1889年5月）。左邊是典型的金澤壯士，特徵為穿著特有的高木屐、帶粗棍，左肩抬高。右邊則是信濃地區的壯士，稱為「毯壯士」。

圖片來源：《每日新聞》，1889年5月28日。

33 木村直恵《「青年」の誕生》，99，103，119–21；色川大吉、村野廉一《村野常右衛門伝》，203；*Japan Weekly Mail*，1892年5月28日。

34 Karlin, "Gender of Nationalism," 60.

35 David R. Ambaras, *Bad Youth: Juvenile Delinquency and the Politics of Everyday Life in Modern Japan* (Berkeley: University of California Press, 2006), 69.

36 同前註，69–72。

壯士因這種突顯他們年輕且男[illegible]化而團結起來。然而，除了年齡和性別外，他們在背景及動機方面，彼此大相逕庭[illegible]資料不足，無法全面理解壯士的社會學特性。階級和教育背景的問題太模糊，沒有把[illegible]步探討；其他關於壯士組成的問題，也只能試探性地處理。一八八〇年代的壯士似乎[illegible]前武士、農民、商人、企業家、博徒，以及上述那種學生，另外還有流浪漢和沒有固定[illegible]人。[37]所以，這十年間的許多壯士很可能是兼差的流氓，他們把精力分別放在政治和工[illegible]上。有其他固定職業的壯士則不必仰賴暴力行為討生活，因為他們另有收入來源，可能是農業[illegible]商業或賭博。

然而，當一八八〇年代即將進入尾聲，自由民權運動失去驅動力，壯士的角色開始有了轉變。如今，他們為人所知，是因為流氓幫派，而非對人民權利的投入，壯士人數迅速壯大，可能因為對僅憑逞兇鬥狠賺錢有興趣的青年人增加，這些人受金錢報酬所吸引，甚至是受到使用武力時的興奮感所吸引，而非對政治改革有興趣。例如三多摩的壯士，曾經是民權活躍分子的農民和地主，卻在往後幾十年，因為一群更「像黑幫」的流氓、反社會流浪者（這些人通常是地主的第二和第三個兒子）而逐漸黯然失色。[38]若要主張說，這同時也是三多摩以外壯士的大致趨勢，是引人懷疑的，但是，一種據信為新興壯士的，確實在一八八〇年代晚期的某些報章雜誌中，成為飽受批評的標的。《國民之友》這本知識性雜誌於一八八七年七月號和八月號上，刊載了一系列關於「新日本」的青年及政治文章，並於第二輯專門談論壯士在近代政治中的定位。編輯坦承，壯士在明治時期的前十年扮演一個重要角色，因為青年受他們的正義感與人道關懷所鼓舞，實現了政治上的改變。然而，明顯破壞性的行為，雖然符合幕末時期的日本，如今在明治時期第二個十年的建設時期，已經完全不符時代需求。隨著「新日本」黎明的到來，壯士行事魯莽和不公義的作法，被認為是不必要的，而且該雜誌希望，他們能從政界直接消失。如木村直惠所認為的，這份刊物藉由譴責這種暴力、批判壯士的負面形象，鼓勵新政治人物的培養。更適得其所的是，這篇社論在該刊物的刊頭下方，節錄了一段約翰．米爾頓（John Milton）的引言：「噢！更高貴的任務正等待你們的手（因為戰爭，那無盡的戰爭能孕育出什麼呢？），直到真理與正義自暴力中解放。」[39]

甚至一向支持民權運動的出版品，也對壯士無禮和過時的本質，做出類似的評論。一八八七年九月，《朝野新聞》上的一篇社論描寫了當今文明世界與壯士所屬的「腕力」（暴力）世界的斷裂。這篇社論宣稱，壯士的粗蠻，耗弱了國家的能量、動力以及生命力。[40]一八八九年三月，

37 Karlin, "Gender of Nationalism," 58；佐藤孝太郎《三多摩の壮士》，32。

38 這種三多摩壯士改變的論點由色川大吉提出，高橋彥博也有引用〈院外団の形成〉，116。

39 《国民之友》1887年8月15日。我是從本村直惠的書中看到他對這篇文章的討論。木村直惠《「青年」の誕生》，43–48。

40 《国民之友》1887年9月10日。

該報指控壯士是虛偽者，只關心自身的言論自由，並不關心其他人的言論自由。他們對於演說集會的干擾，被解釋為公然侵犯人民表達意見的權利，該篇社論促請壯士以言語回應政治意見，而非以暴力相向。該社論更是大加撻伐那些挾個人恩怨和魯莽行事的政客，他們的作風被認為是鼓勵粗暴行為。[41]一八九〇年二月底，新聞稱壯士為「暴民」或「暴徒」，他們的「亂暴」（暴力）和言論自由以及憲政核心的議會是相對立的。報紙感嘆地方議會選舉已經被賄賂、恐怖、暴力和「暴行」玷污了。[42]

自由黨內部刊物《繪入自由新聞》也痛斥暴力是不文明的，差點一竿子打翻整條船的譴責所有壯士。一八八七年十月的一篇社論，清楚劃分了「文明壯士」的理想與「野蠻壯士」，以免污衊了該黨近期年輕的民權運動分子的理想。但是，該篇社論並未作勢要求野蠻壯士棄絕他們的暴力作為。壯士對自身及他人的身體缺乏尊重，這種態度被認為是過時的、腐蝕自由主義，而且對平等概念有害。[43]到了一八八〇年代後期，在憲法與議會政治的黎明時期，壯士已經不是因為他們的政治意識形態而著稱，反而以其粗蠻和暴力而為人所知。

暴力的輸出：越過邊界的國家主義大陸浪人

隨著憲法頒布與召開國會，自由民權運動在一八九〇年代早期失去了動力，一些壯士拋下了對民權運動的使命，將所有的精力投入擴大日本在東亞的影響力。那些飄洋過海執行這項任務的，被稱為「大陸浪人」。他們的暴力雖然源自民主運動，但後來的行動大多是不民主的，且受到他們想將日本的外交政策導向國家擴張的欲望所驅使。

一八九〇年代這股全心全意的轉向，並非全新或突然出現，而是從前十年民權意識形態和暴力活動中萌生出來的。整個一八八〇年代，自由民權運動的老調，便是擁抱國家——民主不是民主本身的終點，而是要致力發展一個更好、更強大的日本。某些民權運動組織，如福岡縣的「向陽社」，就把重點放在國家主義而非其他。向陽社成立於一八七九年四月，由當時年輕的箱田六輔、頭山滿和進藤喜平太等人成立——他們因為參加一八七〇年代的士族叛亂而入獄，這在前一章曾提及。向陽社附設學校向陽義塾的宗旨，便是敦促藉由教育，不僅「培養民權」，而且要促進國家發展。整體而言，向陽社擁抱「國權回復」的口號。一八八一年二月，向陽社更名為「玄洋社」，新社名即指出對外交事務更深入的參與，因為「玄洋」所指即分隔福岡縣與亞洲大陸的「玄界灘」。此時，該組織同時投注心力在民權以及國家的力量，其三項正式的方針為「尊崇天

41　同前註，1889年3月31日。
42　同前註，1890年2月25日與28日。
43　《絵入自由新聞》1887年10月8日。

皇、熱愛日本、捍衛人民權利」。[44]

玄洋社多數成員是壯士，他們是發動暴力行為、為民權問題而施壓明治政治元老的年輕活躍分子。雖然他們多自稱志士，主流報紙通常形容他們為「玄洋社壯士」。他們參與國內的政爭，以擴大政治參與，但玄洋社對國力的極度關切，也促使他們以大陸浪人的形式，將暴力輸出到日本國界以外。

「大陸浪人」為一廣泛的名詞，曾被用來描述遠赴亞洲大陸的知識分子、國家主義組織的主導者、商人，甚至是軍人。[45]歷史學者塑造他們的角度各有不同，有人說他們是理想主義的先鋒，有人說他們是日本帝國主義的先行者。[46]在這裡，我把焦點放在玄洋社成員中，最能代表大陸浪人典型的一種——憂國憂民，對新的明治政府深惡痛絕的年輕人、非國家行為者，其作為受此態度所驅動，他們同時追求兩相矛盾的目標，即擴大自由主義以及鼓吹日本向朝鮮與中國擴張。這些玄洋社的大陸浪人並非最嚴格定義的暴力專家：他們動用武力是為了實現自身的願景，而且很可能不收取費用。從這點看來，他們和同時期的壯士不同，當時的壯士只是雇用的打手，缺乏政治信念。然而，要把大陸浪人當成有政治遠見的人，將壯士當成傭兵，如此嚴格的一分為二也是錯誤的。有些大陸浪人的動機很可能是金錢考量或冒險欲望，而一些壯士也可能對自由主義或政黨政治具備政治信仰，雖然只是很模糊的信仰。應該謹記的是，政治信仰和金錢利益不必然是互斥的。甚且，大陸浪人與壯士都是一八八〇年代的產物，在往後數十年亦同時存在。不僅某些壯士同時也是大陸浪人，也有在本國與他國之間的暴力流動——壯士可能出國變成大陸浪人，而大陸浪人也可能歸國成為壯士。

---

44 玄洋社社史編纂會編《玄洋社社史》，1917年（復刊：葦書房，1992），209–11、223–25；石瀧豊美《玄洋社發掘：もうひとつの自由民権》（西日本新聞社，1981），23。最後一項方針不只是慎思後的想法——頭山滿遠赴福岡、大阪和東京，鼓吹民權，而玄洋社的指導者箱田六輔、進藤喜平太也前往首都與他會合，並向明治政府施壓，以成立國會。都築七郎《頭山満：そのどでかい人間像》（新人物往來社，1974），85；渡辺龍策《大陸浪人：明治ロマンチシズムの栄光と挫折》（番町書房，1967），79–80。中島岳志主張，頭山滿與玄洋社社員，以及其分派黑龍會，皆缺乏意識形態。他指出，他們只關心個人的能力、精神以及行動，比知識型的亞洲主義者多愁善感。中島的論點也許對他特別感興趣的泛亞洲主義者而言確實如此，但是對這些團體與領導者的國家主義傾向過於輕忽。缺乏意識形態的複雜性，不一定指像是自由主義或國家主義這種想法，不會傳遞或激勵他們的行為。中島岳志《中村屋のボース—インド独立運動と近代日本のアジア主義》（白水社，2005），129。

45 渡邊龍策將大陸浪人做了以下八種分類：往北走的（北方型）；往南走的（南方型）；愛國者的（國士型）；政治的無賴漢（壯士型）；做為後衛的（後方型）；前衛的（先兵型）；知識分子（思想型）；以及行動派的（行動型）。渡邊龍策《大陸浪人》，10–11。

46 關於大陸浪人可參考的史學論文，見趙軍〈「別働隊」と「志士」のはざま—近年来大陸浪人研究の回顧と展望〉《千葉商大紀要》第36卷4號（1999年3月），105–24。將大陸浪人浪漫化的人包括（前面提過的）渡邊龍策和升味準之輔。Herbert Norman和Marius Jansen則採較嚴厲的角度。升味準之輔《日本政党史論：第3巻》（東京大學出版會，1967）；E. Herbert Norman, "The Genyōsha: A Study in the Origins of Japanese Imperialism," *Pacific Affairs* 17, no. 3 (September 1944): 261–84; Marius B. Jansen, *The Japanese and Sun Yat-sen* (Cambridge, Mass.: Harvard University Press, 1954)。

一八八〇年代前半，玄洋社開始將目光投射到亞洲大陸，但在這段期間，他們的暴力似乎沒有發揮太大作用。一八八二年，朝鮮發生「壬午兵變」（又稱「壬午事變」或「朝鮮事變」），玄洋社對於明治政府處理反日本的暴力，以及中國對朝鮮半島的干涉等，皆採規避正面還擊的「被動政策」極為不滿。因此，玄洋社把這件事往身上攬，召募義勇軍，打算對政府層級的談判施壓。這項工作由同為西南戰爭獄友的平岡浩太郎和野村忍介發起，再由一先遣部隊劫持一艘蒸汽船展開行動，他們要脅船長載送他們到釜山。只是他們抵達時，談判已經結束了。義勇軍主力接著計畫暗殺文官井上毅，這項計畫依舊失敗。一八八四年，玄洋社希望召募一支軍隊，支持朝鮮親日的改革發動政變，然而，當由大井憲太郎主導、且有類似扶植朝鮮親日政權想法的大阪事件失敗後，導致更多警力監視玄洋社成員，他們便中止了這項計畫。[47]

雖然如此，一八八九年，由玄洋社成員籌畫的暗殺行動在政治高層掀起一陣漣漪。玄洋社對明治政府的外交政策不滿，他們將明顯且具象徵意義的目標指向外務大臣大隈重信，因為大隈想和西方列強討論「不平等修約」改正案，這普遍被視為是向西方叩頭的行為。玄洋社成員來島恆喜決定暗殺這名外務大臣，並得到頭山滿的支持，答應協助他取得需要的武器。頭山去找大井幫忙，此時的大井剛出獄，他循著聯絡人的軌跡，最後找到村野常右衛門和森久保作藏——兩位知名的壯士領袖（也是下一章的重要人物），他們收藏了一顆炸彈，並願意為了這項計畫貢獻出來。一八八九年十月十八日傍晚，當大隈回到外務省大樓，來島把炸彈丟向大隈的座車。來島有信心他成功殺死了這位外務大臣，當場刎頸自殺。大隈並沒有死，只是受了重傷，得暫時離開工作崗位；最後，條約改正提案被撤回，協議破局，主要原因是民眾對大隈處理整件事的不滿。參與這起暗殺案約四十名玄洋社成員被調查，但僅一人因為謀刺而入獄，其他人則扣留至隔年三月。[48]

一八九〇年代初期，玄洋社與其前民權運動的同志分道揚鑣，開始追求其激進的外交政策議題，並施展變本加厲的暴力，這是因為政府漠視，甚至暗地支持。一八九四年春天，當朝鮮一個名為「東學黨」的宗教團體發起一場大型叛變，玄洋社抓緊這個機會，協助東學黨驅離半島上的中國主導勢力。[49]玄洋社成員和已經在朝鮮的日籍大陸浪人（也被稱為「朝鮮浪人」）竄起，成立了「天佑俠」。[50]天佑俠這個團體最初共有十四人，其中五人為玄洋社的大陸浪人，分別是武

---

47 石瀧豊美《玄洋社發掘》，134–36；升味準之輔《日本政党史論：第3巻》，151；玄洋社社史編纂会編《玄洋社社史》，239。

48 頭山滿被大阪警察逮捕，但隔天就與其他人一起被釋放。玄洋社社史編纂會編《玄洋社社史》，393–94。都築七郎《頭山滿》，133–43；相田猪一郎《70年代の右翼：明治・大正・昭和の系譜》（大光社，1970），93–94；渡辺竜策《大陸浪人》，66–67。

49 姜昌一〈天佑俠と「朝鮮問題」：「朝鮮浪人」の東学農民戦争への対応と関連して〉《史學雜誌》第97編第8號（1998年8月）16–19，23–27；Hilary Conroy, The Japanese Seizure of Korea, 1868–1910: A Study of Realism and Idealism in International Relations (Philadelphia: University of Pennsylvania Press, 1974), 230–31。

50 「天佑俠」這個名詞沒有慣用的英文翻譯，內田用的是「Heavenly Blessing Heroes」，Conroy用的是「Saving Chivalry

田範之、鈴木天眼、大原義剛、白水健吉，以及時年二十的內田良平。另外有七人是朝鮮浪人，不附屬於政府或與釜山「大崎法律事務所」有聯繫的軍隊；另外兩人則是軍人。[51]天佑俠大部分的精力都投入在設法籌措武器和彈藥。即使在離開日本、前往釜山前，內田與大原便嘗試從玄洋社名人平岡浩太郎經營的煤礦場運走一些炸藥。一到釜山，這個團體計畫從日本領事館炸藥倉庫偷取炸藥的行動就受阻，但最後，他們還是從一名日僑經營的金礦場搶走一些炸藥。[52]因為這件事，他們被日本公使以「強盜罪」的罪名發布逮捕令，但是日本軍的兵站部（後勤）最終只逮捕了一名涉入此事件的天佑俠成員——而且，當領事館的一個熟人為這名被告騙取到有利證詞，他便被判無罪。[53]

由於他們在朝鮮的外國人地位，以及與日本領事館幾名高官的友好關係，天佑俠成員的行為肆無忌憚，鮮少嚐到苦果。在朝鮮活動時，他們對朝鮮鄉民的粗蠻行為雖惹惱了當地政府官員，但官員卻束手無策，只能促請釜山的日本公使和領事館採取行動，雖然這種要求似乎被當作耳邊風。由此看出，某些軍事分支單位很願意與天佑俠成員合作，因為他們兩方對中國有共同的戒心。一八九四年八月，日清戰爭爆發，許多天佑俠成員與日本軍方合作，蒐集情報，對中國敵人進行偵察工作。這項對軍方的服務，成功說服政府不對參與礦場強盜罪的任何一名天佑俠成員進行懲處。[54]隨著日清戰爭的進行，天佑俠的大陸浪人對明治政府不再有任何敵意，因為他們兩方的理念已趨向一致，要利用暴力保護日本在國外的利益。

在這十年之間，日本暴力在朝鮮最有名也最關鍵的行動之一，是兩名天佑俠大陸浪人（以及自由黨壯士）在日本政府的命令下，於一八九五年暗殺明成皇后（又稱「閔妃」）。這次暗殺行

Under Heaven」，而Norman用的是「Society of Heavenly Salvation for the Oppressed」。Jun Uchida, " 'Brokers of Empire': Japanese Settler Colonialism in Korea, 1910–1937" (Ph.D. diss., Harvard University, 2005), 42; Conroy, *Japanese Seizure of Korea*, 230–31; Norman, "Genyōsha," 281。

51 姜昌一〈天佑俠と「朝鮮問題」〉，5–9；蔡洙道〈「天佑俠」に關する一考察〉《中央大学大学院研究年報》第30號（2001年2月），442–44。

52 葛生能久《東亜先覚志士記伝》1933年（復刊：原書房，1966），181–94；西尾陽太郎《頭山滿翁正傳》（葦書房，1981），215–216；姜昌一〈天佑俠と「朝鮮問題」〉，15；石瀧豊美《玄洋社發掘》，174–75。

53 葛生能久《東亜先覚志士記伝》，187–94、294–95；姜昌一〈天佑俠と「朝鮮問題」〉，11、15–16；石瀧豊美《玄洋社發掘》，175。在他們試圖以多種方法取得武器和彈藥時，天佑俠技術上違反了一條認為「為革命輸出購買與出口武器」為非法行為的法律。其成員也違反了日本政府特別禁止販賣武器給東學黨叛徒的規定。宮崎滔天《三十三年の夢》英譯版序文：*My Thirty-Three Years' Dream: The Autobiography of Miyazaki Tōten*, by Miyazaki Tōten, trans. Etō Shinkichi and Marius B. Jansen (Princeton: Princeton University Press, 1982), xxv；姜昌一〈天佑俠と「朝鮮問題」〉，10–11。

54 姜昌一〈天佑俠と「朝鮮問題」〉，13、15；葛生能久《東亜先覚志士記伝》，295。這不是玄洋社員第一次提供軍事情報。一八八〇年代，頭山滿就已經派遣大陸浪人到中國進行情蒐，而且與有志一同的軍人建立聯繫。Norman, "Genyōsha," 278；王希亮〈大陸浪人のさきがけ及び日清戦争への躍動〉《金澤法學》第36卷第1–2合併號（1994年3月），62；Douglas R. Reynolds, "Training Young China Hands: Tōa Dōbun Shoin and Its Precursors, 1886–1945," in *The Japanese Informal Empire in China, 1895–1937*, ed. Peter Duus, Ramon H. Myers, and Mark R. Peattie (Princeton: Princeton University Press, 1989), 212–16。

動由日本駐朝鮮公使三浦梧樓策畫，他擔心由明成皇后領導的反日派，將損及改革的努力以及日本在朝鮮的影響力。三浦集結了移居朝鮮具各式背景日本人，合力攻擊皇宮，殺死了明成皇后和她的隨從。共同參與策畫的有天佑俠大陸浪人武田和大崎，以及兩名玄洋社員——其中一人參與過自由民權運動，後來擔任劍道與柔道師父，另一人則來自玄洋社狂熱家庭，後來被聘任為頭山滿的祕書。他們參與的這起暗殺案，廣泛被認為是日本殖民朝鮮的前因，這些人後來只受到母國明治政府輕描淡寫的懲處。參與政變的四十八人被逮捕，關在廣島，幾個月後，就因罪證不足獲釋。三浦後來繼續在政治路上飛黃騰達，一九一〇年甚至被任命為樞密顧問官。[55]

擴張主義者大陸浪人蒐集情資、參與武力打擊敵人的工作，持續到日俄戰爭，此時滿洲成為事件背景，而俄國成為日本勢力的新威脅。這次是玄洋社成員內田良平在西伯利亞與海參崴進行偵蒐工作，他在那裡成立了一所武術學校，後來成為大陸浪人的中心。一九〇一年，內田終於成立了「黑龍會」，該社名取自中國與俄國邊境的河流黑龍江，黑龍江以南是俄國勢力不會到達的地方。黑龍會集結了好鬥的大陸浪人以及氣味相投的政客，包括玄洋社的平岡浩太郎和頭山滿，自由黨的大井憲太郎，以及軍人、記者，和其他政黨的黨員。一九〇三年，黑龍會將大陸浪人在西伯利亞蒐集到的情資提供給軍方，並且得到軍事首腦的允許，動員滿洲馬賊，切斷俄國的通訊線。[56]一九〇四年，日俄戰爭爆發後，軍方接受玄洋社的提議，將其成員納入軍方，成立「特別任務隊」，即後來所知的「滿洲義軍」。最初的十六人包括軍人和九名玄洋社成員；滿洲義軍的人數後來增加到五十五人，配有步槍，且受過訓練。[57] 一抵滿洲前線，義軍就積極招募民兵和滿洲馬賊（據稱數千人）擔任暴力專家，這些人負責發動游擊戰、負責偵察工作、獲取物資；在日俄戰爭於一九〇五年九月結束之前，他們已身經百戰。[58]

到了世紀之交，這些大陸浪人——一八八〇年代壯士的年輕表親——到處耀武揚威，無論其企圖或結果都和民主無關。玄洋社的大陸浪人有意識地使用暗殺策略改變日本外交政策的走向，一種流傳下來左右政治影響力的不公義手段。其他類型的大陸浪人則跟隨他們的腳步，在之後討論戰前國家主義團體與戰後政治掮客時，他們還會出現。對玄洋社的大陸浪人而言，他們對明治政府最初的敵意已經逐漸消融，因為他們成為擴張主義下，快速成長的鈕帶關係中的一部分，而以戰爭和帝國之名，他們的暴力和國家暴力已融合為一了。

55　姜昌一〈天佑俠と「朝鮮問題」〉，28；大矢正夫（色川大吉編）《大矢正夫自徐伝》（大和書房，1979），136–37；石瀧豐美《玄洋社發掘》，177–179；Uchida, "'Brokers of Empire,'" 44–45；我妻栄他編《日本政治裁判録：明治》，224–33。

56　蔡洙道〈黑龍會の成立—玄洋社と大陸浪人の活動を中心に〉《法学新報》第109巻第1–2號（2002年4月）：163–69，175–80；*Jansen, Japanese and Sun Yat-sen*, 111。

57　葛生能久《東亜先覚志士記伝》，815–17，822；石瀧豊美《玄洋社發掘》，183–85；西尾陽太郎《頭山滿翁正傳》236–37。

58　Ishitaki, Gen'yōsha hakkutsu, 185–87；西尾陽太郎《頭山滿翁正傳》，235–37；葛生能久《東亜先覚志士記伝》，815；頭山統一《筑前玄洋社》（葦書房，1977），205–7。

議會政治與壯士的專業化

當玄洋社的流氓站在政治元老後面時，玄洋社和明治政府在激進的外交政策上的合作無間，開始在國內產生了深遠的影響。玄洋社壯士現在擺好架勢，要對抗之前的政治同盟：那些持續隸屬於進步政黨的壯士。這場政治分裂落在一八九〇年代初期的主要政治斷層線上：由明治元老所支持的保守政府政黨（吏黨），以及民權運動的擁護者或繼承者所支持的民眾黨（民黨）。兩邊都集結了各自的流氓，如今他們被區分為「吏黨壯士」或「民黨壯士」。而在同一政黨裡的內鬥，再再凸顯了壯士暴力的影響。

壯士如何出現在政治角力的所有面向的？部分討論僅以意識形態的差異來處理。在玄洋社的案例中，該組織的國家主義和擴張主義平台，最終往前推進，支持了吏黨。而民黨壯士包括曾經在之前十年盡心盡力的民權運動分子。但是，有些壯士會為任何需要他們的一方逞凶，或者只是因著時勢隨波逐流。確實，「贗壯士」這個名詞在這段時期相當普遍，尤其指那些被聘用的流氓；一份報紙將他們形容為一種疾病，把他們對國家的毒害，比喻成人類身上的霍亂感染。壯士只因為他們的施暴能力而備受肯定，這種情形，可從一名壯士對潛在雇主的描述中看出來，他概略提及了這份工作的動機和條件。[59]他說：「如果我有一些助手，我可以恐嚇農夫或商人，或者暗中襲擊某個政敵……我的木棍是有點粗，也有點笨拙，但我就是沒錢買杖劍。不過，我也習慣帶著這支木棍了。」[60]身為暴力專家，壯士在警察的眼裡，和輕型罪犯並無二致。一本一八九二年的警察雜誌刊登了一篇文章，將壯士和不討喜的三輪車夫及博徒，同樣歸在低階的社會階層。[61]這類描述不應該照單全收，因為警察企圖抹黑壯士的形象，更遑論並非所有的壯士都是不關心政治的槍手。這一群流氓包括了全職者與兼職者；有具政治野心的人，和只是需要金錢求得溫飽和棲身處的人；有教唆年輕手下的領導者，和只是聽命行事的追隨者。然而，跟上一八八〇年代末期壯士的潮流，一八九〇年代初期的壯士變成典型的職業暴力專家——受雇、有組織，其個人價值便是他們逞凶鬥狠的能力。

壯士不僅成為完美的暴力專家，人數不斷增加。諷刺的是，正是一種更進一步的參與式政治，持續助長了暴力行為的興盛。隨著議會政治的到來，有愈來愈多的一群人需要、也引發壯士提供服務。流氓發現第一批當選的國會議員（眾議院三百人）很需要他們，主要政黨成員亦然。

同時，政治參與的持續限制，也依舊助長對壯士的需求。明治政府雖然成立了有眾議院的國會，然而，與憲法同步頒布的《選舉法》，卻限制選民的條件是年齡二十五歲以上的男性、在該府縣設籍超過一年的永久居住者，而且實質繳納至國稅的總額一年至少超過十五日圓且已繳納一

59　《朝野新聞》1890年9月25日。
60　*Japan Weekly Mail*，1892年5月8日。
61　木村直惠《「青年」の誕生》，113

年以上；如果是所得稅，則需繳納三年以上。在這些規定下，一八九〇年七月的第一屆眾議院議員普選，全國僅總人口的百分之一符合投票資格。符合資格的選民比例因地區而有所不同：這條法律對土地稅較有利，對所得稅較不利，因此，鄉村地區的代表多到不成比例，而東京只有百分之零點三的人有資格投票。[62]如歷史學者色川大吉指出的，有限的選民意味著每一票都很重要，所以，壯士對選民的脅迫，很大程度上的影響了選舉結果。[63]這是明治元老在面對議會政治時，企圖延續並貯積政治實力的盤算，這不僅使得暴力行為在政治上很有價值，也助長了挑戰政府的壯士活動控制了國家政治。

當所有這些元素聯合起來——意識形態的歧異、政治參與的擴大，以及明治政府對選舉人的限制——壯士在政治上成為一種長存的現象。政治角力的每一方都發現，當他們面臨敵對方的流氓時，也需要展現自己的肌肉。而高張的政治紛爭，確保了壯士做為對抗政敵的盾牌和戰力的永續存在。

一八九〇年第一次眾議院議員普選的選舉活動期間，壯士確實很盛行，而且製造出一種肅殺的政治氛圍。與壯士相關的事件報告來自各縣市，包括熊本、高知、石川、富山、新潟、兵庫、崎玉、栃木、群馬、愛知、三重、橫濱、大阪和東京。而多數的情況是，流氓似乎危及選舉過程。壯士典型的作法是，打斷公眾集會、威脅對方的候選人和支持者，然後雙方對峙。他們在一定程度上，像是拙劣的拉票者，例如在大阪的一次競選活動中，一名候選人雇用他認識的博徒，

四、五成群地包圍選民，藉此影響他們投票。或者在橫濱，有壯士在每個十字路口張貼海報，揚言要殺死任何投票給敵對陣營候選人的選民。壯士也身兼保全，做為某候選人或政黨的捍衛者或擁護者角色，導致他們和其他壯士起衝突，例如在六月底時，熊本縣有兩派系的壯士大打出手。總體而言，壯士暴力有組織、有目的、有策略，有時甚至是例行性的或是儀式化的。壯士衝進演說會的紀錄，讀來大同小異——集會開始，壯士進來，突襲講台、攻擊演說者和其他人、搗毀物品，然後離開——壯士照劇本演出，如專業人士表演一場特定任務。

這種脅迫與威嚇是否搖動選民意向，我們不得而知；「各選舉人的門前，一方的惡棍和另一方的惡霸相遇，彼此怒目相向」[64]這種景象，顯示各派系雇用壯士的情況，可能中和了壯士的影響力。然而，政府顯然也密切留意選舉日即將到來之前的暴力活動。五月二十九日，政府為《眾議院議員選舉法》的頒布追加《罰則補則》，對恐嚇個別選民、綁架選民、選舉日防礙選民前往投票所等行為，都列為可處罰的罪行。這些規則是用來完善《眾議院議員選舉法》，明文禁止大舉恐嚇選民、在投票所與選舉集會場所製造暴動，以及對選民施加一般暴力行為。投票日當天，也安排大量警力。在東京，每個投票所配置六名警察，在香川縣和神奈川縣，有數百名警力值

62 R. H. P. Mason, *Japan's First General Election*, 1890 (Cambridge: Cambridge University Press, 1969), 30–31.

63 色川大吉、村野廉一《村野常右衛門伝》，202。

64 Mason, *Japan's First General Election*, 177.

勤。投票日這一天，各地出奇地的平靜，雖然仍有壯士出現在某些地點。[65]然而，投票日前幾個月，壯士已經為他們未來幾年在議會政治的實踐上，發展出明確的定位。最後民黨取得對吏黨的勝利——一百七十一席對一百二十九席——升高了明治政府對於失去政治掌控的憂心。[66]

一八九〇年選舉的暴力並非只是曇花一現，隨著這個國家在選舉和議會政治方面愈臻成熟，特別粗暴的政治氣氛並未消散。反之，這次的選舉暴力鞏固了壯士在政治圈的重要性。隨著第一屆國會選舉結束，日本政界劃出了國會內和國會外勢力的分野。某些參加眾議院選舉的黨員，在政黨內形成兩個陣營，其中，復興的立憲自由黨（以下稱「自由黨」）更是如此：當選的黨員（「議員團」），以及落選的黨員（「院外團」）。[67]兩者都受到該黨的重視，而已經普遍存在的政治圈壯士，也找到了一份合適的工作——院外團活動的重要執行者。

壯士的暴力行為成為議會政治不可或缺的一環，這從自由黨於一八九〇年九月成立時，即可看出端倪。九月十五日，自由黨在東京芝公園的彌生會館舉行正式的成立儀式，有超過三百名黨員和其他數百人參加者聚集，聆聽創黨聲明。非黨員之中，最重要的人物是反對自由黨成立的遠藤秀景。遠藤是眾議院議員，後來成為另一個更保守且國家主義的「國民自由黨」黨員，該黨極為短命，成立於十一月，隔年便解散。[68]遠藤和他的幾個同黨，聯合壯士一起干擾儀式的進行。來自關東地區及來自石川、福岡、熊本與高知縣的武裝壯士闖入大廳鬧場，掀起一陣騷亂。自由黨的壯士穿著一身白色棉質和服，看起來像白鷺一樣六、七人一組，早一步駐守在大廳四周，立刻和闖入者互相咆哮。彌生會館內外也早已布署數百名值勤員警，似乎沒什麼作為——早在公園遊盪的壯士，當然有辦法大舉衝進會場。在這種騷亂的情況下，儀式草草結束，所有人都被驅逐了。接下來的幾天，壯士持續干擾自由黨事務。九月十六日，壯士坐在一場自由黨會議的旁聽席上，但克制不鼓譟。九月十七日，當遠藤親自加入一場辯論，不同陣營的壯士便彼此叫囂了起來。九月十八日，緊張情勢導致一場肢體衝突。自由黨在東京木挽町地區的集會於上午十點開始，原本是要選出幹部、討論其他黨務，但是壯士在二樓看台爆發衝突，會議被迫中斷一個半小時。原本坐在旁聽席兩邊的敵對壯士正大打出手，直到警察好不容易壓制這些流氓，之後，遠藤的壯士與他的同黨才離開。[69]

這些壯士並未躲過記者的耳目。《朝野新聞》談及這些流氓時，仍稱他們為「暴漢」，特別指自由黨壯士為「暴徒」與「亂暴者」。該報指出，壯士的核心是封建的，指控他們玷污日本少年的名譽，呼籲擴大警力管控。《讀賣新聞》也同樣憤怒，稱壯士「暴漢」或「兇徒」的猖獗，

65 同前註，52–58，174–77。
66 選舉結果參照：Akita, *Foundations of Constitutional Government*, 76。
67 升味準之輔《日本政党史論：第2卷》（東京大學出版会，1966），163。
68 Mason, *Japan's First General Election*, 193–94.
69 植木枝盛《植木枝盛日記》（高知新聞社，1955），363–64；《朝野新聞》1890年9月16日；升味準之輔《日本政党史論：第2卷》，168–69。

歸因於那些罔顧後果而訴諸武力的政客。[70]

即使這些譴責的聲浪，壯士暴力依舊揮之不去，大部分是因為造就政治局面的各式分配問題。民黨與政府之間所形成的緊張對峙持續著，尤其是關於「超然內閣」的議題。這些閣員由明治元老控制，將政黨政客摒除在外，以便「凌駕」黨派政治。他們因此受到民黨的激烈反對，尤其是自由黨與「立憲改進黨」（此後簡稱「改進黨」），他們支持政黨內閣，希望弱化官僚對行政權力的控制。自由黨與改進黨之間亦存在著緊張，各自政黨內亦然。所有這些都在一八九一年初政府預算的白熱化爭議中一目瞭然。自由黨和改進黨黨員均反對內閣提出的八千三百三十二萬日圓的預算，支持眾議院一個委員會提出的版本，比原來的數字減少八百八十八萬日圓。由於自由黨內「強硬」派堅持削減預算，「穩健」派則願意與內閣協商，黨內的分裂使得預算議題更加複雜。[71]

壯士暴力延續，而且因為這些分配問題而延續——預算爭議和選舉一樣，是一種形式的政治競賽，當中的有形武力被認為是一項資產，而這種暴力想當然耳，並無助於雙方妥協的討論。例如，一月七日，壯士打斷了一場彌生俱樂部的會議，該俱樂部由自由黨的國會成員組成；約七十名成員參加這場會議，而就在議題來到預算討論時，二、三十個手持棍棒的壯士強行越過接待人員，進入大廳，高喊類似「自由黨員收受改進黨賄賂！」之類的話。壯士各自散開，有些人圍著主席的桌子，其他人則往國會議員植木枝盛接近。當植木拒絕與他們談話，七、八個壯士便用棍棒毆打他，直到他倒地不起。在他附近的安田愉逸也被打到重傷。為了擊退他們，眾議員林有造鼓勵其他人用椅子來抵抗壯士，壯士被迫撤退到大廳，議員的三輪車夫和其他聚集的人緊接著對他們一陣毒打。最後兩名壯士被補，植木頭部重傷，安田也受傷，大廳裡一片狼籍。會議後來在警察的守衛下，繼續進行。[72]

在其他的案例中，壯士將他們的注意力集中在個人身上。預算委員會委員長大江卓尤其是明顯的目標。壯士定期到他的住所前出沒，甚至一度謠傳他已經被暗殺了。做為防衛手段，大江維持一組約一百人的壯士。[73]其他比較沒那麼有名的人物也深受威脅。一月十日晚上，似乎是強硬派的壯士鎖定了豐田文三郎，當時他正要前往帝國飯店參加穩健派的一場聚會。某個人在飯店櫃台要求見豐田，豐田因此從會議中出來；當兩人談話告一段落後，十一名攜帶武器的壯士旋即圍過來恐嚇他。所幸警察趕到解圍，豐田毫髮無傷，事後警察還護送他回家。[74]

---

70 《朝野新聞》1890年9月13日；《讀売新聞》1890年9月14日。

71 Mason, "Changing Diet Attitudes," 98–99; Akita, *Foundations of Constitutional Government*, 77–81.

72 植木枝盛《植木枝盛日記》371–73；Japan Weekly Mail，1891年1月10日；《東京日日新聞》1891年1月8日，資料來源：鈴木孝一編《ニュースで追う明治日本発掘：憲法発布・大津事件・壮士と決闘の時代》（河出書房新社，1994），161。《東京日日新聞》文章之英文版，見Mason, "Changing Diet Attitudes," 99–100。

73 升味準之輔《日本政党史論：第2巻》，175。

74 Mason, "Changing Diet Attitudes," 101.

國會議員因此隨時戒備著。根據政治人物犬養毅的說法，在國會議場時，每個人都隨時準備在必要時掏出杖劍。當天會議結束時，每位議員的壯士都在帝國議會前待命。當他們看見主子從眾議院門口現身，便立刻趨前，護送他們離開。[75]

政府想將壯士驅離首都的企圖，到了一八九〇年代初期，似乎比在一八八〇年代末期更困難了。一月十三日，警視廳總監引用《保安條例》第四條，成功把六、七十名壯士驅離東京。然而，一八八七年，多數壯士只是撤退到附近的橫濱、川崎和神奈川。依據《郵便報知新聞》，仍有一千六百名壯士留在東京。[76]這個數字看似很高，但即使是《朝野新聞》在二月底引用的較保守數字，也顯示驅離行動的規模有限。根據該報，各黨常規任用一百五十一名壯士，數百名壯士附屬於特定政治人物，還有臨時雇用的壯士。[77]

比這些曖昧數字更清楚的是，即使有這些打壓行動，壯士活動依然活躍，甚至在國會議事堂的大廳也不例外。國會議員井上角五郎反對削減預算，二月十四日，他在眾議院中午休息時間前往餐廳時，被人用鐵棍擊中右臉。他奮力將那名年約三十的壯士壓制在牆，直到警察趕到。[78]而國會議員尾崎行雄也記錄了一大串的負傷政客名單，說明了壯士攻擊事件的頻繁：

> 看見國會議員全身包紮地來到議院，並不是什麼不尋常的事。犬養（毅）君的頭部受傷。島田三郎君數次遭受攻擊，傷勢嚴重。高田早苗君被人用劍從背後砍傷，刀刃幾乎及

> 肺；要不是他身材胖了一點，可能當場斷命。河島醇君、植木枝盛君和井上角五郎君全都在不同時間被襲擊，來到議場時，身上都以繃帶包紮。末松謙澄君被人從旁聽席丟擲馬糞。議員同志經常在議場互毆，這裡淪為一處極其暴力的場所。[79]

在一次眾議院議場，中村彌六在犬養毅的臉上揍了一拳，指他收受賄賂，所以沒有投票。[80]

壯士的普遍有多種解釋。其中一種思維是，肢體暴力是政治遊說的有效工具；確實，由於議會政府中的參與者（目標）人數相對少，暴力便具影響力。這種情況創造了一種保護的需求，而且也創造了一項事實：一旦壯士成為政治角力中不可或缺的一環，特意迴避他們反而危險，甚至不利。如此形成的政治暴力文化，使得肢體暴力被廣泛接受為標準作法，又因為缺乏一系統性

75 升味準之輔《日本政党史論：第2卷》，176。

76 Mason, "Changing Diet Attitudes," 103–4；*Japan Weekly Mail*，1891年1月17日。

77 這篇文章的來源，以及為什麼這些數字如此精準，原因不明，所以這些數字不應該被解釋成絕對可信。報紙揭載各政黨的壯士：自由黨一百零三人、國民自由黨四十二人、改進黨六人、大成會〇人。文章中也提供特定政客的壯士，如大井憲太郎五十人、星亨三十人、尾崎行雄兩人。《朝野新聞》1891年2月20日。

78 Japan Weekly Mail, February 14, 1891.

79 Ozaki, *Autobiography of Ozaki Yukio*, 130.

80 同前註。

圖2.2
壯士在帝國議會出入口留意國會議員進出。
圖片來源：The Graphic，1893年4月15日。

地的問責機制，這樣的文化便延續了下來。此外，由於全國僅百分之一的人能在投票所表達他們的聲音，政客根本不必向廣大民眾解釋他們的作法。即使選民基礎擴大，人們也不清楚要如何利用選票，抗議這種全面展現的政治行為。

國家暴力與第二屆眾議院議員普選

一八九二年，原本已充滿暴戾之氣的氣氛，因為日本歷史上第二屆眾議院議員普選時國家武力的動用而雪上加霜。由於明治政府——更確切的說，是松方正義內閣——對於民黨在國會中占多數，以及他們反對預算的立場，政府決定用盡各種可能的暴力形式，阻止民黨候選人參選，為吏黨贏得多數席。這項計畫的操盤手是內務大臣品川彌二郎，他是來自長州的前志士，曾經在吉田松陰的私塾學習過。明治維新後，他在歐洲待了六年，一八八二年被任命為農商務大輔；一八九一年成為內務大臣之前，他還成立了海運會社。品川對地方政府下達的指示命令缺乏明確的說法，但是，為了阻礙民黨候選人當選，實際執行了多種手段。警方對轄區內的商家施壓，要求他們投票給吏黨候選人，並逐戶個別拜訪投票人，改變他們的投票意向；警方也會與民黨壯士大打出手；而且，他們還會與吏黨壯士一起在投票日當天阻礙選民前往投票所。另外還有其他形式的「選舉干涉」，如後來為人所知的，非武力的威脅：買票、選擇性辦案，尤其是和新聞出版相關的事情上。[81]政府雇用壯士不是新鮮事，但是，一八九二年選舉時的吏黨壯士人數，比前幾年任何政爭時的人數還多。[82]這種情況，加上警方過度擴權恐嚇投票人，結果造成極為暴力且混亂的第二屆眾議院議員普選——在新一任眾議院議員選出之前，已有二十四人死亡、三百八十八人受傷。[83]

---

81 高橋雄豺《明治警察史研究》（令文社，1963），221–23、225–26、264–75。並非所有的松方內閣閣員都支持選舉干預；伊藤博文即是態度保留者之一。見 Akita, *Foundations of Constitutional Government*, 99–100。

82 一八九二年選舉前幾年，犬養毅就談過民黨政治家多麼恐懼被政府雇用的壯士毆打。一八九一年一月七日，刊登在《朝野新聞》上的一篇文章區別了揮舞棍棒的民黨壯士，以及揮舞刀劍的吏黨壯士。（報紙可能也評論了揮刀劍的警察之暴力行為，稱他們為「壯士」。）升味準之輔《日本政党史論：第2卷》，176；《朝野新聞》1891年1月7日。

83 佐賀県史編纂委員会編《佐賀県史（下卷）近代編》（佐賀県史料刊行会，1967），117。依據尾崎行雄回憶，報導的許多縣市都傳出壯士活動——枥木、茨城、富山、愛知、滋賀、三重、奈良、兵庫、香川、福岡、熊本、宮崎、鹿兒島等——最嚴重的當屬九州的佐賀縣及四國的高知縣。[84]佐賀縣有九十二人受傷，是全國最多的，且有八人死亡，在全國居次。高知縣死亡人數高達十人為最多；受傷人數居次，為六十六人。[85]這兩個縣的傷亡人數最高，部分是因為當地是兩個最重要的民黨誕生地——自由黨最初由高知人（土佐藩）板垣退助成立，改進黨則是由來自佐賀的大隈重信所成立。因此，這兩個地方是壯士活動的溫床，也許因為如此，尤其成為政府干預選舉的目標。[86]改進黨政治人物尾崎行雄曾評論佐賀警本部長如何「私自指示部下，付錢給街上三教九流的惡棍和暴徒，去威脅良民。他指示這些人對那些不投票給吏黨的選民亮出刀劍，不用遲疑。」[87]暴力也因為源自此地、特別在附近活動的玄洋社而更加惡化。該組織在這次選舉中，決定背叛先前的民權運動聯盟，改弦易轍，與政府站在同一邊。松方正義內閣的承諾與民黨的願望相左，他將推動增加軍事支出，此舉受到玄洋社的歡迎，畢竟比起本國的自由主義，玄洋社如今對激進的外交政策更感興趣。因此玄洋社大舉為吏黨拉票，召集附近地區的壯士力量，動員礦工和前武士，並與極道老大結盟。[88]

特別是在佐賀與高知，當然在日本全境也一樣，暴力的規模遠比一八九〇年選舉時更大。據說在這之前，即有壯士四、五人一組成群拉票，這是標準作法；如今一百或更多人一組拉票，也是家常便飯。例如在高知，超過一百名吏黨壯士在一月二十九日上午集結在佐川村，煽動自由黨壯士火拚。一篇報紙文章指出，武裝的兩名警部（初階警官）和四十名巡查驅離了混亂中的一群人，只是不清楚警方是否以相同的力道驅散雙方，或者和吏黨壯士站在同一陣線。[89]隨著二月十五日選舉日逼近，在競選場合中活躍的壯士人數愈發增加。在高知縣幡多郡，有一千三百名民黨壯士迎戰一千名吏黨壯士，導致一場「大騷動」；在另一個村裡，八百名壯士被教唆來加入一場進行中的群架，官方派了十一名警官和五名憲兵隊來壓制。[90]另一次事件中，兩千名自由黨壯士對《高知日報》報社丟擲石塊，之後有二、三十名武裝憲兵隊追趕他們。[91]憲兵隊和陸軍部隊表面上被派遣到高知維持秩序，但是自由派政治人物尾崎行雄宣稱，憲兵隊和陸軍部隊對民黨多所

死亡人數為二十五人。Ozaki, Autobiography of Ozaki Yukio, 128。

84 《読売新聞》1892年2月13、15–17日；《東京日日新聞》1892年2月17、18日；高知県編《高知県史：近代編》（高知縣，1970），231。

85 死亡人數最多的是高知縣（10），其次為佐賀（8）、福岡（3）、千葉（2）、熊本（1）。受傷人數最多的是佐賀（92），其他還有高知（66）、福岡（65）、千葉（40）和熊本（37）。佐賀縣史編纂委員會編《佐賀縣史（下卷）近代編》，117。

86 島津明〈本朝選舉干涉史〉《人物往來》（1995年3月號），50。島津明並未指出政府刻意針對這兩個縣。

87 Ozaki, *Autobiography of Ozaki Yukio*, 128.

88 石瀧豐美《玄洋社發掘》，154–55；都築七郎《頭山満：そのどでかい人間像》，161；Norman, "Genyōsha," 276。

89 《読売新聞》1892年2月5日。

90 《東京日日新聞》1892年2月17日；《読売新聞》1892年2月17日。

91 《東京日日新聞》1892年2月17日。

威嚇。[92]眾多壯士亦集結在高知外圍。而在本州對岸的宮崎，有三百名吏黨壯士在本庄村以丟擲石塊干擾一場民黨的公開集會。[93]

比起一八九〇年的選舉，這次的暴力情勢更是緊繃，甚至不只是暴力行為，已到了謀殺的地步。二月四日，同樣在高知，一名自由黨壯士在幡多郡的一個村裡殺了吏黨壯士菊池儀三郎。[94]一星期後，吏黨在高岡郡的另一個獨立事件中，殺了自由黨壯士。在北原村，一名吏黨壯士刺死兩名自由黨壯士；而在岩野村，另一名壯士殺了一名自由黨壯士而遭到逮捕。[95]同樣在高岡郡內，四名吏黨支持者在二月十四日晚上慘遭殺害。而在吾川郡，自由黨壯士則遭到一百五十名壯士包圍並攻擊；兩名自由黨壯士死亡，一名檢察官和一名法官被派往調查。[96]《國民之友》雜誌評論這些暴力事件的規模，譴責殺人是野蠻行為，不僅令高知縣的人民、警察與知事難堪，也讓外國人眼中的日本人更是難堪。[97]

恐嚇選民的企圖持續到選舉日當天，這場選舉因為壯士擋路、在投票所鬧事而蒙上陰影。在石川縣，有吏黨壯士駐守在一處投票地點，攻擊可能的民黨支持者，又在另一處投票地點的前面點火，阻止選民投票。恐嚇選民的情況，在動員憲兵的東京也很嚴重，這些憲兵提供穩定投票環境的同時，無疑也平添了緊張的氛圍。在第一選區，幾百名憲兵駐守著麴町區役所的投票所。憲兵隊員守在入口處、區役所大門的左右以及從半藏門往麴町大馬路的兩旁。選民大約早上六點就開始排隊，等著九點開始投票，最後，警官似乎在保護選民免遭門外拉票的壯士肢體攻擊方面，相對較有成效。然而，這天還是發生了數起攻擊事件。上午八點十分左右，一名在區役所前剛下三輪車的選民，就被一名壯士毆打，該壯士後來被巡查逮捕。十點左右，一名岡山縣縣民用劈柴刀攻擊了某個楠本候選人的支持者；他被憲兵逮捕，帶往憲兵司令隊，後來在東京地方裁判所接受審問及拘留。大約十點半，一名投完票的選民離開區役所大門時，他搭乘的三輪車被兩名壯士攻擊，後來被憲兵逮捕。[98]整體而言，雖然憲兵隊在維持秩序方面相當有效率，仍無法保證投票者的安全，或者保證投票過程順利進行。

票匭的安全也是選舉日的重點。有鑑於民黨與吏黨的互不信任，我們不清楚誰有能力，或者實際受到信任得以保護票匭。在其中一個案例中，據說由某個佐藤隊長和十四名憲兵看管一個票匭，但同一選區的另一個村，據說至少有三千名自由黨壯士確保票匭的運送安全。[99]政治人物尾

92　Ozaki, Autobiography of Ozaki Yukio, 127–28.
93　《讀売新聞》1892年2月15日。
94　同前註，1892年2月5日。
95　同前註，1892年2月12日。
96　《東京日日新聞》1892年2月17日。
97　《國民之友》1892年2月13日。
98　《讀売新聞》1892年2月16日。在另一起發生在立川的事件，民黨壯士帶著裝滿刀與竹槍的推車到一處投票所，而吏黨壯士企圖蓋住附近的一個水井，讓他們不能取水，想要「餓死」他們。佐藤孝太郎《三多摩の壯士》，30–31。
99　《東京日日新聞》1892年2月18日；村野廉一《村野常右衛門傳》，203。

崎行雄曾回顧票匭的不安全，並注記：高知縣第二選區得進行第二次投票，因為一群匪徒挾持了原始選票。[100]而在高岡郡，約有一千名吏黨壯士企圖偷走票匭，因而和自由黨爆發口角。[101]在東京千住投票所內，也發生了一名壯士抱走票匭的事件。

在佐賀縣，暴力牽連甚廣，延伸到投票所以外的地區，以至於投票必須終止，並延期舉行。[102]在特別騷動的三根郡，人數約一千的武裝民黨壯士分隊出發，與吏黨壯士大打出手，甚至襲擊警察署。由於鹿兒島湧進五、六十個流氓，白石同樣成為壯士活動的溫床。該縣其他許多地方，以及從鄰近熊本和鹿兒島縣的憲兵隊和警察隊都被派遣過來，在多個衝突地點維持秩序。[103]

最終，選舉干預證明對明治政府，尤其是對松方內閣來說，付出太大的成本。政府威嚇手法之膽大妄為及規模程度，在閣員之間反而造成分裂，例如反對干預行動的農商務大臣陸奧宗光、遞信大臣後藤象二郎，對上贊成這項作法的閣員。內務大臣品川本身則毫無愧疚，至少在尾崎行雄的印象裡，品川相信自己做了最符合國家利益的事：

> 當臨時普選展開之際，余身為內務大臣，盡吾等權限支持皇家軍的選舉，不惜犧牲那些若再度當選，可能會危害國家安全維繫之人。將來余任公職期間再遇到相似的場面，余向神明發誓，仍會做任何必要之舉，撲滅破壞的力量。[104]

來自松方政府內部逐日升高的壓力，最終迫使品川於三月十一日辭職。不過，決定品川命運的，是選舉干涉後難堪的失敗——民黨在眾議院仍然維持多數，拿下一百六十三席，而吏黨只拿到一百三十七席。五月新國會一召開，民黨就為政府的錯誤行徑尋求報復與正義。[105]民黨的奔走得到貴族院的支持，並通過一項決議，譴責政府引發人民怒火：

> 官吏干預這次選舉，已引起人民的憤怒，並造成流血傷亡。此事如今眾目所視、眾夫所指。全國各地皆因官吏的選舉干涉忿忿不已，而且對其充滿敵意。[106]

---

100 Ozaki, *Autobiography of Ozaki Yukio*, 128.

101 《東京日日新聞》1892年2月18日。

102 同前註，1892年2月17日；島津明〈本朝選舉干涉史〉，50。尾崎行雄只注意到佐賀第三選區延期，當投票繼續時，有三分之一的選民棄權。Ozaki, *Autobiography of Ozaki Yukio*, 128。

103 《東京日日新聞》1892年2月17日；《読売新聞》1892年2月17日。

104 不確定這段由尾崎提供的引文是否一字不差，尾崎的政治傾向對品川的評價是負面的。Ozaki, *Autobiography of Ozaki Yukio*, 132–33。

105 有些人對明治政府的惱怒，在一八九二年之後仍存在。民黨壯士島田研一郎稱吏黨壯士為「無賴」，對於他們對民黨（在他們眼中是正義之士）的攻擊多所批評。島田研一郎《うき草の花》（羽村市教育委員會，1993），314–15；原作寫於1894年6月3日與1896年3月17日之間。

106 Ozaki, *Autobiography of Ozaki Yukio*, 134.

眾議院緊接以一百五十四票對一百一十一票通過一項決議，促請「內閣閣員宜深切反省，並且在其被授予的權限下，採取適切的行動。」[107]松方內閣苦撐了幾個月，未想陸軍大臣和海軍大臣相繼辭職成為最後一根稻草，一八九二年八月，松方內閣終於垮台。[108]

警方也發現自己因為與內閣緊密合作，成為眾矢之的，而且貪污腐敗的指控引發討論警察機構改革的聲浪，要求他們從其他政府機關獨立出來。[109]警察濫用職權的行為包括偏袒吏黨壯士，似乎優待他們免除懲罰。例如玄洋社壯士不僅應該為違反《選舉法》受罰，他們也犯了一八八〇年的《刑法》；在這部《刑法》下，所有以下行為都是違法的：殺人（第二九四條）、大小暴行（第二九九與三〇〇條）、恐嚇殺人或縱火（第三二六條），以及縱火（第四〇二條）。然而，因為內務大臣允許玄洋社壯士行為的正當性，以及他們與當地官員和執法人員的合作關係，結果玄洋社壯士似乎並沒有因為這些違法行為遭到逮捕或懲罰。[110]

選舉干預所言明的，不只是警察的違法亂紀，也說明了他們的弱勢，這至少可從兩個角度來看。若警察的總體目標是防止民黨候選人勝利，那麼，選舉結果本身就指出警方並未達成目標。民黨的勝利有數不清的解釋和理由：或許反應了人民對政府暴力的蔑視、對更普遍政治參與的支持，或者是民黨壯士威脅選民的能力。不論是哪一種情況，警察確實無法威嚇足夠的選民，把票投給吏黨候選人。若警察的目標之一是維特秩序、控管民黨壯士，他們在這方面也是成效不彰。畢竟民黨壯士在競選活動期間以及投票日都很猖獗。對於逮捕的壯士人數似乎沒有明確的數字，而當暴力情況過度時，大部分的報告都只提到調查，或者短期的拘禁，並沒有實際逮捕、審判或者監禁成群壯士的情形。

一八九〇年代後來的選舉並未免於壯士暴力的干擾，雖然其程度已不及一八九二年那次選舉的高峰。部分原因是因為一八九二年六月底的新法律《壯士取締規則》奏效，這條法律促請民眾向警察舉報恐嚇威脅民眾的壯士行為。[111]更重要的原因是，政府決定避免任何可能的權力濫用，至少暫時如此。政府的節制或許可解釋為大眾的批評聲浪、過去的干預導致的內部緊張以及新任內務大臣個人的信念。內務大臣井上馨原本就反對干預一八九二年的選舉，在兩年後的普選中，他

107 同前註。完整決議文，見自由黨黨報《選舉干涉問題之顛末》（自由党党報局，1892），86。

108 Ozaki, *Autobiography of Ozaki Yukio*, 132–35；Akita, *Foundations of Constitutional Government*, 98–101；高橋雄豺《明治警察史研究：第3卷》，290–97。

109 高橋雄豺《明治警察史研究：第3卷》，315。

110 刑法中有些條款允許模糊地帶，這也許可以解釋為玄洋社的優勢。例如在兩人以上的鬥毆中，若無法判定何者為起事者，雙方都不需要受到懲罰（第310條）。正當防衛的概念也可以拿來引用（第309條）。現代法制資料編纂会《明治「舊法」集》（國書刊行會，1983），34、35、37、44。

111 木村直惠《「青年」の誕生》，112–13。壯士活動在一八九二年選舉後，似乎減少許多，但是選舉過後的那幾個月，仍持續有零星的壯士暴力，包括熊本一次不平靜的選舉，以及一起對國會議員的襲擊事件。可參照《朝野新聞》1892年8月23日；*Japan Weekly Mail*，1892年9月10日；同年10月8、16日；同年11月26日。

特別留意抑制這類行徑。[112]儘管如此，三月一日投票日前的幾個星期，壯士攻擊與鬥毆仍在全國多個地區上演。這些事件包括不定點一、兩名壯士，到數十名，偶爾上百名壯士聚集，而且距離選舉日愈接近，事件發生的頻率愈高。在諸多壯士暴力的通報中，可見以下這些暴力行為：在茨城縣造成數人傷亡；在崎玉縣干擾地方議會選舉並亮槍；在群馬縣傷及政治演說者；在千葉縣恐嚇反對自由黨的民眾；在長野縣攻擊參加競選活動者；在栃木、奈良和名古屋傷害數人；在靜岡闖入改進黨選舉辦公室；在東京與愛知以前額撞擊他人頭部；在岡山擾亂一場演講；在新潟與三重出沒；在神戶與岐阜對投票人動粗。[113]通報中也有提到和博徒的口角、企圖買票以及一些壯士被捕的情事，雖然不清楚他們是否因為自身的暴力行為遭到起訴或處罰。尾崎行雄描述了壯士不斷現身的情形：「兩方陣營各自派他們（「暴徒」）出來恐嚇選民，把選民從投票區趕走，或者用未裝填子彈的手搶恫嚇選民，善用狡獪的手法，彷彿他們是小型戰役裡的戰士。在某一選區的選舉往往發展成這些派系之間的競爭，而（在尾崎的看來）雇用他們的那一方，通常有效贏得選戰。」[114]

一八九四年第三屆眾議院議員普選後有一短暫時間，選舉暴力似乎有所消退，或說較未受注意，主要原因是日清戰爭爆發。由於整個國家為戰事動員，早期普選的緊張態勢此後暫時緩和了數年。然而，暴力行為仍然存在。一八九七年十二月中旬，自由黨在東京召開代表大會，壯士活動持續了好幾天。在一次意外事件中，刑事警察與壯士在一場自由黨青年會議上爆發衝突，迫使警方派出一百名警力到場，爭吵過後，拘留了這次集會的主辦人。在場的有一館幹部抵抗警方壓制，造成數人受傷。[115]此外，一八九八年一月的第五屆眾議院議員普選，崎玉縣第五選區的一場集會，也因為發現禮堂被放置爆裂物而中斷。[116]

類壯士的選舉暴力，並非明治中期日本所獨有。十八世紀末的英國，為了企圖搜括票源，選舉詐騙升高至暴力程度，以至於「到了一七七六年，暴力的使用似乎成為被認可的選舉操作，而大選區選舉的特色，即是雇用大批的流氓與打手。」[117]即使數十年後，到了十九世紀初期及中期，流氓或「職業打手」，如吉普賽人、拳擊手和粗工盡皆受雇騷擾對手、製造混亂。一八三〇年代的科芬特里（Coventry），這些「霸凌者」可得無限暢飲和每日五先令的報酬。一八六七年伯明罕的議員補選時，據說鎮上「被騙子、職業拳擊手和小偷占領。」[118]恐嚇與暴力如此盛行，

---

112 高橋雄豺《明治警察史研究：第3卷》，322。

113 《東京日日新聞》1894年2月6、8、10、11、13、20、24、27、28日；同年3月1–3日；《読売新聞》1894年2月16–18、27日；同年3月2、3日；《大阪每日新聞》1894年2月18、28日。

114 Ozaki, *Autobiography of Ozaki Yukio*, 147.

115 《大阪每日新聞》1897年12月16、18日。

116 《読売新聞》1898年2月2日。

117 David C. Rapoport and Leonard Weinberg, "Elections and Violence," in *The Democratic Experience and Political Violence*, ed. David C. Rapoport and Leonard Weinberg (London: Frank Cass, 2001), 29.

118 K. Theodore Hoppen, "Grammars of Election Violence in Nineteenth-Century England and Ireland," *English Historical Review* 109, no. 432 (June 1994): 606.

出門投票被視為一件危險的事。如歷史學者兼政治人物喬治・格羅特（George Grote）在一八三八年評論的：「在無數的情況下，人們感覺選舉權是令人憎惡的負擔；如果有任何人懷疑這一點，拉票過程中的痛苦經驗和難堪的應答，便足夠教會他這一點。」[119]

根據歷史學者西奧多・霍潘（Thodore Hoppen）的說法，選舉暴力之所以一直存在著，是因為在這些年裡，大眾對肢體暴力的容忍度勝過對賄賂的容忍度。某些文學界人士的態度也是如此。例如政治家兼作家班傑明・迪斯雷利（Benjamin Disraeli）在他一八四四年的政治小說《科寧斯比》（*Coningsby*）裡，寬容地描述這些「被雇用的幫派分子」：「（他們）是行政區裡所有小搗蛋的安全閥，每個人收幾先令，做些象徵性的工作，然後盡情暢飲……他們收受賄賂、組織化後，進入平穩且清醒的世界。」[120]迪斯雷利幾乎是暗指這些幫派極其正面的社會角色，亦即他們不但是「安全閥」，也能嚴加管控流氓。

選舉暴力在十九世紀的美國也時有所聞，尤其是在較大的城市。紐約的第六選區涵蓋惡名昭彰的五點區（Five Ponts）[121]，這裡正是以野蠻政治聞名，整個城市也差不多如此。例如一八四四年總統大選時，名叫以賽亞・「艾克」・賴德斯（Isaiah “Ike” Rynders）的人組了一個「帝國俱樂部」（Empire Club）恐嚇投票人，要他們把票投給民主黨的詹姆斯・K・波爾克（James K. Polk），而不要投給惠格派（Whig）的對手亨利・克雷（Henry Clay）。帝國俱樂部由職業拳擊手和「四肢發達的人」——典型的「肌肉男彪形大漢」——組成，他們沒有固定的工作，成天賭博、交際、拳擊和賭馬。選舉日當天，賴德斯和他的手下仗著武力加上威脅恐嚇，阻擋惠格派人士投票。此後，賴德斯與帝國俱樂部就成為紐約政治的固定角色，擾亂政治集會、挾持民主黨政治機器「坦慕尼協會」（Tammany Hall）的會議。這些並不是選舉最早出現的暴力問題；一八三〇年代初期，就已經有聲名狼籍的選舉暴動，而鬥毆（通常有街頭幫派介入）在整個一八四〇年代與五〇年代，更是家常便飯。[122]

暴力策略也用於紐約市以外。巴爾的摩這個在美國內戰前選舉暴力特別嚴重的地方，政治性幫派以「血缸」（Blood Tubs）、「醜高禮帽」（Plug Uglies）等暱稱來操弄選舉。冠以血缸的名字，是因為他們會「從水桶或水缸裡取血」，潑灑到第一選區選民的身上。[123]而「醜高禮帽」則

---

119 Charles Seymour, *Electoral Reform in England and Wales: The Development and Operation of the Parliamentary Franchise, 1832–1885* (1915; reprint, Newton Abbot: David & Charles, 1970), 187.

120 Hoppen, "Grammars of Election Violence," 609.

121 譯註：以愛爾蘭移民幫派聞名，稱為「五點幫」（Five Points Gang）。

122 Tyler Anbinder, *Five Points: The 19th-Century New York City Neighborhood Th at Invented Tap Dance, Stole Elections, and Became the World's Most Notorious Slum* (New York: Free Press, 2001), 27–29, 141–44, 153–58, 277, 321。街頭幫派也引起後來所稱的「暴動」，當中最有名的是一八五七年的「鮑威利男孩暴動」（Bowery Boy Riot）。見 Anbinder, Five Points, 277–96.

123 Richard Franklin Bensel, *The American Ballot Box in the Mid-Nineteenth Century* (Cambridge: Cambridge University Press, 2004), 170.

是取自巴爾的摩、紐約以及費城地區一種對「硬漢或粗人」的俚語。[124]這些幫派成員在投票日當天，站在投票口前面，逼迫投票人亮票給他們看，然後再決定要堵住他們的去路，或是讓他們離開。[125]投票所通常位在酒館和馬車行，肢體恐嚇因為這裡免費提供的酒而更加嚴重。不論是投票的略施小惠還是賄賂，酒精使投票窗外的地方，變成「一種酒精節慶，許多男人明顯醉了，而且醉態百出。」[126]

暴力通常是阻擋人們投票的一種計畫，而對於同意把票投給某位候選人的選民，則會提供保護。[127]在南北戰爭前的費城，幫派分子會堵住特定選民，並保護票匭，避免票匭被挾持，並以此得些好處。[128]警察的脅迫也時有所聞。在芝加哥，警察是為民主黨工作；一八九四年的選舉中，他們在投票日的前一天綁架了二十五名共和黨員，留置他們直到投票結束。[129]恐嚇選民的行為如此猖獗，在一八八四年一份中西部的報紙中報導，「幾乎在美國各地，投票是件艱鉅的任務，伴隨著個人的風險。每個愛好和平的個人或家庭，無不害怕選舉日的到來。」[130]在一八七六年惡名昭彰的拉瑟福德．海斯（Rutherford Hayes）對上薩謬爾．泰爾頓（Samuel Tilden）的總統大選中，暴力威脅在四個州裡蒙上一層陰影，這四個州的選舉人票非常競爭。因為海斯拿到比泰爾頓少的普選票卻贏得總統選舉，增加了選舉結果的不確定性。[131]

這類的政治暴力在這些背景下——日本、英國與美國——都因選舉本身的現象而相形惡化。如政治學者大衛．拉波波持（David Rapoport）與里奧納德．溫伯格（Leonard Weinberg）所指出的，選舉活動中，候選人與投票人的曝光度，導致他們容易成為箭靶。而且，選舉的本質就是具競爭性的，是政治繼承的爭議時刻。[132]

暴力行為在這三個國家存續下來，都有類似的原因，改革則是經過數十年緩慢地建立。缺乏公正機關統籌選舉事務，容易引來各式各樣的違紀濫權，就像美國的巡警，他們根據自己的政治理念動用公權力，或者像明治政府在第二屆眾議員普選時的動員一樣。[133]美國政府於是投入改革都市警力，將他們從地方政治中分隔開來，這項工作花費了數十年，英國建立專業警力的過程亦

124 同前註。
125 同前註，171–72。
126 同前註，20–21。
127 Rapoport and Weinberg, "Elections and Violence," 29–30.
128 Peter McCaff ery, *When Bosses Ruled Philadelphia: The Emergence of the Republican Machine, 1867–1933* (University Park: Pennsylvania State University Press, 1993), 13.
129 Rapoport and Weinberg, "Elections and Violence," 38.
130 同前註，19。
131 同前註，30。
132 同前註，19、21、31。
133 選舉期間在美國大城市的巡警活動，見Robert M. Fogelson, *Big-City Police* (Cambridge, Mass.: Harvard University Press, 1977), 19–20, 34–35。

然。[134]建立一選舉舞弊的懲罰機制更是曠日費時。在一八七〇年的美國，國會賦予聯邦官員對選舉的司法權，而且只限於國家級公職的選舉。聯邦選舉督察的存在，確實避免了類似在紐約第六區出現的重複投票，卻似乎鼓勵了另一種「作票」的策略。[135]在英國，自一八六八年起，掌管舞弊調查的是法官，不是選舉委員會，而選舉爭議則於一八八三年從國會移轉到法院。[136]要讓投票更安全，也需要時間。十九世紀末，美國與英國開始採行祕密投票的方式，這項措施對買票和暴力脅迫選民，產生重大的影響，因為流氓與那些雇用他們的人不再能查核他們的投資是否確實有回報。[137]最重要的是，選區擴大是一個漸進而且較勁的過程，使得威嚇選民難上加難。

因此，政治暴力行為持續存在的現象，不是日本獨有的，而且比起其他地方，暴力毒害選舉的期間，在日本反而沒有那麼久。警察在處理選舉時的偏袒與妥協，以及地方老大政治的影響等，這些挑戰跨越國界。日本案例不同之處在於，壯士到了二十世紀仍出現在政治界，但是在英國與美國同步出現的選舉暴力，此時已逐漸消失。這基本上屬於時序問題：日本成為立憲政體、實施政黨政治與改革是較晚近的事。改革者在相同的情境下可能有不同的動機；日本早期的重心和自由主義者一樣，是受到商業與工業利益驅動，缺乏同時期美國本土主義的背景。[138]然而，日本也處在建立祕密投票（一九〇〇年後實施）與擴大投票（一九二五年實施男性普選）的過程之中。當一八八九年原始的《選舉法》在一九〇〇年、一九一九年、一九二五年和一九三四年的一系列新選舉法中改革時，選舉競選法、違法行為罰責以及選區調整這些議題，也都同時提出並討論。[139]

特別是選舉暴力的時間軸延伸到二十世紀，影響了流氓與暴力行為在日本採行的道路。日本與英國和美國案例的歧異點，大多可以用壯士及其暴力，以及二十世紀初最重要的現象彼此交會來解釋，這些現象包括激進的帝國主義、社會主義運動、排外的沙文國家主義與法西斯主義等。

以長遠角度來思考暴力行為，讓我們回到這個顯然很複雜的問題：壯士暴力是否「籠罩」、玩弄，或者搖動了明治民主？壯士在議會政治的普遍性，反映了國內政治景象的歧異，並且指出明治時期的政治——尤其是政府的政治影響力範圍——有強烈的歧異及爭論，這在一個民主國家中是健康的。然而，隨著壯士愈來愈不屬於政治活躍分子，比較像是職業流氓，他們就不受民主衝動（對於人民與民主革命、組織的權利，或是民權的渴望）所驅使，他們因而對暴力更食髓知

134 Rapoport and Weinberg, "Elections and Violence," 39.

135 Anbinder, *Five Points*, 326–27.

136 Seymour, *Electoral Reform*, 233; Rapoport and Weinberg, "Elections and Violence,"39.

137 John F. Reynolds, "A Symbiotic Relationship: Vote Fraud and Electoral Reform in the Gilded Age," *Social Science History* 17, no. 2 (summer 1993): 247; Seymour, Electoral Reform, 233.

138 美國的本土主義與選舉改革，見Reynolds, "Symbiotic Relationship," 246; Fogelson, Big-City Police, 42。

139 關於這些選舉法，見林田和博〈Development of Election Law in Japan〉《法政研究》第34卷第1號（1967年7月），98–101。1925年的法律，見Harold S. Quigley, "The New Japanese Electoral Law," *American Political Science Review* 20, no. 2 (May 1926): 392–95。

味，至少對某些理論家是如此。[140]一八九〇年代的大陸浪人當然不是被自由或民主議題所驅動。最後，暴力可能造成不民主的後果。這似乎在大陸浪人的案例中尤為明顯，因為他們的暴力行為與他們主戰、建立帝國的計畫綁在一起。至於壯士，我們大膽提出一種和事實不符的歷史不確定性，但可能還算公平地說法：壯士藉著在競選期間和演說場上恐嚇選民、製造恐怖氣氛，限縮了人民的政治參與。他們在政治表達場合展現的暴力，可能關上了爭論與意見交換可能性的大門。此外，他們的存在使政治角力場變得不公平，只對那些有足夠財力雇用較多壯士的政治人物有利。

壯士尤其助長了一種政治暴力的文化，可能撼動了日本民主經驗的核心。政治學者維多・路凡（Victor Le Vine）曾經說：「政治暴力確實會招致政治暴力……最終到一個政治暴力文化成形的狀態，因為如此，民主垮台是有可能的。」[141]在日本，政治暴力的文化還不到民主解體勢不可免的地步，但確實展現了「民主崩壞的可能性」，造成暴力與民主之間的緊張關係。這層關係是下一章的主題，討論的焦點將放在二十世紀最初十年到一九二〇年代——在這個時期，一種政治暴力文化與民主共存，且相互交織。

---

140 David E. Apter, "Political Violence in Analytical Perspective," in *The Legitimization of Violence, ed. David E. Apter* (New York: New York University Press, 1997), 3.

141 Victor T. Le Vine, "Violence and the Paradox of Democratic Renewal: A Preliminary Assessment," in *The Democratic Experience and Political Violence, ed. David C. Rapoport and Leonard Weinberg* (London: Frank Cass, 2001)，277–78.

第三章　暴力組織化與政治暴力的文化

一九二二年二月中旬，財經日報《中外商業新報》刊載了一系列分成三回的連載報導，預示了政治上一個「蠻勇堅韌的新時代」即將到來。標題為「代議士武勇列傳」，這篇報導強調政治生涯中體能的重要性，並且讚頌這些能踢善武的政治人物，不論是在議會毆鬥，或者是武術高手，例如柔道上的表現。當中兩篇文章的焦點是以拳腳工夫著稱的國會議員，例如來自奈良縣的津野田是重，據說他光是拔軍刀的動作，就能令一萬名敵軍噤若寒蟬；曾在一九一〇年代初期的選舉上砸毀票匭的綾部惣兵衛；中野寅吉，他的綽號是「暴力戰司」；來自三重縣的岩本平藏被稱為「阿修羅王」；還有身上刺青的小泉又次郎（未來的遞信大臣，也是二十一世紀初日本首相小泉純一郎的祖父），他曾企圖在一次國會議事期間痛毆一名議員同僚。[1]這一系列的第三回則

1 《中外商業新報》1922年2月17、18日。文中提到的，還有中島鶴六為柔道二段；福島縣選出的堀切善兵衛、大阪府選出的山口義一和三枝彥太郎、柔道初段的春日俊文、富山縣選出身手俐落的高見之通、大分的吉良元夫、愛知縣選出的舞田壽三郎、木檜三四郎、中野正剛。

把部分焦點放在內閣閣員身上，特別介紹受過武術訓練的閣員，說他們和東京一間知名的柔道道場「講道館」有些關聯。文中提及內務大臣床次竹二郎和文部大臣中橋德五郎對講道館的支持，而外務大臣內田康哉也因為柔道技能而備受讚揚。[2]

雖然有點誇大，然而，頌揚政治人生的體能，在某種程度上反應了暴力行為已經變成議會政治裡公認且常見的現象。壯士從一八八〇年代出現後，一直到一九二〇年代中期，都是一股政治勢力，持續以武力威脅、恐嚇與脅迫，企圖達成他們想要的政治結果。經過這數十年，壯士不僅存活下來，而且和政治體系愈來愈密不可分——二十世紀之交後，壯士更進一步組織化，進入政黨的體系，成為政黨院外團，或壓力團體的一部分。一九〇〇年代初期，院外團並不新奇。明治中期的自由黨從一八八〇年代起，就有院外團，並於一九〇〇年「立憲政友會」（以下略稱「政友會」）成立不久後，自由黨的院外團便加入政友會院外團。但是政友會院外團在組織上，比自由黨前輩更明確且複雜。當政友會在接下來數十年維持日本主要政黨之一的地位，院外團也保住其在政黨運作的一席之地，而且在政治上一直具有影響力。

暴力行為組織化融入政黨，是受到一種極為有力的永續循環邏輯和慣性使然，亦即任何一方都認為需要組織壯士團，與對手抗衡。就像是一八九〇年代的政治人物和政黨被迫雇用壯士來保護自己、對抗敵方壯士，二十世紀初的主要政黨如今有感於需要建立院外團，維持政治競爭力。換言之，一旦壯士成為各方政治角力的一部分，就很難在政治運作中擺脫他們。政客沒有想要與壯士分割開來的動機，而國家在主權未被挑戰的情況下，也容忍了暴力行為的存在。

因此，院外團反映、也協助造就了某種政治暴力的文化，在這種文化裡，暴力的使用被許多參與議會政治的人認為是一種可行的，至少是策略上可接受的方式。試想一八九〇年代初期在政爭和選舉中，多方已求助於暴力行為，便可知這種對暴力的擁抱並不是新鮮事。然而，在二十世紀的最初幾十年，隨著暴力成為政爭中結構根深柢固的武器，暴力在議會政治中大量湧現。

暴力行為組織化融入政黨政治的時間，正好是日本政黨政治達到高峰的時候，也是許多歷史學者認為日本民主蓬勃發展的時期。一九一八年，原敬成為第一位政黨出身的首相（內閣總理大臣），而非來自明治時期持續把持政權的貴族或藩閥。原敬也領導了一個多由黨員組成的內閣。一九一八至三二年期間，除了幾次例外，內閣的掌控權大多落在當時的兩大政黨手裡：「政友會」和「憲政會」，憲政會後來成為「立憲民政黨」（此後簡稱「民政黨」）。這個時期也見證了大量的民眾政治參與，包括草根力量，呼籲保護立憲政治並要求男性普選權。[3]

2 《中外商業新報》1922年2月19日。這篇文章讚賞原敬首相任命體魄強健的人才擔任閣員，也簡短提到貴族院裡以體能見長的議員如樋口誠康、若槻禮次郎等人。

3 關於一九二〇年代不同政黨輪替，見日本現代史研究会編《1920年代の日本の政治》（大月書店，1984）。關於這個主題的英文歷史學著作，見Sheldon Garon, "State and Society in Interwar Japan," in *Historical Perspectives on Contemporary East Asia*, ed. Merle Goldman and Andrew Gordon (Cambridge, Mass.: Harvard University Press, 2000), 155–82。

組織化的暴力行為以及廣泛的政治暴力文化，伴隨著這個充滿活力的民主國家，也引發了二十世紀前三十年，暴力與施行民主之間的問題。暴力打擊民主、削弱民主到什麼程度、暴力能促進包容性政治到什麼程度？另外值得關心的是，政治暴力文化是否如此深化，以至於變成一種毒素，慢慢地，而且必然地，侵蝕了日本民主核心的體制及運作？

自由黨院外團與其老大們

雖然自由黨早在一八八〇年代就有一支組織鬆散的院外團，在一八九〇年首次普選後，這個組織呈現出一種更為明確的形式。隨著國會開始運作，自由黨內身為議員的黨員（議員團）和那些非議員（院外團）之間，有了清楚的分野。然而，自由黨院外團沒有什麼向心力，其組成分子大多是與個別政客聯盟的壯士，而非與整個黨聯盟。換言之，院外團壯士的組成，並非任何黨員皆可運用的共用資源，反之，他們通常效忠特定政客。院外團壯士也可能成為內部權力鬥爭的卒子，當某個政客失勢，意謂著其他人可以試圖奪取對其壯士的控制。因此，自由黨院外團比較不是一個黨的組織，反而比較像是一個不同壯士團體的聯合，各自只為黨內最有力的政客服務。

星亨便是其中一例，我們在第二章提過他，因為他的強勢風格而得到「鴨霸亨」的綽號。星原本是一名律師，一八七〇年代在英國讀書，回國後在司法省工作。一八八一年自由黨成立時他便加入成為黨員，並在一八八五年大阪事件的審判中擔任辯護律師。在這次審判中，大井憲太郎是征韓論的謀畫人，即使星認為大井的自由派意識形態對他而言太過極端，仍為他辯護。[4]較溫和立場的星與較激進自由主義的大井之間的歧異，於一八九〇年底及一八九一年在兩人之間形成緊張態勢，致使星想要削弱大井在黨內的影響力。星的策略之一，便是撼動大井的權力基礎：「關東會」，這個以三多摩地區壯士為核心的團體。關東會為國會議員石坂昌孝所扶持，並為大井的「東洋俱樂部」的根基，鼓吹自由、自治、獨立和強國觀念。星說服石坂退出關東會，致使東洋俱樂部陷入混亂。[5]

星同時將目標鎖定在大井本人身上，限縮國會以外黨員（如大井）高於黨內當選代表的權力。星與自由黨的權貴板垣退助聯手，以一由黨代表為主導的「黨大會」，成功帶頭推動將決策權交付給黨的國會議員，藉此取代「常議員會」與「評議員會」，並且強化國會議員所組「代議士會」的決策權力。對板垣而言，此舉多少削弱壯士暴力，而他過去已對此表達過批評。然而，對星來說，這些改革較為策略性。一八九二年，當大井終於被逐出自由黨，勝利在握的星有恃無恐，吸納了對手的壯士。[6]

4　鈴木武史《星亨—藩閥政治を揺がした男》（中央公論社，1988），25–32，70–73。

5　佐藤孝太郎《三多摩の壯士》（武藏書房，1973），27–29。

6　鈴木武史《星亨》，104；佐藤孝太郎《三多摩の壯士》，26；色川大吉、村野廉一《村野常右衛門傳（民權家時這些壯士擴充了星過去數年所召募的壯士。一八九〇年十月，當星從國外旅行返國，一抵達橫濱，壯士便展現了對他的支持——在迎接他的人群中，他的壯士坐成一列歡迎他。[7]一八九二年，當星成功以來自栃木縣的自由黨候選人贏得國會席次時，他顯然已有自己的一幫壯士。在一次與選舉相關的事件中，他的兩名身帶杖劍的壯士傷了幾個選民，而且傷勢嚴重。[8]到了一八九四年，星的權勢如日中天，甚至得以召募數百名壯士。在這次競選活動中，約有四百名來自神奈川和崎玉縣的壯士前往栃木縣第一選區為他助選。[9]

星本人絕非優雅、彬彬有禮，他依舊充滿暴戾之氣，不是我們想像中的那個時代，在外國受過教育的律師那般。他和他的壯士沆瀣一氣，表現出一副暴力流氓的兇狠老大模樣。政治人物尾崎行雄完全被星的第一印象所震懾，以至於在自傳裡寫下他們第一次相遇的情形：

> 冷不防地，他（星）唐突地轉向我，連鞠個躬都沒有，就吼道：「嘿，你，你是尾崎君吧？我是星。」霎時，我大吃一驚。他像「博奕打の親方」（職業賭徒的老大）一樣看著我，完全不像是一名政治人物。[10]

誠然，尾崎與星的政治意識不同，雖然這可能說明了尾崎對星的一些人身攻擊——描述星是個「右手拿棍，左手拿錢」的人——但仍未偏離他對星毫不遮掩的訝異，他的行為舉止並不是傳聞中「紳士學者」那樣。[11]

星亨之所以能得到壯士的支持，尤其是三多摩壯士，是因為他和他們的組織者培養出的一層關係。其中一人是村野常右衛門，他是一八八〇年代極有權力的壯士領袖，後來在進一步鞏固院外團方面，扮演舉足輕重的角色。村野也是當時的民權運動分子，曾在三多摩地區成立一所名為「凌霜館」的學校，教導村裡的孩子；在這裡，村野研讀了約翰・斯圖爾特・彌爾（John Stuart Mill）的《政治經濟理論》（*Principles of Political Economy*），而下面即將提到的同僚森久保作藏則講授這位思想家關於法國大革命的著作。凌霜館也教授劍道，而且培育出許多大阪事件的參與者，以及那些在一八九〇年代初期第一屆帝國議會選舉中活躍的人才。村野本人因為參與一八八〇年代中期的大阪事件而入獄；在獄中，他閱讀邊沁（Bentham）、史賓塞（Spencer）和彌爾的

代）》（中央公論事業出版，1969），198–99；遠山茂樹編《三多摩の壮士》，資料來源：《明治のにない手（上）人物・日本の歴史11》（読売新聞社，1965），29、193。平野義太郎《馬城大井憲太郎傳》（風媒社，1968），266–72。

7 竹内良夫《政党政治の開拓者・星亨》（芙蓉書房，1984），88。

8 《読売新聞》1892年2月9、13日。

9 同前註，1894年3月8日。

10 Ozaki Yukio, *The Autobiography of Ozaki Yukio: The Struggle for Constitutional Government in Japan*, trans. Hara Fujiko (Princeton: Princeton University Press, 2001), 101.

11 同前註，175。

作品消磨時間。一八八八年九月村野出獄時，便決定要在政治上闖出名號；在接下來的十年，他訓練並組織了一支至少數百名壯士的部隊。他在一八九二年選舉時領導這些壯士，指揮他們保護特定的候選人及選民，免於敵方流氓的恣擾；村野最後被數十名縣警限制居家。在國會運作初期，村野成為大井憲太郎的關東會裡具有影響力的人物。[12]一八九二年，大井未能選上眾議院議員，接著離開自由黨，成立自己的政黨；村野便和他的壯士轉而投靠了星。

「壯士三羽烏」[13]中的最後一人是森久保作藏，其同僚村野形容他是「東京坦慕尼協會老大」。森久保的早期政治生涯和村野的經歷相似——他也因為在大阪事件中所扮演的角色（炸彈測試）而入監，接下來的十年涉足地方政治，擔任神奈川縣議員，一八九二年選舉期間他被拘禁在家，並成為關東會的重要人物。[14]森久保也支持星的政治事業，即使在星因為收賄而被逐出眾議院議長的寶座。[15]當星將力氣轉向將敵對的立憲改進黨勢力逐出東京，森久保著手籌畫並執行一項計畫，將三千名三多摩壯士安插在首都內各種不同的職位上，包括警官、教師、列車長，諸如此類。他也成立了「武藏俱樂部」，其位於有樂町的事務所，成為星在東京擴張勢力計畫的總部。[16]

森久保的重要性不只是壯士的調度者，也是影響這些青年意識形態傾向的人，激發他們心中的國家意識。國力一直是日本民權運動的一股潛流，對森久保以及對其他許多人而言，一八九〇年代中期的日清戰爭培養了一股對國家更深的使命與責任感。在這種情境下，森久保想要對戰爭盡一份心力；他提議在神奈川組織一支青年志願軍。當這項提議被拒，他於一八九四年十一月底展開一項行動，組成一支「軍夫團」，為軍隊提供勤務。自由黨在東京總部壯士學校有一館的內藤武兵衛接受了森久保的想法；一八九五年一月二十六日，一支名為「多摩組」的軍夫團正式成立。這支隊伍共計四百三十二人，其核心成員是約一百六十名來自三多摩地區的壯士。指揮官中有多人來自有一館。如森久保所希望的，那些在多摩組的壯士確實有機會為他們的國家服務。這支隊伍後來被派往台灣，他們在當地遭遇艱困的環境與疾病（主要是霍亂）——從一八九五年三月到六月期間，隊伍中的一百零一人因疾病而不幸身亡。[17]

12　色川大吉、村野廉一《村野常右衛門伝》，i-ii、33、39–40、202–3；遠山茂樹編《三多摩の壮士》，166、172；色川大吉編《多摩の歴史散歩》（朝日新聞社，1975），187–89。

13　譯註：「三羽烏」在日語中，指在某特定領域表現最傑出的三個人，類似中文中的三傑。而所謂壯士三羽烏，即本文所提的森久保作藏、村野常右衛門和星亨三人。

14　色川大吉、村野廉一《村野常右衛門伝》，44、190、199、203；遠山茂樹編《三多摩の壮士》，184。

15　鈴木武史《星亨》，2。關於星亨拒絕放棄該職位的多種敘述，見Ozaki, *Autobiography of Ozaki Yukio*, 142–45。

16　佐藤孝太郎《三多摩の壮士》，35–37。

17　乾照夫〈軍夫となった自由党壮士—神奈川県出身の「玉組」軍夫を中心に〉《地方史研究》第32巻第3號（1982年6月）：47–50、52–54、56–58。多摩組軍夫團成員的地域分布如下：南多摩108人、東京市56人、北多摩36人、西多摩16人、其他（東京府內）14人、神奈川縣36人、千葉21人、新潟縣17人、長野縣14、富山縣11人、茨城縣11人、石川縣10人、其他（東京府外）82人。

多摩組為支持國家而經歷如此不測的同時，民黨中的許多人開始放棄他們和明治政府的敵對立場。這些改革者意識到，他們從外部推翻明治政治元老的成果有限，因此考慮放棄草根抗議的手段。他們的新策略是向藩閥妥協，以便從內部顛覆他們的權力。他們所追求的是政黨內閣，或者說主要由政黨政治人物組成的內閣，而不再是以政治元老為主軸。用民權活躍分子河野廣中的話來說：「與其像以前一樣，與藩閥水平方向的區分政治領域，各政黨互相鬥爭，（現在的策略應該是）垂直方向的區分，將藩閥領袖拉進政黨，藉由從他們的根部扯斷（藩閥領主），邁向兩大政黨相互抗衡的局面。」[18]森久保是同意這項策略的政客之一。從台灣返回日本後，他當選進入國會，一八九七年，他主張自由黨應該和政治元老松方正義內閣和解。由於嚮往一個更有妥協空間的政黨，那一年，森久保離開了自由黨，協助創立新政黨——「新自由黨」——繼續與松方合作，一方面也與大企業合作，主要是三菱財閥。當森久保與自由黨切割時，他也帶走了一幫壯士。在新自由黨正式成立時，兩千名三多摩壯士衣冠楚楚，頭戴大黑帽，前往東京加入這場盛會。[19]

森久保鼓吹的這種政治妥協，已為日本第一個、卻也是短命的政黨內閣鋪路。這些閣員隸屬「憲政黨」，是一八九八年由自由黨與進步黨融合的新政黨。前自由黨總理板垣退助擔任內務大臣；前進步黨總理大隈重信擔任首相並兼外相。所有這些活動無不為了呼喚星自美國歸來，他從一八九六年起，便擔任日本駐美大使。他不必急著回來，因為憲政黨一年內就瓦解了，回到如過去自由黨由板垣退助領導（但仍續用黨名「憲政黨」），而進步黨由大隈重信領導（現在的黨名是「憲政本黨」）的狀態。到了一八九〇年代後期，星似乎認為他的主要政敵不再是明治元老，而是其他的政黨。星原本就是自由黨黨員，而他又不欣賞大隈和他陸續加入的政黨（首先是改進黨，接著是進步黨，如今是憲政本黨）。同一時間，星毫不遲疑地與政治元老山縣有朋折衷權衡。[20]可能是和藩閥合作的共識，以及嫌惡大隈的各個政黨，促使星與森久保之間的連結，即使政黨物換星移，依然一如往昔。

一八九〇年代末期，森久保作藏、村野常右衛門與星亨三人在政治上都是一帆風順。村野跟隨森久保的腳步，成為眾議院議員，這多少歸功於他訓練並組織了一支超過千人的壯士部隊。而星於一八九九年春天選上東京市市議員，是他一心想在首都建立一股政治勢力的制高點。

身為政治人物的壯士三羽烏在鞏固壯士這件事情上，扮演了關鍵的角色。身為壯士的大老闆，他們在一八九〇年代初期，將自己的流氓小集團帶進自由黨院外團的大傘下。然後，在那十年間，星同意協助政治家伊藤博文，自舊的自由黨及其傳承中，創建一新黨，即存續的「憲政黨」。他們的努力於一九〇〇年成立「立憲政友會」時達到頂點，森久保與村野同意支持星，並

18　Peter Duus, *Party Rivalry and Political Change in Taisho Japan* (Cambridge, Mass.: Harvard University Press, 1968), 8–9.

19　色川大吉、村野廉一《村野常右衛門伝》，230；遠山茂樹編《三多摩の壮士》，197–98。

20　鈴木武史《星亨》，139–44；Duus, *Party Rivalry and Political Change*, 10。

加入該黨。這三人皆帶他們的壯士投入這項大業，將這些流氓轉變為政友會壯士。[21]

政黨政治裡的政友會院外團

立憲政友會體現了一八九〇年代以來和藩閥之間的妥協精神，因為它將舊的自由黨、如今不復存在的憲政黨，與明治政治元老、官僚體制和大企業串連了起來。政友會的建立及其成功，標記了明治政府中期的多數時候，民黨與吏黨針鋒相對的二元對立走向終點。這樣的對立之所以漸漸退去，部分原因是藩閥與政黨之間的合作，但也因為政友會本身在接下來的數十年，發展成比較不那麼自由，也比較不那麼追求改革的政黨。由於政友會是民黨的後繼者，因而被視為一「既成政黨」，尤其是在新聞出版品中。[22]思考院外團的暴力，必須將脈落放在政黨對於他們所代表的民眾之間的角色轉換。

壯士隨著政友會院外團的成立，於一九〇三年十二月一日正式納入政黨組織。[23]森久保作藏與村野常右衛門在新政黨中扮演重要角色。森久保成為東京政界握有權勢的大人物，而村野成為政友會院外團的領導。[24]星則沒那麼幸運活到親眼見證政友會院外團正式成立的那一天。政友會成立後，星意氣風發的日子並不長久，在他捲入一宗財務醜聞之前，只當了兩個月的遞信大臣。他的下一個職位——東京市會議長一職，因為他於一九〇一年六月被當地知名劍術家伊庭想太郎暗殺而提前結束了。顯然，伊庭對星造成東京的政治腐敗心懷不滿，而採取激烈行動。[25]雖然星在政友會的時間不長，卻因為集結並提拔了村野與森久保的政治生涯，而為該黨院外團的促成奠定了基礎。

政友會以及其他接下來數十年成立的政黨院外團，其目的和自由黨院外團並無二致，他們蒐集資訊、促進溝通、為國會成員提供安全、擔任公眾集會守衛人員、干擾敵對政黨的公眾集會、在選舉期間造勢、拉票、協助倒閣，以及籌畫並參加政治運動。[26]然而，比起自由黨時期的院外團，政友會院外團在架構及功能上更為明確。一九一〇年，在政友會總部內，設立一專門事務所以為院外團所用，並得以聘任專屬事務員。[27]院外團裡有一個運營委員會，以及兩個名義上的組織單位：「智囊團」和「暴力團」。智囊團由落選的候選人、前國會議員、應屆大學畢業生，以及對政治仍感興趣的資深院外團員所組成。比起暴力團，據悉他們對重大議題較關心；例如其

21 色川大吉、村野廉一《村野常右衛門伝》，ii、234、236；佐藤孝太郎《三多摩の壮士》，46–47。
22 Duus, *Party Rivalry and Political Change*, 3, 10–11.
23 大野伴睦先生追想録刊行会編集委員会《大野伴睦：小伝と追想記》（大野伴睦先生追想録刊行会，1970），53。
24 佐藤孝太郎《三多摩の壮士》，47–50；遠山茂樹編《三多摩の壮士》，201。
25 鈴木武史《星亨》，159–71。
26 高橋彥博《院外団の形成》，95、109–10、115；摩天楼・斜塔《院外団手記：政党改革の急所》（時潮社，1935），60。
27 大野伴睦先生追想録刊行会編集委員会《大野伴睦》，16。

年輕成員被認為是對當前的政治理論較有見地。暴力團則由壯士組成，運作方式很像「街頭幫派」，國會開議期間，他們就在國會內外閒晃。這些院外團成員成為此等明確的存在，以致有句俗話──「有其老大，必有其小弟」──強調所有國會成員和壯士之間密切的連結。[28]雖然在實務上，智囊團與暴力團的分工不清，至少可知院外團裡有不同的子集團，各自發揮不同的功能。

由於壯士成為政黨結構制度化的一部分，金錢上的報酬也有了更清楚的定義。院外團壯士可以靠索取進入所屬政黨政治會議的入場費來賺錢，擾亂他黨政治集會獲得報償。當造成他人身體上的傷害時，他們收取的費用會根據他們傷的人是誰，以及他們攻擊目標的地點而定。攻擊愈有名的政治人物，意謂著賞金愈高，而且賞金會根據受傷的部位來支付，例如是否有打到臉、四肢、或者軀幹。[29]院外團壯士彼此之間，似乎都很了解這份工作的報酬原則，因為他們有個潛規則：若有敵對陣營的壯士前來參加某黨的公眾集會，他們被允許至少速速亂個一回才會被架出去，好讓他們可以賺到錢。[30]這種對金錢報酬的重視，顯示這些流氓主要將自己視為執行特定任務的職人，政治信仰對他們身為壯士的職業身分來說，反而是次要的。

院外團做為一個機構，有點像是十九世紀末與二十世紀初美國城市政治的政治機器。大致而言，院外團和美國的政治機器提供類似的功能，而且使用類似的方法──處理政黨交辦事項，透過以權謀私和脅迫的方式，擴大其影響力。尤其是院外團的暴力支翼，非常類似美國政界老大尋求暴力及保護的團體。在紐約第六區，消防隊長馬修．布雷南（Matthew Brennan）就因為為重要會議和選舉提供「一個四十人左右的年輕壯漢黑幫」而受到獎勵。[31]同樣地，在美國內戰前的費城，政客會向志願消防員、街頭黑幫與其他鄰近幫派尋求協助。尤其是街頭黑幫，他們以收費、資助和免於刑事起訴，做為保護票匭和阻擋投票的酬勞。[32]然而，他們兩者的歧異點在於，院外團壯士在院外團之外，並不屬於某個獨立組織（如某消防隊或某幫派）的成員身分。院外團唯一的使命是政治性的，經過整合而併入政黨組織之中。

由於院外團是從政黨內部運作，將他們比喻成英國政治的壓力團體並不特別恰當，因為英國的壓力團體是從外部影響政黨。他們不像院外團是政黨利益的鼓動者，而是自外於政黨，據有獨立地位的特殊利益遊說團體。[33]

還應該注意的是，院外團不若美國政治機器那麼高度發展。美國內戰尾聲和「羅斯福新政」

28 摩天楼・斜塔《院外団手記》，56–58、64–70。這份資料將院外團描述為「一群愛好政治的浪人」。高橋彦博也承認，院外團的本質是暴力團體。見高橋彦博《院外団の形成》，91。

29 大野伴睦《大野伴睦回想録》（弘文堂，1962），44–45；摩天楼・斜塔《院外団手記：政党改革の急所》，61–63。

30 大野伴睦《大野伴睦回想録》，43–44。

31 Tyler Anbinder, *Five Points: The 19th-Century Neighborhood That Invented Tap Dance, Stole Elections, and Became the World's Most Notorious Slum* (New York: Free Press, 2001), 165.

32 Peter McCaff ery, *When Bosses Ruled Philadelphia: The Emergence of the Republican Machine, 1867–1933* (University Park: Pennsylvania State University Press, 1993), 11–14.

33 英國的壓力團體，見Michael Rush, ed., *Parliament and Pressure Politics* (Oxford: Clarendon Press, 1990)。

（New Deal, 1933）之初這段期間，坦慕尼協會的權力達到最高點，做為民主黨的政治機器，其成功之處「在於主導提名與選舉的能力，以及其實質上對任命公職的壟斷。」[34]大正時期的日本，沒有任何政黨的院外團或政黨本身，有如此大的權力。而單是坦慕尼協會贊助網絡的規模，似乎就比日本任何一院外團大上許多，雖然這也可能是因為缺乏對戰前日本貪污情況的研究。[35]

把院外團視為一個組織時，也許最能闡釋其意的類似組織，不是其他國家的政治機器或壓力團體，而是日本本國的博徒。這兩種組織都是以親分－子分（老大－小弟）的關係為基礎，並且以老大決定小弟薪酬的支付結構來深化基礎。[36]這兩種團體也都使用暴力做為經營事業的手段。這樣的類比仍有其限制，因為博徒視其同僚和老大為一種被擬親關係綁在一起的收養家庭關係，而且博徒團體比較是一種事業，而非政治組織。然而，兩者都被外界標籤化為「暴力團」，意味著他們的暴力表現可見度，足以被認為是界定他們身分的特徵。在院外團及博徒的組織內部，他們也不迴避使用武力，或培養某種暴力文化。不出所料的是，院外團會與一些在國家主義組織裡的博徒合作，如我們在下一章將會討論到的，這些國家主義組織間接將院外團壯士與軍方和官僚體制連結起來。

雖然院外團會使用暴力，他們主要的政治目標卻不必然是非民主的。例如，政友會院外團的初衷，是監控藩閥與軍方的影響力。即使當政友會和某些政治元老或官僚體系合作，院外團也會極力防止這兩方蠶食他們的力量。這種防禦立場，在院外團成立時的三項特別決議中可以看出：

院外團是要協助舉發政府不當處理與俄國的交涉事務；反對政府忽視先前承諾的金融計畫；徵詢動用遭前任國會否決的不符憲法之專款的可能性。[37]為了爭奪權力，政友會院外團有時會發現自己和民眾力量結合，這些力量也想遏制藩閥、官僚以及軍方的擴權。在協商這方面的政治領域時，院外團的策略和那些走上街頭的抗議者結合，尤其是在歷史學者宮地正人所稱的「民眾騷擾期」。在一九〇五年的日比谷「燒打事件」（暴動）和一九一八年蔓延的「米騷動」事件中，人民要求忠於天皇和人民意志的政策。[38]政友會也許沒有如此得民心的眼光，但其自身利益恰好和

---

34 Arnold J. Bornfriend, "Political Parties and Pressure Groups," *Proceedings of the Academy of Political Science* 29, no. 4 (1969): 56. See also Jerome Mushkat, *The Reconstruction of the New York Democracy*, 1861–1874 (Rutherford, N.J.: Fairleigh Dickinson University Press, 1981), 144.

35 一九三〇年代初期，一宗官員與金融界貪腐的起訴案件（帝人事件），見Richard H. Mitchell, *Justice in Japan: The Notorious Teijin Scandal* (Honolulu: University of Hawai'i Press, 2002)。

36 永川俊美將這個比較更進一步地指出，在某個時點，政黨裡的親分—子分關係很像是俠客，或類似師兄弟之間的關係。永川俊美〈政党の親分・乾児〉《改造》（1920年8月），25-33。渡邊幾治郎也做了相同的比擬，雖然他對於政客之間的親分—子分關係有較多的批判。渡邊幾治郎〈随筆：政党の親分子分〉《政界往來》第12卷第5號（1941年5月），5-6。

37 小林雄吾・小池靖一編《立憲政友会史：第2卷》（立憲政友会出版局，1924），42。

38 宮地正人《日露戦後政治史の研究》（東京大學出版会，1973），226–28。官地使用的「民眾騷擾期」是由Andrew Gordon翻譯為英文的「era of popular violence」。見Andrew Gordon, *Labor and Imperial Democracy in Prewar Japan* (Berkeley: University of California Press, 1991), 26–27。關於民眾騷擾，見藤野裕子〈騒乱する人びとへの視線〉，資料來源：須田努、趙景達、中嶋久人合編《暴力の地平を超えて：歴史学からの挑戦》（青木書店，2004），81–110。

那些抗議者有相同之處，因而強化了他們共同的反藩閥立場。

一九一二至一三年的「第一次憲政擁護運動」時也是一樣。當時為抗議來自長州藩所謂資深藩閥政治人物桂太郎的首相任命案，政友會成為民眾運動的一分子。為了在這件事上盡一份心力，政友會與「立憲國民黨」（以下簡稱「國民黨」）合作；國民黨是一九一〇年由犬養毅所成立，他所領導的黨內派系拒絕與政治元老有任何妥協。政友會和國民黨的院外團沒有必要採取暴力手段推行這項運動；在多數情況下，他們舉辦大型集會，煽動民眾支持他們的反藩閥目標。例如一次由政友會院外團在東京日本橋地區舉辦的類似集會，就曾吸引大約一千人參加。院外團也會籌辦較小型的會議，慎重討論該運動的策略。[39]隨著政友會與國民黨聯手，雙方院外團亦然，他們共同在一九一三年一月與二月舉辦聯合大型集會和會議。[40]村野常右衛門正式成立一支政友會－國民黨院外團，包括三千名原來在森久保作藏旗下的壯士。據說在一次演說會上，森久保甚至被奉為「政友會的桂太郎」。[41]

院外團壯士與民間抗議者存在於同一個政治空間的情形，可在大野伴睦早期的政治生涯中看出來；大野相對輕鬆地跨越了民眾與院外團暴力之間幽微的界限。第一次憲政擁護運動時，大野還是東京明治大學法律系的學生，有一天，在他前往圖書館準備法律考試的路上，恰好遇到犬養毅和尾崎行雄在鼓吹保衛立憲政治。受到他們的政治理念吸引，大野決定加入這場運動，並於一九一三年二月參加了一場抗議活動，要求對桂太郎內閣行使不信任投票。二月十日早上，大野和他的同夥包圍了帝國議會，對著到來的政友會與國民黨議員高聲支援。這些國會議員胸前別著白色的玫瑰花，好讓學生團體與院外團得以辨識，並對著他們高喊「白玫瑰軍萬歲！」來鼓舞士氣。到了中午，愈來愈多人群聚集，超過萬人，而當他們聽說國會休會了，人群便從國會議事堂附近湧向日比谷公園，並朝銀座前進，沿路攻擊如《國民新聞》、《讀賣新聞》等新聞媒體。警方用粉筆標示人群中的抗議者，而透過這種方法，他們認出了大野，並將他和其他兩百五十名參與者一起逮捕了。[42]這次事件後，大野意識到，身為民眾抗議者而非正式黨員，他等於是無償促使政友會實現理想。為了讓自己的付出得到回報，他決定去政友會總部要求金錢補償。大野最後終於得到和當時政友會幹事長村野常右衛門見面的機會。村野請他享用午餐、喝清酒和啤酒，也給他錢，同時建議他常來總部。大野遵照他的建議，後來與院外團幹部相當友好，甚至被他們說

39 《東京日日新聞》1913年1月12、14日；山本四郎《立憲政友会史：第3卷》1924（復刊：日本　書センター，1990），572–73。

40 《東京日日新聞》1913年1月17日；土倉宗明〈院外団爭鬥記〉《藝文春秋》1935年12月號：212。

41 佐藤孝太郎《三多摩の壮士》，52–54；大野伴睦先生追想録刊行会編集委員会《大野伴睦》，12。

42 大野伴睦《大野伴睦回想録》，9、16–22；《東京日日新聞》1913年2月11日。根據Andrew Gordon的記錄，事件中有一六八人受傷（當中有一一〇人是警察），二五三人被補。除了攻擊附屬或同情政府的報社，還有三十八處警察崗亭被砸。Gordon, *Labor and Imperial Democracy*, 28。

服加入他們的團體。[43]

大野成了院外團青年部，即後來的「鐵心會」成員，這個組織是在第一次憲政擁護運動成功推倒桂太郎內閣的高昂士氣下成立的。鐵心會原本由當時集結在東京參加這項運動的眾多青年所組成，透過這個支部，院外團得以和首都裡的大學生團體建立關係。政友會後來以招募像大野一樣的明治大學學生聞名，他們當中多數是辯論社社員。這些具有公開演說天分的學生被列入黨演說會的出席名單，在東京及鄰近地區參加選舉活動，偶爾可獲得一頓免費的大餐做為回報。大野本人經常發表這類演說，並大肆批評大隈重信內閣（1914-16）的外交政策，他如此積極安排這些集會，後來被判違反《治安警察法》。[44]雖然院外團的律師建議他去外地避風頭，大野卻不接受勸告，寧願入監服刑。當他被釋放時，一群院外團同伴到監獄門口迎接他，高舉布條，上面寫著：「憂國的志士大野伴睦萬歲！」[45]

除了學生，鐵心會也招募極道，包括博徒和「的屋」（流動攤商）。政友會不是唯一招募極道的政黨；其主要政敵（憲政會）也向博徒尋求協助。鐵心會的領導之一大野重治極其重視動員這些暴力專家，而他本人也以孔武有力著稱。一名院外團團員猶記，大野重治人高馬大，虎臂熊腰，是那種長得很像黑幫的人。[46]

逞兇鬥狠並不是院外團特有的極道元素——那些參與較多需要動腦的院外團活動的人，例如參加演說的人，也免不了施展一些暴力。例如大野伴睦不但參加政友會的集會，也會去敵對政黨的場子鬧事。在一次事件中，大野去了「憲政會」的集會，憲政會成立於一九一六年，是經由不同政黨與「立憲同志會」（以下簡稱「同志會」，一九一三年由桂太郎成立）合併的政黨。憲政會有自己的院外團，並且和早稻田大學建立聯繫，形成了「政友會—明治大學」對「憲政會—早稻田大學」的競爭態勢。[47]不出所料的是，政友會與憲政會這兩大敵對陣營的院外團在許多場合發生衝突。在某一次，大野與他的同黨自一間劇院的二樓質問憲政會的演講者。其中一名演講者挑釁他們不如下來講台，有個人還真的下來，而且立刻慘遭憲政會的院外團修理。大野想出手相救，他完全不理會警察，直接從二樓跳了下來，可惜他的行動太遲，朋友已經被警察拖出去了。

院外團壯士的體力工作，加上似乎與之為伍的飲酒文化，使得壯士與一個視暴力為平常的世界，有了些許相同之處。院外團招募極道，是暴力如何在政治與——從法律的角度來說——犯罪

43　大野伴睦《大野伴睦回想録》，23–26。

44　大野自稱是因為《治安維持法》遭逮捕，但並非如此，因為該法於一九二五年五月十二日才生效。大野伴睦《大野伴睦回想録》，30–31。政治家有馬賴寧也提到大學辯論社成員出現在選舉造勢場合。有馬賴寧《政界道中記》（日本出版協同，1951），16–17。

45　大野伴睦先生追想錄刊行會編集委員會《大野伴睦》，16–17；大野伴睦《大野伴睦回想録》，28–34；高橋彦博《院外団の形成》，98、100、106。

46　高橋彦博《院外団の形成》，104、107。

47　同前註，103、106–7。中央大學與日本大學據說因為他們的自由時間不夠，無法參加院外團，而法政大學由於規模太小，無法成為競爭中的要角。到了昭和初期，明治大學的辯論社在改朝換代下，轉而與憲政會結盟。

國度之間製造流動的最佳範例。這模糊的界限在公眾看來很是明顯，有時是以極耐人尋味的方式展現出來。有一次，大野伴睦明目張膽地去找一名為武部申策的極道老大討錢，因為他和他的朋友一個晚上就花了四十日圓，超過原本的預算。武部在成為博徒之前，原是自由黨員，後來拓展業務，透過利用「總會屋」進入商業界，從事保護及勒索的工作。[48]雖然武部可能還維持他的政商關係，但我們不清楚為什麼大野認為這名極道老大會迫於無奈而交出錢，武部顯然也覺得莫名其妙。雙方一言不和之下，武部命令手下圍住大野，打算揍他一頓。大野順利擋下，衝破突圍往大門而去，沒想到武部竟叫住他，表示極賞識大野對他說話的樣子，接著拿錢給他，還請他暢飲清酒和啤酒。在那次衝突後，兩人似乎建立起「男人間的情誼」。[49]雖然事情的經過有些弔詭，但似乎看得出膽量、男子氣慨以及強健體魄，是政治暴力專家的共同理想典型，不論他們屬於院外團或極道。

大野描述各種院外團的爭執及衝突時的語氣，同時暗示了他，或許其他人也是，其實樂於當壯士，而且他被拉進院外團的原因，除了保護立憲政治或批評桂太郎的外交政策這方面的政治使命，也因為有機會飲酒及鬧事。從戰後回顧那些日子，大野描述他在院外團的時光是有趣的，而且有點緬懷那段可以免費吃頓午餐、耍耍流氓就可以拿到一些零用錢的日子。[50]這種態度與英國歷史學者卡洛琳．康利（Carolyn Conley）的論點相呼應，她認為，暴力有時被當成消遣，一種娛樂的形式。康利界定娛樂型暴力是「有清楚定義的規則、自願參加者、在活動中有趣味感，不帶任何惡意。」[51]雖然談到院外團壯士時，有沒有惡意是個問題，但他們確實是自願參加者，而且至少有些人，例如大野，似乎在他們耍流氓的過程中享受到愉快的感覺。院外團的暴力也是有規則的，雖然沒有明說。如前所述，他們有「潛規則」，院外團允許他們的對手在自家集會場所至少製造一點騷亂，雖然是替另一陣營工作，卻也能夠讓他們的流氓同業收到錢。

院外團與警方之間也是有默契的，只要暴力行為沒有升高到暗殺層級，或者嚴重的破壞秩序，那些從事院外團暴力的人可能會遭到圍捕，卻不會被起訴，或者進入訴訟程序。由於缺乏關於暴力行為的統計數字，我們很難討論警察對院外團壯士通融的程度。但是，至少大野宣稱，去公眾會場鬧事的流氓經常被送進拘置所，由警方供餐，且集會一結束，他們隨即被釋放。[52]在某些情況下，壯士會和警視廳合作，如一九一四年二月，警察允許數百名森久保手下的流氓協助守衛首相與內務大臣的官邸。[53]壯士了解，他們動武的範圍應該局限在打架茲事，任何暴力上的升

48　關於武部中策，見Kenneth Szymkowiak, *Sōkaiya: Extortion, Protection, and the Japanese Corporation* (Armonk, N.Y.: M. E. Sharpe, 2002), 37–39。

49　大野伴睦《大野伴睦回想録》，43–46。

50　〈院外団の正体を衝く〉《政経時潮》第8巻第3號（1953年3月），13–14。

51　Carolyn Conley, "The Agreeable Recreation of Fighting," *Journal of Social History* 33, no. 1 (autumn 1999): 57–58.

52　大野伴睦《大野伴睦回想録》，43–44。

53　《読売新聞》1914年2月8日。

級，或者直接挑戰政府（例如第一次憲政擁護運動）都會被認為是踰越可接受的範圍，將觸怒警察。從警察的角度來看，院外團壯士和他們明治時期的前輩不同，他們對政府或國家沒有重大或立即的威脅。雖然他們可能會執行一些危及政治運作，甚或騷亂的事，但他們通常不會煽動全面的暴動與不安。因此，出錢出力、大費周章地鎮壓流氓，對警方並沒有太大的好處。大野伴睦這類習性的院外團明白這些規矩，因此他們願意，甚至急欲伸展拳腳工夫，這便證明了他們的武力確實有些娛樂元素。

暴力行為不成文的限制，也顯示暴力通常被當作是一種權力或個人政治立場的表演，一種儀式性的展現。即使當武力本身不會影響結果，院外團壯士暴力的演出，仍是政治資源以及對利益嚴肅看待程度的重要指標。暴力行為可能是表演性質，並不表示暴力的危害可因此抵消；雖然有所限制，拳打腳踢和搗毀物品仍可能脅迫對方並引起恐懼。而涉及暴力的規則可能也會讓人以為某些暴力行為是被容許的，以至於政治暴力的文化持久不退。

一九一〇年代中期，大野在暴力行為風雲再起之際遇上了政友會院外團。政治人物尾崎行雄評論了這種現象：「過去，幫派（壯士）經常為政治界所雇用，但最近少見許多。然而，隨著寺內（正毅）內閣（1916-18）上任，暴徒再次橫行了起來。他們出現在每一場公開演說。我被攻擊過好幾次。」[54]一九一七年一月，尾崎在一場公開集會的講台上面對群眾發表演說，一夥敵對陣營的暴徒也混在其中，這時，一名「暴徒」手持七吋刀向他衝過來並攻擊他。[55]

對於一九一〇年代中期逐漸升高的壯士暴力，有幾種可能的解釋。一九一五年三月的選舉活動再次面臨政府選舉干預，可說是惡名昭彰的一八九二年第二屆普選以來，第一次如此大規模干預。這次的爭議點是軍費支出的增加，政友會在前一年反對此政策，而同志會是支持的。政府急欲在這次議題上擊敗政友會，於是展開多方策略。薩摩藩武士出身的內務大臣兼警視總監大浦兼武，用買票的方式，在全國的競選活動中穩固同志會與其他投其所好的候選人的票源。大浦向府縣知事施壓，要求他們在地方層級的選情上也要贏得勝利。金錢，主要來自財閥的金錢，被分發到表態支持軍費支出增加的候選人身上，總數追加到五千日圓，各地買票金額從三日圓到數十日圓不等。警察也一一拜訪選民住所，威脅他們投票給同志會以及對他們言聽計從的政黨，然而同時間，他們卻嚴密監控政友會，防止他們的不法拉票行為。違反選舉法的行為猖獗；相關數據不太可靠，而且依資料來源而有所不同，但是內務省通報了九百五十八件違反選舉案，共一萬零五百五十四人涉案。這個數字比前一次選舉高出許多，當時僅通報五百五十一件，四千九百二十三人涉案。[56]這次政友會失去了在眾議院的絕對多數黨地位，大幅減少一百零一席。這樣的結

---

54 Ozaki, *Autobiography of Ozaki Yukio*, 313。日文原著，見《咢堂自伝》，563。

55 Ozaki, *Autobiography of Ozaki Yukio*, 313.

56 在一九〇八年選舉中，有三百二十三件選舉違規事件，涉案者兩千八百二十六人。永田秀次郎〈選挙の裏面に潜む罪惡〉《日本評論》第2卷第4號（1917年4月），192。永田是內務省警保局局長。另一份資料來源對一九一二年選舉

果不只因為政府的大動作干預，也因為大隈重信當時人氣很高；他引進亨利．杜魯門式的「小鎮快閃」（whistle-stop）拜票活動非常奏效。[57]此外，在這次毫無管制的情況下，不出所料，暴徒行為以及金錢廣為運用，以獲得政治上的優勢。而且一九一五年後，武力已經因為政友會和「憲政會」（由同志會與其他數個黨派合併）兩大政黨的戰鬥部門而延續，而有時則是因為某些政黨和內閣之間的齟齬而存在。

政友會與憲政會的敵對，是明治時期民黨與吏黨分野的遺留，尤其在選舉期間特別嚴重。這樣的緊張態勢可以一九二〇年地方競爭時，政友會的村野常右衛門與憲政會候選人八並武治之間的競爭為例。做為選舉活動的一部分，村野動員了一百五十名鐵心會壯士突襲對手位於八王子的競選事務所，導致現場陷入一片混亂。[58]在這座東京西南方的城市，壯士隨身帶著棍棒四處遊蕩，其他的武器則藏在胸前的口袋裡。雙方不只召募年輕人，還會從鄰近的横濱和芝蒲雇用碼頭裝卸工、動員博徒。村野和八並兩人手下流氓之間的衝突，在四月時達到最高點，當時有兩百人打成一團，官方不得不派遣武裝警官來壓制，最後監禁了六十八人。[59]

這兩個政黨在「男性普選權」的議題上同樣針鋒相對，這是那幾年最重要的政治議題，也是壯士和民眾暴力的一個藉口。雖然要求男性普選權最初早在一八九〇年代便已出現，但這項運動於一九一九年和一九二〇年在憲政會及勢力較小的國民黨共同支持下，達到高峰。示威者走上街頭，起初採溫和的集會，之後變成上萬的群眾聚集。一九二〇年一次大型示威活動中，一群參與者的核心分子闖入政友會總部，抗議該黨反對普選權的立場。政友會門由壯士和警方保護而無法通行，後來則開門，讓集會群眾中的四名代表進入。一小時後，其中一名抗議者被丟出來，「在政友會壯士的毒打下，他的臉鮮血直流。」[60]憲政會這一方面也不是省油的燈。一九二三年六月，當他們與其他支持男性普選權的政黨結盟時，成立了一支青年聯盟，部分是由一名憲政會院外團重要人物領導。這個地位相當於政友會鐵心會的團體，同樣也以壯士的風格行事。[61]

一九二四年，出於對內閣的憂心，憲政會與部分政友會人士聚在一起，共同討論男性普選權

所提的數字較少：六百六十件選舉違規，其中七十八件為暴力威脅。山本四郎《立憲政友会史：第3卷》，514。另一份一九一五年選後的報紙數字更低（四百三十件，兩千三百一十九人），以政黨區分如下：同志會一百四十三件，七百七十七人；政友會一百四十二件，九百一十五人；無黨籍八十四件，五百一十二人；其他二十七件，三十八人；中正會十八件，九十三人；國民黨十六件，五十八人。《読売新聞》1915年3月26日。

57 Duus, *Party Rivalry and Political Change*, 89–92；升味準之輔《日本政党史論：第3卷》（東京大學出版会，1967），280–81；《時事新報》1915年5月6日，資料來源：明治大正昭和新聞研究会編《新聞集成大正編年史》（明治大正昭和新聞研究会，1969），540。

58 《読売新聞》1920年5月6日。據說多種三多摩壯士的組織在一九一五年左右解散了。雖然他們在東京並未維持固定的存在，也較無組織，村野似乎仍然在需要時召集他們。佐藤孝太郎《三多摩の壯士》，68。

59 佐藤孝太郎《三多摩の壯士》，80–84。村野在這次的選舉中落敗，但仍由原敬指定為貴族院議員，確保了在政界的地位。

60 Duus, *Party Rivalry and Political Change*, 155–56.

61 高橋彥博《院外団の形成》，109。

的問題。自一九一八年的原敬內閣以來，這兩個政黨就一直受益於政黨內閣的好處，他們唯恐走回超然的、無政黨的內閣。政友會的一個派系因此和憲政會達成妥協，同意支持男性普選權，如此兩個政黨才能一起合作，拉垮官僚政客清浦奎吾的內閣——他多次擔任內閣閣員，曾任樞密院（於一九四七年廢止）樞相，是前輩政治家山縣有朋的盟友。做為所謂「第二次憲政擁護運動」的一環，政友會首先發起院外團活動，籌畫遊行與集會。[62]政友會院外團也動員了數百名三多摩壯士。國會議員，也是未來的司法大臣橫田千之助，則協助成立了一支由二十名壯士組成的特別部隊，專門負責出手並搗毀物品。院外團也計畫在帝國議會內和門口台階製造騷亂，企圖撼動清浦內閣。[63]

男性普選權的議題使部分政友會和憲政會團結起來，但也在政友會及其院外團內部製造了嫌隙。該黨與憲政會之間的妥協，導致黨內分裂，部分黨員另組支持清浦內閣、反對擴大選舉權的「政友本黨」。政友本黨旋即建立起所屬院外團，由八王子和府中的數十名年輕人組成——政黨的分裂因而也造成院外團壯士的分裂。

如同第一次憲政擁護運動，第二次憲政擁護運動最終也成功逼迫內閣總辭。憲政會、政友會以及「革新俱樂部」的聯盟在一九二四年的眾議院選舉中，贏得眾議院大多數的席位，在憲政會總裁加藤高明之下組成內閣（護憲三派內閣）。這個內閣最為人所知的，是通過了一九二五年兩項重大法案：一是《普通選舉法》，將投票權擴大到所有二十五歲以上的男性；二是《治安維持法》，這項法案大幅限縮言論與集會自由，企圖控制共產黨和無政府主義者的政治活動。[64]

一九二八年的普選，是男性普選權施行後的第一次選舉；政治參與的擴大，從短期或長期來看，對選舉行為的影響都極為重大。從短期來看，男性普選權加深了政友會對於該黨失去政治掌控權的恐懼。政友會已經受到「民政黨」的威脅，即成立於一九二七年，憲政會和政友本黨合併後的新政黨。成立數星期後，民政黨就舉行了院外團的開幕式，共有五百人出席，包括前內務大臣、即現任院外團顧問床次竹二郎。[65]男性普選權為複雜的情勢增添了更多的不確定性，促使政友會涉入選舉干預，這是一八九二年與一九一五年以來，第三次大規模選舉操作的案例。這一次，政友會的內務大臣鈴本喜三郎濫用官僚體系與司法部門影響力，企圖壓制對手民政黨。鈴木從內務省派了數十名代表以及多個府縣廳知事，跟蹤負責調查選舉情況的民政黨監視委員。警察則干擾對方的集會。這位內務大臣同時禁止「特定的選舉演講者、發送小冊子和海報」，任他轄下的警官逮捕選舉違法行為。結果共有一千七百零一名民政黨支持者與三千零一名其他政黨支持

62 《東京日日新聞》1924年1月20日。
63 土倉宗明〈院外団爭鬥記〉，216.
64 佐藤孝太郎《三多摩の壮士》，92–95。
65 《東京日日新聞》1927年6月13日。

者被捕，但只有一百六十四名政友會支持者被捕。[66]

男性普選權不只加深了政友會在一九二八年選舉失勢的恐懼，對長期而言最是嚴重且關鍵的，是扭轉了競選活動的態勢，暴徒行為的影響力移轉到其他形式。簡單來說，選民的大幅增長，使暴力成為一種影響選民行為的低效率、高花費手段。從一九二四年的普選開始，選民人數幾乎是原來的四倍，從過去超過三百萬人，如今增加到一千兩百萬人，約為全國總人口數的百分之二十。[67]這個人數多到無法靠武力恐嚇威脅；而且從財務的角度來看，相較於付錢給壯士對選民暴力相向，直接賄賂選民更為有效。

此外，一九二五年賦予男性普選權的新選舉法，不但限制了施展暴徒行為的機會，同時也對暴力採取嚴厲的措施。新法禁止挨家挨戶拜票，而且限制候選人可以聘用的人員數量。新法也明訂對選民、候選人、參與競選活動者或當選的政治人物使用「暴行」或「威力」（脅迫）者，將處以三年以下的監禁（得或不得易服勞役），或者易科兩千日圓以下的罰金。同樣的處罰也延用在那些干擾通訊、集會、演講，或其他利用誘騙或干擾選舉自由的不法行為之徒身上（第一一五條）。被發現擁有槍砲、刀劍、棍棒或其他足以傷人或致人於死的武器者，將面臨兩年以下徒刑，不得易服勞役，或者易科一千日圓以下的罰金（第一二二條）。若是在投票會場、投票所，或者開票所被發現攜帶這類武器者，刑責加重至三年以下徒刑，以及兩千日圓以下罰金（第一二二條）。[68]歷史學者松尾尊兊的說法極具說服力，他認為，新法中的這些條款是為了在每一次都有更多人擁有投票權的選舉期間，削弱數個剛萌生的無產階級政黨。[69]他們擔心這些不像大黨政友會和憲政會這麼有錢的政黨，會訴諸暴力（利用他們自己的拳頭，而不是雇用壯士）以為展現影響力的手段。因此，新的選舉法不應該單純被解讀為國家對待所有壯士的根本轉變，或是對暴徒行為的全面譴責。然而，雖然主要目標是無產階級的政黨，這條法律或許也削弱了主要政黨的壯士暴力行為。

---

66 Thomas R. H. Havens, "Japan's Enigmatic Election of 1928," *Modern Asian Studies* 11, no. 4 (1977): 550; Kenneth Colegrove, "The Japanese General Election of 1928,"*American Political Science Review* 22, no. 2 (May 1928): 405。和上次一樣，選舉違規的數字有多種。《大阪每日新聞》報導有一千三百七十一人因為選舉違規進入司法程序，其中有八百八十八人被起訴。被起訴的民政黨支持者比政友會支持者多很多，分別是五百三十九人與一百四十七人。有罪的人當中，只有三人被判服監；其餘三百六十八人只被科罰金。《大阪每日新聞》1928年2月25日。

67 松尾尊兊《普通選挙制度成立史の研究》（岩波書店，1989），327。

68 《眾議院議員選挙法》法律第47號，1925年5月5日，資料來源：自治省選挙部編《選挙百年史》（第一法規出版，1990），185–202。參照Colegrove、"Japanese General Election of 1928、" 404。隔年，專門取締暴力行為的法案《暴力行為處罰法》在國會通過。第一條明確指出涉及集體暴力者，將被處以三年以下的懲役，或者五百日圓以下罰金。《暴力行為等処罰ニ関スル法律》法律第60號（1926年3月）。這條法律也適用於朝鮮與台灣。（首相）若槻禮次郎，《大正十五年法律第六十號ヲ朝鮮、台湾及樺太ニ施行ノ件》（1926年7月19日）。日本会立公文書館處。（譯註：樺太即「庫頁島」。）

69 松尾尊兊《普通選挙制度成立史の研究》，329–30。

因為所有這些原因，到了一九二〇年後期，暴力行為似乎跟不上賄選的腳步。[70]在兩年後的普選中，因賄選被起訴的人數倍增，從兩百一十六人增加到四百七十四人。因暴力被起訴的人數是前一次選舉的三倍，但人數其實不多（從兩人增加到六人），以至於這樣的成長，從好的方面來看是微不足道，從壞的方面來看是不足採信。[71]雖然這個統計數字令人質疑，但是從這些年報紙透露出來的以及政治人物本身提到的選舉暴力便可知，情況改善許多，顯示在一九二〇年代晚期，院外團壯士的暴力行為至少削弱了一些。

暴力文化：國會政治裡的極道老大

二十世紀的前數十年，政治制度奉行暴力專家的現象，不只可以從招募壯士與極道進入院外團看出來，也可以從極道老大被選入眾議院見出端倪。其中一名具這類身分背景的國會議員，在本章開頭提及的《中外商業新報》系列文章裡便有特別報導。吉田磯吉，這位在九州擁有廣大地盤的博徒老大，據說擁有不可一世的膽量，被奉為最有企圖心的國會議員之典範。顯然他以當代的幡随院長兵衛聞名，被形容為這名十七世紀博徒老大的再世，更是傳奇英勇的「俠客」。[72]在國會開議期間，吉田被（誤導性地）描寫成一名端坐的金尊大佛，靜默不語。[73]和吉田一起加入眾議院、由極道老大轉而成為政客的，至少還有另一人——即保良淺之助。綜言之，這兩人的政治生涯橫跨大正時期與昭和早期，具體顯現極道在全國政治被接納的最高層級。

選民與政客同僚未對吉田或保良側目的原因之一，在於政治暴力的文化不僅止於院外團內部，而是瀰漫了整個議會政治。壯士基本上可以進出國會大門，也可以看見他們在國會議事堂的走廊和前廳閒晃。[74]更有甚者，當選的議員自身不僅未迴避暴力，而且還被黨的領導階層鼓勵，在無法完整以口語表達想法時，得以轉而以暴力應對。[75]許多國會議員並沒有將肢體暴力行為交給雇請的打手，反而是在必要時刻，展現自己的肌肉，即使是在議院內。如歷史學者彼得・杜斯（Peter Duus）所述，在會議場大打出手是一九二〇年代之前的標準作為：「眾議院兩大政黨的席位從會議場中間的走道隔開。兩黨中最高大強壯的議員沿著這條緩衝地帶兩旁坐定位，已成為一種慣例，藉此因應火爆場面的發生。國會議員的名牌原本是可移動的，後來被固定在桌上，否則，輕而易舉便成為極傷人的工具。」[76]在《中外商業新報》一系列正面報導的影響下，肢體力

---

70 新的選舉法也處理賄選，但是涉及暴力的違法行為照理較為顯眼，比起金錢交易，較易導致罰責。

71 因為干擾選舉遭起訴的人也增加了，從十九人增至三十二人。《大阪每日新聞》1930年2月21日。

72 關於幡隨院長兵衛，見田村栄太郎《やくざの生活》（雄山閣出版，1964），170–73。

73 《中外商業新報》1922年2月18日。

74 摩天楼・斜塔《院外團手記》，60。

75 有馬頼寧《七十年の回想》（創元社，1953），250。

76 Duus, *Party Rivalry and Political Change*, 18–19.

量確實成為政治生涯的一項資產，使得吉田和保良在這方面搖身成為深具魅力的政治人物。吉田與保良的當選，在某種程度上也顯示了極道的地位——他們，至少在某些地區的極道老大並未被視為陰暗「地下社會」的一部分，而是當地特定利益的代表。而他們在國會中出現，不但反映、也長久留下一種政治印記：暴力摻進了政治對話中，甚至進入國會本身的圍牆內。

在開始談論吉田和保良的政治生涯之前，必須先說明撰寫這兩人生平的困難。他們的人生被記錄下來時，通常經過渲染，或者企圖扭曲他們人生的某些部分，吉田更是如此，他幾乎已經成為一位傳奇人物。即使到了今天，他的銅像以及記述其成就的紀念碑文仍樹立在北九州市一座大型公園裡。[77]更直接一點來說，吉田已然成為小說裡的角色模型，例如火野葦平的《花與龍》。[78]在書籍和雜誌中也可見傾向美化極道的讚頌之詞，如藤田武郎的《任俠百年史》以及在極道的通俗雜誌《實話時代》裡的一篇文章。[79]我留心避免使用這類素材做為透視其人生的依據，但即使是自傳、報紙文章以及人們對他們梳理過的記憶，都可能有所誤導。與吉田相較，保良較不為人所知，他不是神人級人物。然而，對他的書寫之缺乏，意謂大部分內容盡皆仰賴他的自傳，一個自我美化的出版計畫。雖然這些來源某程度上來說都有問題，但正是關於吉田與保良在這些素材中的誇大誤解，最能說明極道在議會政治中的本質。決定在哪一方面誇大，無疑說明了極道描繪自身在政治界的模樣，他們扮演什麼功能，以及為什麼他們被其他政治人物所接納。例如吉田的傳記和保良的自傳都描繪他們是俠客，而非極道。尤其是保良，他極力宣稱在他人生中的某一個時間點，從一個極道轉而成為俠客。這種婉轉的說法，強調出吉田和保良在眾議院及其他政客面前所表現出的俠客形象。俠客「劫強濟弱」的口號，對他們所屬地區的某些人或許有吸引力，而身為俠客的愛國色彩，也與各種不同的政治支持者相呼應。

這些參考來源也誇大了這兩人的武打功夫，其中重述他們對抗極道或政治人物的景象，就像武士傳說中以寡敵眾的主角，奇蹟似地戰勝強大的對手。書中毫不掩飾，甚至費力強調吉田與保良能踢善打的能力，說明了當暴力與政治合理性或意識形態交織在一起時，暴力是被接受的，即使表現得像愛國俠客那般粗鄙且態度不明。這兩人展現及合理化暴力的意願和能力，不論在國會內外，可能是多名「受敬重的」政客也要尋求他們關愛眼神的原因之一。

吉田在一九一五年三月的選舉，也就是因為政府干預而惡名昭彰的那次選舉中，以反政友會

77　譯註：即福岡縣北九州市若松區的高塔山公園。

78　豬野健治《俠客の条件：吉田磯吉伝》（現代書館，1994），7。在小說《花と龍》裡類似吉田的角色，在下列這本書中也有提到：讀売新聞社西部本社編《福岡百年（下）日露戦争から昭和へ》（浪速社，1967），172–76。火野葦平（本名玉井勝則）在若松出生，父親是玉井一家的親分，但他年輕時即同情左翼思想。見火野葦平《日本文學全集（第52）火野葦平集》（新潮社，1967），461–72。

79　藤田五郎《任俠百年史》（笠倉出版社，1980），195–202；溝下秀男〈これが「川筋者」の魂だ！〉《実話時代》2001年10月號，38–39。

的候選人之姿進入國會。他擊敗了政友會的野田卯太郎，當選代表北九州筑豐地區的議員。[80]

從吉田的早年生活，看不出他將來會進入政治精英圈。他的父親吉田德平是第十代武士，但是在一次紛爭後，被迫離開他所屬的藩，成為浪人。德平從一個藩旅行到另一個藩，途中他的妻子乃武去世，最後他和第二任妻子佐久落腳在一處名為芦屋町的小鎮，位於今天的福岡縣。兩人過著相對窮苦的生活，且因為遠在異鄉，德平的工作機會受到限制。一八七二年德平過世後，家中的經濟情況雪上加霜，留下佐久獨力照顧當時五歲的磯吉和他兩個年長的姊姊スエ（SUE）和もん（MON）。少年的吉田沒有在當地就學，而是做各種臨時工。九歲時，他離開芦屋，到附近博多地區的菸草店工作，但後來逃回家鄉，他青少年早期的大部分時間，都在兜售雞蛋、青菜和魚中度過。十六歲時，吉田成為若松煤礦出口港的船夫。有好幾年，他一直是個積欠老闆債務的船夫，直到經營一間生意興隆的妓院的大姊スエ，提供他一些資金，他這才成為自立門戶的船夫。[81]

吉田擔任船夫大約六年後，一次從釜山回到若松，當時二十多歲的他，開始不時出入一個由極道經營並居住其中的世界。吉田接觸賭博之後，便向大姊借了更多錢。與他往來的賭客大多是職業博徒，透過他們，吉田被引介給多個老大。這些連結讓他經常有機會前往若松以外的地區，例如長崎，有一次他在那裡一間高級餐廳轉賭場的地方，與來自關西地方的幾個老大賭博。除了當賭客，吉田在一八九九年也成了地方生意人，開了一間名為「現銀亭」的料理屋維持生計，撫

養新任妻子稻田いわ（IWA）和兒子敬太郎。

吉田在極道與料理屋的經營一帆風順，為他鋪就一條走向極道老大的康莊大道。他的料理屋開張的那一年，若松鎮上的大老和當地商家紛紛求助於他，請他協助調解當地的極道地盤。他點頭同意之後，便開始招募手下，如中山豐吉和岡部亭藏（他本人後來也成為政治人物）。[82]吉田成為真正的博徒老大，是在一九〇〇年二月，他成功壓制對手江崎組之後。由作家豬野健治執筆的這起事件，讀起來猶如傳奇：吉田與他的手下中山、岡部，以及其他七、八人，被江崎滿吉和他的七、八十名手下圍堵。雖然雙方人數差距懸殊，吉田奇蹟似地以寡擊眾。雖然事件在敘述中被誇大了，但吉田似乎因為這次事件，在這個社群中維持，甚至建立起一些名望。一九〇九年，他兼職於消防隊，是年秋天，由於調停了大阪與東京極道之間，哪一座城市可以贏得一位大關力士（高級相撲手）所屬關係的衝突，吉田更是獲得普遍的認同。[83]

一九一五年，吉田競選眾議院議員寶座，他在政治方面的參與登上了國家級的層次。[84]雖然

80　猪野健治《俠客の条件》，55–56。

81　同前註，16–30。見玉井政雄《刀と聖書：筑豊の風雪二代記》（歴史図書社，1978），17–18。

82　岡部亭藏於1921選上市會議員。見猪野健治《俠客の条件》，59。

83　同前註，30–38、44–50。

84　吉田磯吉顯然是若松地區第一名當選進入國會的人物。見若松鄉土研究會編《若松百年年表》（北九州市立若松図書館，1969），42。

吉田參選國家公職的動機不明，但似乎至少有部分是對政友會不滿所致。據稱吉田認為政友會行事傲慢，由於他同情大隈重信的反政友會行動，也關心這位七十七歲老人的行動力，他因此擔負起為反政友會運動注入年輕與活力的角色。吉田的反政友會立場可能也來自實務上的考量。他也許感覺到反政友會的情緒潮，以及所謂的「大隈復興」，因此希望搭上順風車，走上政治之路。一九一五年的選舉中，政友會失掉絕對多數，吉田也贏得了他在帝國議會的寶座。[85]

也許更重要的是，吉田對北九州，尤其是其生意上的利益原本就很關心。吉田所代表的筑豐地區以生產鋼鐵著稱，也是北九州工業帶的一部分，這裡在二十世紀初前幾十年的快速發展，也是拜筑豐煤田所賜。吉田在青少年時期與礦場的淵源以及自身擁有一小企業的緣故，讓他可能同情新興的商業和工業階級的需求。從筑豐地區的人口，包括農民團體和煤礦工人，他吸引了政治上的支持者。在若松的一場公眾集會上，有六千名這類支持民眾說：「讓我們聽老大說話！」[86]確實，吉田在一九二〇年爭取眾議院席次時，他是以憲政會的候選人身分參加競選，這個政黨便是吸引到最多新興商業和工業階級的支持。

一當選進入國會，吉田便很樂意使用暴力。前面提到《中外商業新報》的文章也許將吉田描繪成坐在國會裡威嚴安靜的「金佛」，但有幾次他也參加了國會議場的混戰。一九一五年吉田第一次當選後不久，當首相大隈站在國會特別會期前，發表對政友會的批評時，衝突一觸即發。大隈的話激怒了名為武藤金吉的政友會黨員，他衝向大隈，攫起他的一隻手臂，企圖將他從台上拖下來。為了解救大限，吉田一把抓住武藤。這時吉田的幾名同黨想拉住他，結果導致一群政客在國會議場上演疊羅漢。[87]另一次類似事件發生在一九二七年春天，副議長小泉又次郎指示，在有疑問的法案討論前，不要有任何動作。一些政友會黨員因此感到憤慨，衝向副議長，這時吉田又一馬當先跑向副議長席，將好幾個議員從主席台推開。[88]

吉田也將自己的博徒帶進了政治界。吉田的手下和院外團壯士一樣，占據了相同的政治空間，這幅景象可以在一九二四年見到，當時在國會裡發生的爭執，延伸到眾議院牆外。這場考驗從國會議場的一場打鬥開始，血脈賁張的吉田想要加入。然而，他被同黨的議員町田忠治（後來的民政黨總裁）拉住，他跳上吉田的肩頸，防止他讓情況惡化。雖然國會內的混亂最終平息了，在國會議事堂外卻引起緊張氣氛，大約有十名吉田的手下聽聞老大在混亂中被人踹了，便聚集了起來。後來情況演變成吉田的手下與政友會院外團之間的衝突。這時，吉田提議宴請政友會院外團到築地一間高級餐廳用餐，做為和解的表態，從而避免了一場正面對決。[89]在描述這起事件

85 吉田磯吉翁伝記刊行会編《吉田磯吉翁伝》（吉田磯吉翁伝記刊行會，1941），29；Duus, *Party Rivalry and Political Change*, 89。

86 猪野健治《俠客の条件》，56–57。

87 同前註，61。

88 吉田磯吉翁伝記刊行会編《吉田磯吉翁伝》，63–64；猪野健治《俠客の条件》，86。

89 有馬賴寧《七十年の回想》，250–51。

圖3.1
吉田磯吉42或43歲時。
圖片來源：《吉田磯吉翁傳》，吉田磯吉翁傳記刊行會編（東京：吉田磯吉翁傳記刊行會，1941）。

中，很多細節似乎被刪減了，不清楚為什麼吉田最終決定緩和與政友會院外團的關係。雖然這件軼事是為了刻意展現吉田如何避免爭端，頗具正義感，但同樣令人印象深刻的，是吉田在第一時間也想加入國會裡的小衝突，以及町田出於避免吉田加入激戰後導致問題惡化，而出手制止他。最明顯的是，吉田的手下所發揮的暴力及保護作用，和政友會院外團並無二致。

至少有一次，吉田手下的暴力行為踰越單純的暴力行為，已到了謀殺的地步。一九一九年九月二十七日晚上九點十五分，支持政友會的《若松實業新聞》社長品川信健在走路回家途中遭到暗殺，被人一刀刺進心臟。所有人都知道，品川支持政友會候選人石崎，而且曾說過一些批評吉田的話。而殺死品川的中西長之助，便是吉田磯吉的手下。[90]

吉田在暴力上的名聲，使他成為政友會與憲政會之間重要角力的人物。兩黨為了充實金庫，長期爭相與企業界富裕財閥支持者建立更緊密的關係。處於這個衝突核心的企業，便是日本第一家近代船舶貨運公司「日本郵船株式會社」。大正初年，日本郵船公司的獲利特別豐厚，因為他們購買大型船舶加入營運，又因為一九一六年巴拿馬運河通航，建立起環球航線。很大部分還因為第一次世界大戰期間以及隨後那幾年繁榮的日子，這家公司的資金累積到數千萬日圓。[91]各政黨覬覦這些資產，不只因為金錢本身，也因為與日本郵船公司的聯繫，能夠牽線到極具影響力的三菱財閥。

爭端從一九二一年五月開始，反政友會的政客相信，政友會正計畫藉由逼迫日本郵船公司社長退休，安插某個支持政友會利益的人，以獲得該公司資金的控制權。這不是政友會第一次尋求與日本郵船公司更緊密的關係。一九一四年，就謠傳他們要指派具影響力的政友會黨員，也是政

90　猪野健治《侠客の条件》，59–62。

91　同前註，35。日本郵船的準備金從一九〇一年的六百二十萬日圓，在一九〇六年和一九一〇年之間，增加了百分之三十七點二；從一九〇一年到一九一四年增加了百分之八十。見William D. Wray, *Mitsubishi and the N.Y.K., 1870–1914: Business Strategy in the Japanese Shipping Industry* (Cambridge, Mass.: Council on East Asian Studies, Harvard University, 1984), 479–81。

友會總裁原敬的好朋友岡崎邦輔，擔任該公司副社長。而這一次，政友會的策略是透過引誘一群據說屬於關東地區知名國家主義團體的壯士，於五月三十日前往東京神田地區青年會館舉行的股東會（「株主總會」）鬧事。一些壯士會購買該公司的股票，佯裝成股東，其他人則準備在必要時刻以暴力鬧場，藉此迫使社長辭職。[92]這個策略是由「總會屋」執行，他們是所謂的「職業股東」，由公司付錢，藉破壞股東會或與其他公司的總會屋展開攻防，以保護自身的利益；簡言之，他們相當於金融界的壯士，因此，有些流氓在政治、金融這兩個世界都很活躍，也就不足為奇了。

政友會想取得在日本郵船公司的影響力這件事，受到反政友會的政客嚴辭批評。憲政會一名黨員認為，政友會企圖染指日本郵船公司，是該黨為了私利，計畫將其勢力伸進經濟的全面領域。其中兩個確認政友會「謀畫」取得金錢和影響力的人，是前首相兼資深政治家山縣有朋，以及吉田選區的政治人物杉山茂丸，杉山的第一家公司曾促進北九州地區發展。邪惡與否，這兩人感受到威脅的原因，顯然是政友會企圖得到金錢和與日本郵船公司、三菱財閥的聯盟，以扶持其政治地位；換言之，他們其實想要約束主要政敵的勢力，而不是出於道德正義之氣。為了對這件事採取行動，山縣與杉山尋求吉田的協助。吉田便聯絡親信岡部亭藏，指示他在股東大會舉行前，從九州找人。吉田的數百名人手終於往東京前進；報導的人數從兩百到五百所在都有，五百這個數字則是吉田自己說出來的。抵達東京的人當中，七十人買了日本郵船公司的股票，如此可以在會議中代表憲政黨，而隸屬政友會的一百六十名壯士也會在場。其他安排還包括派人駐守在青年會館外面，吉田則預約了東京神田和築地地區的醫院病房，為可能的傷亡預作準備。股東大會前，許多從九州過來的手下聚集在吉田位於東京麴町的住所，在那裡準備槍枝和刀劍。由於在家裡的武器到處都是，導致吉田的一名手下牧田定吉，被吉田的一名支持者誤擊死亡。[93]

政友會與憲政會因日本郵船公司日益升高的緊張情勢，後來逐漸消散。這是因為愈來愈多的記者和警方對於城市裡壯士與流氓大量動員的關注，兩方決定退讓，政友會同意不去干擾股東會。他們在東京靖國神社的公眾面前達成初步決議，最後的協議會則在築地舉行，由吉田和四名手下參加。在對記者的聲明中，吉田批評政友會訴諸暴力的策略，解釋自己的行動是對付政敵先動用武力，因而採取的必要反制措施。五月二十九日下午，吉田在他位於麴町的住處告訴記者：「我對日本郵船公司沒有個人好惡，但是聽到（政友會計畫）使用暴力以達到不當野心，我不能袖手旁觀。這個問題不只是一家公司的問題，而是會立下不好的先例，危及國家社稷。」吉田

---

92 《東京日日新聞》1921年5月28日。吉田磯吉翁伝記刊行会編《吉田磯吉翁伝》，36、55；玉井政雄《刀と聖書》，88–89；Wray, *Mitsubishi and the N.Y.K.*, 474–75。

93 《東京日日新聞》1921年5月27、28、30日；《東京朝日新聞》1921年5月30日；吉田磯吉翁伝記刊行会編《吉田磯吉翁伝》，37–39、45–46、53–57。吉田的手下岡部亭藏在離開九州和購買股票上都遇到問題。岡部居無定所，沒有戶籍謄本，這是成為股東的必要文件。即使在他設法借到某人的戶籍後，他還得閃躲企圖阻止他前往東京的警察。

宣稱，他訴諸暴力的唯一原因，是因為政友會厚植壯士。[94]鑑於吉田在這次爭議中能夠占一席之地，只因為他有一群隨時供驅使的暴力手下，以及對政敵施展武力的名聲，因此他譴責政友會暴力時表現出的偽善，尤其顯得可悲。

吉田在其他許多事件中運用他的暴力名聲，通常是為資方解決勞工糾紛。吉田或他的手下在各種罷工中，擔任「調停者」角色，例如一九二六年旭玻璃公司與三井物產、一九二七年入山炭礦，以及一九三〇年林兼產業。[95]在所有這些爭議中，吉田為資方付出最少的代價，確保他所在地區的企業生產與運作順利。

所有這些可以看出，吉田不只被其他政客視為肢體暴力的提供者，他也完全有能力針對他關心的議題，與關鍵人物對話，其中一件事是向貴族院提名傑出貢獻者。吉田曾向幾位首相提出他的提議，包括加藤高明，吉田曾在這位首相的私邸與他見面，和他交流議員生涯的困難之處。之後不久，令人滿意的提名名單就送到了貴族院。當要協助通過一項指施，尤其對福岡縣至關重要時，吉田也會巡迴拜訪大藏省、商工省、內務省的重要人物，讓一半得自礦業稅的營收，能夠回到課稅的礦場地區，而不是全部進入國庫。

即使在一九三二年吉田離開了國會，一直到他的晚年，他仍繼續參與地方政治。後來吉田鼓勵民政黨候選人河波荒次郎角逐眾議院席位，還為他爭取國會議員前田幸作的支持。為了回報前田的協助，吉田也支持他降電費的提案，並贏得民政黨的支持；這個提案後來通過了，在東京獲得認可，最後於一九三七年四月實施。[96]

吉田於一九三六年一月去世，標記了一個效忠地區產業利益、靠肢體蠻力和一群暴力手下的政治生涯來到終點。吉田可能在這些方面頗具名聲，但他絕不是例外，他不在陰暗的「地下社會」被邊緣化，吉田具體展現了被許多政客同僚所敬重的特質與能力。

吉田磯吉離開國會的前兩年，保良淺之助代表本州南部的山口縣，以政友會黨員的身分，在眾議院拿下了一個席次；山口縣隔著下關海峽，就在吉田的北九州故鄉對岸。和吉田一樣，保良早年就涉入極道，在以武力闖盪日本政界前，就是個重要的地方人物。但是保良似乎更是一個完美的極道老大：他有自己的「一家」，而且似乎是他最初效忠的所在，他與政客同僚互動時，就像在極道組織裡一樣以「兄弟」互稱，而且他對他那個時代迫切的政治議題涉入較少。之所以這麼說，可能是因為他自傳中的語氣，聽起來是他對於個人的英雄事蹟深感自豪，卻也反映出在其他當代資料中，即使曾提到保良，內容也是少之又少。因此，對於他為什麼留在政界？為什麼選

94 《東京日日新聞》1921年5月30日；《東京朝日新聞》1921年5月30日；吉田磯吉翁伝記刊行会編《吉田磯吉翁伝》，50、53、57。

95 猪野健治《侠客の条件》，71–72；吉田磯吉翁伝記刊行会編《吉田磯吉翁伝》，117–25。雖然吉田在「調停」勞資問題時，似乎偏袒資方，但為什麼這個地區的工人似乎仍支持吉田？這是個疑問。可能是吉田和其他調停者相較之下，是保護工人的，或者是投票給他的工人認為，他對當地產業的支持，最終仍對他們有利——但這純粹是臆測。

96 吉田磯吉翁伝記刊行会編《吉田磯吉翁伝》，72–75、135–37。譯註：原文為1937年，日文版寫1936年。

民投票給他？我們所知簡直茫茫一片。在保良的案例中，與其說地方上支持他，可能恐嚇對手反而較能解釋他如何走進政治生涯。雖然如此，他仍為政友會所接納。

短暫待過大阪後，保良就從出生地和歌山搬到神戶，他大半成長期便是在這裡度過。他居住的地方環境惡劣；可以看見女人在外面賭博，少年保良也經常打架鬧事。他八歲時確實註冊進小學，早上也帶著便當出門，只是他都是直接跑到戲院看戲，而不是到學校。完成四年的小學教育後，他便輟學，整天四處遊盪。十四歲之前，他已經對花街柳巷很熟，會光顧其中一間妓院，並結交一個叫大島秀吉的人，此人後來成為神戶地區的極道老大。少年保良噱頭很多，例如他會在節慶上脫得全身精光，至少有一次與極道遭遇。當時保良在相生座戲院觀賞一齣戲，就在人氣壯士演員荒木清即將出場之際，鄰近座位一名極道卻開始發出聲響。戲院裡一個年輕人請他安靜，情況隨後一發不可收拾。原來這名極道分子還有三十名同伙，他們群起對付這名青年。保良見狀抬起角落的一塊榻榻米，往其中一名極道身上丟過去，被榻榻米擊中的力道導致他鮮血直流。這時，所有人都站起身來，戲也被迫中斷，保良趁隙從戲院溜走。[97]

大約十四或十五歲時，因為認識一個被稱為「難波之福」的黑幫老大，保良成為極道，難波之福是關西地區的名人，地盤在大阪。保良記得大姊的先生是大阪一家建設公司的經理，辦公室裡總是掛一個告示牌，上面印有難波的組織名（南福組），他在那裡招募工人，以便嚇走想來鬧事的人。當難波之福見到保良，據說這位大哥就預見眼前的青少年成為黑幫老大後將前途無量，便正式舉行「盃事」儀式，將保良納入一家。[98] 十八歲時，保良成為南福組的年輕老大，成天賭博，並且和一個劇團到滿洲巡迴。他也和一名來自神戶的極道老大板井辰三（通稱「大辰」）稱兄道弟，板井後來與四、五十名藝伎前往青島，開了一間餐廳。[99]

97 長田午狂《侠花録：勳四等籠寅．保良淺之助傳》（桃園書房，1963），8–12。

98 「盃事」儀式是「一家」中正式建立關係的儀式，最重要是親分和子分之間的的關係。盃事的形式可能有些不同；如下描述的，應該算是典型的儀式。盃事儀式選在黃道吉日，場地有適當的布置，以及儀式用的器具。在儀式前的祭壇，會掛著三幅卷軸，從右到左分別為：八幡大菩薩（弓矢與戰神）、天照大神（神道教的太陽神），以及春日大明神（原為藤原家的家氏神）。在祭壇前有清酒和厚和紙（奉書付神酒），一項供品、米、鹽、鰹魚，以及從神道教的聖樹（榊）剪下的一段樹枝。房間裡還有一張木台（三寶），放上摺成三角形的奉書（和紙），上面放上一對清酒瓶、一只清酒杯、三把鹽、兩條魚（擺放成一條魚的魚背對著另一條魚的魚腹），以及一雙筷子。這場儀式的中心人物當然就是老大和小弟，以及一名介紹人，在場的則是該一家的成員，他們依輩分安排座位。儀式開始時，介紹人先拿起筷子，將魚擺放成面對面。然後，他會用右邊的清酒瓶倒三次酒到清酒杯裡，之後再用左邊的清酒瓶倒三次酒到同一只清酒杯裡，然後將三堆鹽合成一堆，之後用筷子夾三撮鹽到清酒杯中。接著再夾一條魚蘸入清酒杯三次，之後，清酒杯由右邊的清酒瓶和左邊的清酒瓶斟滿。儀式到此，介紹人將清酒杯放到老大前，並且對小弟說話，要他發誓向老大與該一家忠誠。這名小弟與老大發表幾句話後，老大會喝下整杯清酒，介紹人再次斟滿酒杯，由小弟喝盡，之後這名老大和小弟再為這名介紹人斟酒。這只清酒杯接著用紙包起來，由介紹人交給小弟，意謂小弟正式接受了老大的盃事儀式。清酒杯裡剩下的清酒則倒在魚和筷子上，然後包在紙裡，依該一家決定的方式丟棄。這種盃事儀式稍作變化後，也用來鞏固「兄弟」之間的情誼。盃事儀式也做為兩個世仇一家的和解儀式。岩井弘融，《病理集団の構造：親分乾分集団研究》（誠信書房，1963），146–50、160–61；田村栄太郎《やくざの生活》，98–106。

99 大約這個時候，保良與マツ結婚，她是魚販之女，和保良的家族之間有生意往來。長田午狂《侠花錄》，13–21。

在這段桀敖不馴的青少年歲月後，據稱保良決定切斷與極道的連結。他在自傳中反省，就像人們通常只能以後見之明的智慧來看一樣，他宣稱自己對極道的人生感到厭倦了，極道的人生意謂著得去賭博、打架，殺人或者被殺，犯罪或者早死。保良說，極道大哥難波之福了解了他的想法，從善如流打翻盃事儀式的清酒杯，切斷彼此的關係。不論這段故事的真實性如何，保良後來的行事作風依然和極道沒什麼不同。他也許視他與難波之福正式斷絕關係為一種過渡，從一個逞兇鬥狠的極道，過渡到一種更有尊嚴且成熟氣質的俠客，但是他聲稱的「俠客人生」，只是繼續極道般行為的委婉說法，他依然經常流連花街柳巷、加大刺青範圍、參與極道鬥毆。[100]

結束日俄戰爭的軍旅生活後，保良落腳在下關，拓展家族事業——販售運送魚貨用的竹籠。在下關，即使不是名義上，他在實務上似乎仍維持著極道的作風。他宣稱，他和極道不一樣，因為他要每個人都叫他「大將」（老闆）而不是「親分」（老大），他老老實實的工作、生活，而且他向來告訴他的手下，要有正當的工作，不要當賭客。他解釋說，他的手下有市議員或縣議員，有從事建築業，也有漁貨批發和碼頭工人的社長。不只因為這些產業是極道經常從事的工作，而且更具體來說，保良是「籠寅組」的領袖，這個組名是由他所販售的「籠」和他父親的名字寅吉組合而成。在他的自傳裡，他也將二十八名手下比喻成德川時期傳奇的極道清水次郎長的二十八名手下。對這些手下的一些簡短描述，可清楚看出他們是極道：平吉喜歡賭博，娶了一個下關紅燈區的妓女為妻；「惡魔」龜吉身強力壯；春田權兵衛很有膽識，曾和全國組織（國粹會，我們將在下一章談到）的會長在競馬場上決鬥；甚兵衛販售甜品，但是名滿關東、關西地區，甚至名聲遠播至九州、滿洲和朝鮮的極道圈；青木政吉被派進監獄，為了要暗殺一名共產黨員。[101]

保良也在身上刻上極道的標誌，即全身刺青，但是聲稱他不會刻意露出這些刺青，便足以顯示他並非極道。保良最初是在他的背和雙臂上，刺了悲劇少年英雄梅若丸騎在龍上的圖案，當時他十六歲，無法完成腹部的部分。搬到下關後，保良決定完成圖案，便從神戶請來一名刺青師來刺完全身，順便為十個身上還沒有這些彩色圖紋的手下也一併刺青。[102]

除了全身刺青，保良也和下關的極道有所互動。在敘述一次與極道過招時，他想讓讀者對他身為有力人士的名聲留下印象，便將自己比喻成德川時代日本俠客的始祖幡随院長兵衛。但是他提到幡随院，以及他說的故事本身，無意間透露了他和他據稱已拋諸腦後的極道世界，是多麼地密切相關。這起意外發生在一天晚上，保良帶了幾個旗下鋸木廠工人到下關一處新開發的花街柳巷，其中一間妓院把他的工人當成鄉下土包子時，他非常生氣。保良喚來鴇母到他們二樓的房間，但她不願意為那名女子的行為道歉，因而再次激怒了保良。醉醺醺的保良大聲斥喝：「那麼，就妳嘍，嗯?」鴇母和其他女子立刻逃出房間。保良和他的工人準備離開時，從二樓往下

100　同前註，21–22。
101　同前註，5、9、23–24、26、33–35、38–39、44、69–73。
102　同前註，48–49。

看，發現鴇母已叫來超過二十名博徒，他們堵住了妓院的入口。保良把他的工人從後門送出去，自己則留在原地等候那幫人。他們是樋口甚兵衛和今村竹次郎（業餘相撲手）帶來的。但最後出現在保良面前的是該花柳街的組合長，也是保良的朋友中島，他顯然聽到風聲趕來，便斥責樋口和今村打擾了保良。保良聲稱他接受這兩人的道歉，兩人後來甚至成為他的手下，而且因為這次事件，保良更是成了下關的名人。[103]

與極道發生衝突，對保良來說不算少見，他有一套方法用來對付阻隢他的事業的對手。他的祕招是印上「保良組」字形的鐵製武器。聽聞有人來襲，他會將三、四個風爐升火，放上二、三十支鐵棍，然後用這些加熱過的鐵棍對付極道手中的短刀和短劍。他發現這些鐵棍在策略上極其奏效，在法律上也站得住腳，因為他可就此辯稱任何使用鐵棍的行動，相較於傳統的武器，是合理的自我防衛。[104]

在這些意外事件之外，保良持續擴大他的事業版圖，成為知名的地方企業家。他經常前往朝鮮，他的工人在那裡生產木箱，也招募朝鮮人進入他的籠寅組。此外，保良最後在各地興建了二十座鋸木廠，包括在山口、鳥取和熊本縣；他也開設建設公司和製冰廠；還在下關火車站正對面經營一家山陽百貨。他同時也是下關救難會的會長，並涉足娛樂產業，在兵庫、神戶市中心的三宮、廣島與大阪擁有數十家戲院。[105]

保良進入政治圈的原因，可能是這些地方事業的緣故，但是關於他在一九二九年競選下關市議會議員的情況，從他的敘述中聽來，似乎太過離奇，令人難以置信。根據保良的說法，他甚至沒有競選公職，更別說造勢。當時，他沉迷於業餘演出，而且對於能夠在描繪德川時代著名的博徒《國定忠治》這齣戲裡飾演主角，他感到非常自豪。當電報通知他贏得選舉時，他簡直大吃一驚。有鑑於一九二九年的選舉是下關在男性普選權通過後的第一次地方選舉，有資格投票的選民人數大幅增加，有可能很多人支持保良的「候選人資格」。[106]但是，要說保良沒有進行任何組織動員，或者保良對競選活動一無所知，委實太過牽強。不論他為什麼或怎麼當選的，據稱保良是在妻子マツ（MATSU）的鼓勵下，勉強接受擔任起政治人物的角色。保良為何對於接任公職如此猶豫不決，其官方說法之一，是擔任政治人物的花費。當時眾議院議員每個月的薪資是兩百五十日圓，根據保良的說法，這份薪資還能撐個一、兩任，到了第三任就相當吃力了，屆時他得變賣財產，才能繼續留在政治圈。保良的想法是，那個時期的政治人物不是敗光財產，就是遭到暗殺。然而，他還是接任了他在市議會的職位，擔任短短兩個月的副議長，並在他所屬的中立派中

103 同前註，40–44。
104 同前註，50–53。
105 同前註，67、76、78–80；猪野健治《侠客の条件》，94–95。
106 在一九二五年舉行的最後一次下關市會限制選舉，總人口93,019（男性48,591人，女性44,428）中只有4,942人可以投票。到了一九二九年，總人口104,589（男性53,862人，女性50,727人）中，有19,096人可以投票。見下関市市史編集委員会編《下関市史：第3卷》（下関市役所，1958），164–65。

成立「昭和會」。[107]

保良似乎對政黨政治興致缺缺，他對此的解釋是，他有個高貴的企圖，要跨越政黨政治，為國家做些事；而他最後效忠政友會，取決於他和政友會總裁、前陸軍大臣田中義一的私人關係。保良第一次遇見田中是在山口縣荻市，當時他以市議員的身分歡迎這位赫赫有名的政治人物；保良和手下隨後在下關招待他。停留下關期間，據說田中向保良提議兩人結為「兄弟」，但保良婉謝了，說他應該是田中的手下、他的下屬。然而由於田中堅持，兩人顯然還是以盃事儀式成為「兄弟」了。照常理，田中會向保良透露一些政治機密，包括出兵山東失敗，以及一九二八年暗殺張作霖的事；田中也鼓勵保良招募市議會裡十七名中立派議員加入政友會，如此黨議會成員將達二十四人。保良同意了，他甚至召集數百名手下恭送田中離開，最後還一路伴隨田中到神戶，在那裡，一大群人，包括極道老大，已經在那裡聚集起來，歡迎這位政友會總裁。當田中與保良分開後，保良立即返回下關，如田中所要求，開始嘗試招募昭和會議員加入政友會。最後，十六名昭和會議員，包括保良本人，加入了政友會。一九二九年九月，當田中在品川猝逝，保良與三、四十名年輕人趕往東京，據說這些人身上都穿上印有「籠寅組」字樣的法被，並為這位前首相抬棺。[108]

一九三〇年，保良連同幾名來自山口縣的政友會候選人一起競選眾議員，包括久原房之助，前田中內閣的遞信大臣，也是前久原礦業所的社長，這間公司後來成為日本產業株式會社（日產公司）；松岡洋右，傑出的外交官，後來成為第二次近衛文麿內閣的外務大臣。保良參選的是山口縣第一選區，他被對手批評教育程度不足、缺乏專業技能，但他仍得到法務大臣牧野良三以及喜劇演員五九郎的支持。五九郎透過個人與知名極道人物的往來，將幕末的博徒俠客清水次郎長詮釋得太過理想化。一次在保良的公眾集會上，他站在一群礦工前，描述保良如何成為一名老大，但他不打架茲事，也不任性而為。五九郎說，如果清水次郎長是東海道最偉大的老大，那麼保良就是日本最偉大的老大，而且為了日本，他一定要選上。五九郎必須否認保良和肢體武力的關聯，反映出一九二〇年代末期，民眾對政黨暴力的批判趨勢；但是對這群更受到國家主義感動，而且將極道浪漫化成愛國人士的群眾而言，五九郎補充的這段訊息顯得空洞，甚至毫不相干。不久，保良順利當選山口縣的第十七屆眾議員。

一九三〇年四月，保良成為新科國會議員，當時最重要的議題是《倫敦海軍條約》，日本政府與美國、英國協商，縮減日本海軍的軍備。在這種情勢下，保良並未扮演任何有意義的政治角

107　長田午狂《侠花録》，89–92、102、104–16。根據保良的說法，他擔任副議長兩個月後，因為旗下事業包羅萬象，成為下關商工會議所的會頭。他擔任這個職位兩個月，後來又接下副會頭，但最後也辭退了。下關商工會議所的紀錄顯示，保良於一九三三年擔任過副議長，但沒有擔任過會頭。見下関商工会議所《下関商工会議所創立百年史》（下関商工会議所，1981），10。

108　長田午狂《侠花録》，117–26。我在報導田中葬禮的日本報刊中，從來沒看到提及籠寅組。

色，倒是涉入好幾項爭端。保良重述了一個真實性待商榷的事件，意圖將自己描繪成強悍且高貴的形象。在一次演講場合中，政友會的政治家尾崎行雄發表了一段批評政府立場的演說，而當時的首相是政敵民政黨的濱口雄幸。尾崎很快就為這段言論付出代價——休息時間，當國會議員來到自助食堂休息時，尾崎就被二十名民政黨的議員包圍。保良聲稱他闖進包圍尾崎的人群，將一人推開，一面保護尾崎，一面義正嚴辭地說，政治人物不應該被這樣對待。這時有個人問保良是何許人，他回說他成百上千的手下的行為都比這些議員更高貴。這段小衝突最後以雙方口角結束，民政黨議員取笑保良，說他是自以為是的新科國會議員，尤其他來自那麼鄉下的地方；保良則是撂下狠話回擊對方。除了這次以外，顯然有幾次類似的對峙升高到暴力的程度。一九三一年初預算討論時，保良被五十名民政黨院外團成員追趕，依據保良的說法，這些人都是善長柔道或相撲的打手。這次攻擊造成保良數名保鑣受傷，保良的長男寅之助也負傷送醫。[109]

儘管發生上述事件，或是身為極道老大的名聲——或者應該說正因為這兩個原因，保良似乎受到其他政客的擁戴。保良隸屬於「昭五會」，一個由該年當選的政友會國會議員組成的社團。這個社團包括一長串令人印象深刻的政治家名單：大野伴睦、林讓治、松岡洋右、船田中、中島知久平、太田正孝與犬養健。保良擔任社團會長，每個月在新橋或赤坂的高級餐廳聚會一、兩次，只是每次聚會都得花會長兩、三百日圓，據說這對保良來說，是太高的花費，因此他請中島接下這份會長職。在昭五會的成員中，保良與大野伴睦特別合得來，這時的大野已經從過去政友會院外團的時期，在政治台階爬上了好幾層。保良很尊敬大野，認為他是俠客型的人物，而且為了支持大野一九三一年再次競選，他派了五、六名手下到岐阜的公眾集會幫忙。大野對保良沒有表現出特殊情誼，但還是為他的自傳撰寫了序文。

保良第二度競選眾議院議員時，沒有遇到什麼對手，大多是因為他勸退了幾名可能的候選人。據說他告訴這些人選舉很花錢，每個政治派系只選派一名候選人會比較有利，他會用原本要花在選舉上的錢，幫國家買一架飛機。他用激將法慫恿對此懷疑的人來挑戰他，一起參選，但不令人意外，沒人有這個膽量。雖然再選之路出奇順利，保良最終決定離開政治，他說時代已經改變，沒受教育的人不再能代表人民。他將結束國會生涯後的人生，投入在戲劇上。[110] 保良的長子寅之助承接了籠寅組，於一九四二年當選下關市議員，並於一九四五年當上議長。[111] 戰後，保良受到戰犯審問，因為籠寅組是同盟國占領區所禁止的組織，但是他成功躲過審判。[112]

黑社會把持公職的現象，並非是日本獨有。在二次戰後的西西里，坐在帕勒莫（Palermo）

---

109 長田午狂《俠花錄》，126–42。

110 同前註，1–2、151–58。

111 中西輝磨《昭和山口県人物誌》（マツノ書店，1990年），247；下関市市史編集委員会編《下関市史：第3卷》，174–76。

112 長田午狂《俠花錄》，204–8。保良稱他對占領軍當局提到他支持尾崎，因為尾崎的妻子是美國人，但是尾崎的妻子其實是英國人，這個解釋至少是有疑問的。見 Ozaki, *Autobiography of Ozaki Yukio*, 246。

鎮議會裡的皮諾・特拉帕尼（Pino Trapani），不但是議員，也是一個黑手黨家族的成員，也許還是顧問。國會議員歐諾瑞佛爾・卡洛吉羅・弗波（Onorevole Calogero Volpe）以「榮譽者」聞名，而迪・吉洛拉莫（Di Girolamo）黑手黨家族的吉尤斯比（Giuseppe），則是君主主義或自由黨的代表。在義大利戰後的情勢下，這些人的當選，顯示黑道派系的勢力與普遍，尤其是在西西里的政治圈，還有他們為某個候選人或政黨分配票源的能力。[113]

戰前的日本與戰後的西西里相較，吉田和保良並非象徵著黑社會普遍存在於政治。反之，他們證明了自身的暴力手段，促使他們成為政治資產。他們從極道生活無縫接軌到政治圈，由此便足以反映暴力如何在這兩個世界以相同的方式運作，做為一種保護並獲得經濟或政治利益的工具，暴力是可被接受的。

街頭流氓與高層政治之間的流動，顯示與暴力專家扯上關係，並不是什麼恥辱，或者必須付出政治代價。像吉田磯吉和保良淺之助這些極道老大可以當選進入國會，如村野常右衛門這類壯士組織者可以成為有頭有臉的政客，晉升到有名望的地位，而院外團成員也可以繼續高升為有力的政客。例如大野伴睦就是利用院外團為跳板，走進終生的政治生涯——他在鐵心會時期之後，就當選進入東京市議會，並且協助成立「日本自由黨」，擔任幹事長，後來也擔任眾議院議長以及「自由民主黨」（簡稱「自民黨」）的副總裁。[114]

壯士與極道遊走於受人敬重的界線的能耐，有助於解釋相較於其他如十九世紀中的英國或十九世紀末、二十世紀初的美國，為何暴力在日本政黨政治中更是組織化。比起英國的「暴徒」，甚至「花錢雇來的烏合之眾」，或者美國的街頭黑幫，日本的壯士與院外團則被認為可以做為一種政治現象，合理的存續下來。壯士不只是流浪漢以及無業暴徒，他們可能是農民或學生。而極道持續在社會中享有一種曖昧的地位，因為他們畢竟是賭博與特種行業這些有社會需求的服務提供者。只要他們不加害尋常百姓，他們在大眾眼中就不會被醜化。簡言之，壯士和博徒不若英國的吉普賽人及工人，或是美國的街頭幫派那麼容易被邊緣化並罪犯化。因此，一名院外團分子可以像大野伴睦一樣，成為重要的政治領袖，而美國黑幫則較容易養成像艾爾・卡彭（Al Capone）這類惡名遠播的黑手黨老大。[115]

暴力專家組織化的後果，以及院外團與政治人物本身施展的暴力，都是相當明確的事實。國會內外暴力行為的本質，目的是要恐嚇、威脅、切斷討論。院外團壯士也會加深政黨之間的不公平現象，資金較豐厚的政黨能供養更多的流氓。而當政黨本身成為「既成政黨」，而非民眾的自由之聲時，院外團暴力在本質上就不再那麼受人推崇。然而，另一方面，院外團可以做為探聽財

113 Diego Gambetta, *The Sicilian Mafia: The Business of Private Protection* (Cambridge, Mass.: Harvard University Press, 1993), 182–87.

114 大野伴睦先生追想録刊行会編集委員会《大野伴睦》，46–49，51–52，67–68；高橋彥博《院外団の形成》，97。

115 關於卡彭，見 Laurence Bergreen, *Capone: The Man and the Era* (New York: Simon & Schuster, 1994)。

閥、軍方以及官僚體系的人力。而他們的暴力偶爾與人民要求民主的訴求部分重疊，甚至因之動員，例如憲政擁護運動，或者施行男性普選權等。

因此，暴力行為的存在，以及圍繞在其四周的政治暴力文化本身，對民主並無致命的傷害。其中的危險在於，策略上接納暴力行為，助長了某些政治暴力團體的正當性，尤其是那些從未標榜民主意圖或目標的族群。正是一九二〇年代暴力法西斯運動的興起，即我們下一章的主題，使我們對這種政治暴力文化及其對戰前日本民主的衍生影響等相關評價，顯得更加複雜了。

第四章 法西斯暴力

戰前日本的意識形態與權力

一九四三年，退休的駐日本記者休·拜亞斯（Hugh Byas）在其著作《由暗殺建立的政府》（*Government by Assassination*）中，觀察到日本戰前的國家主義團體：

> 在日本……職業愛國主義者與職業罪犯聯合起來，其混雜的情況，使愛國主義臭名遠播。廣大的愛國社會只是冰山一角；在水面下，在深處，整個黑社會罪犯在愛國主義的面具下，獵捕他們的食物，就像英國的大盜迪克·特爾賓[1]戴著縐紗面罩在公路上行搶。[2]

1 編注：迪克·特爾賓（Dick Turpin, 1705-1739），英國公路搶匪（highwayman），於一七三九年因偷馬而被處以絞刑。根據多方研究，他為極端暴力分子，然其生平卻為後人所浪漫化了。

2 Hugh Byas, *Government by Assassination* (London: George Allen & Unwin, 1943), 226。雖然傳統上許多這類組織被稱為

拜亞斯的描述所點出的國家主義組織，是一九二〇與三〇年代之間，日本快速發展的一種現象。這些團體綁上各式各樣的政治布條，和任何一個，或是一組理念結合，包括國家社會主義、天皇主義、軍國主義、激進的帝國主義，以及保存「傳統的日本美德」。其共識是極為反動的欲望，企圖控制，甚至打破受俄國革命所啟發而空前蓬勃的左派意識形態。從一九一〇年代晚期到一九二〇年代，他們尤其感覺到被知識分子、工人、學生以及其他運動分子包圍，他們各自擁抱或沉浸在不同、有時相互競爭的左派思想信念中，從無政府工團主義到馬克思主義以及社會主義。激進的學生充當左翼運動的先鋒，佃戶團結聯盟與好戰氛圍高漲，左派成立並形成少數族群的組織，例如「全國水平社」，而且社會主義女性在罷工及政治運動上漸漸活躍了起來。最令國家主義組織擔憂的，是工人運動的擴大，如主要的工會同盟（「日本勞動總同盟」）會員增加，工會數量在一九一八至二三年之間增為四倍，罷工的時間、規模、暴力層級都升高了。[3]許多右翼團體面對左翼活動時，對於國家能否維持資本主義生產的穩定且不受外力干擾，有著深深的憂慮。

拜亞斯對這些國家主義組織以及被他貶斥為罪犯的組織之間的關聯所做的生動描繪，可能過於誇大，卻不是空穴來風。如這一章焦點談論的兩個組織——「大日本國粹會」（以下簡稱「國粹會」）以及「大日本正義團」（以下簡稱「正義團」）——無疑就是由極道組成。[4]拜亞斯的評論所誤導的，是他將犯罪元素描寫成躲藏在暗黑地下世界的陰影裡。事實上，日本的極道是行走在光天化日下的。尤其是國粹會和正義團，更是迪克・特爾賓的比喻無法清楚說明的，因為極道不只是土匪或搶匪，而是這些組織的領銜者。而且這些團體本身在政治上並非邊緣化組織，而是對形塑戰前日本的意識形態樣貌有著深遠影響，扮演核心且有力的角色。特高警察[5]對這兩個組織尤為關注，無疑說明了政府對其影響力的憂心。[6]而知識分子、政治評論者以及工人運動主導者也指出，他們是重要的國家主義團體。

「極端國家主義者」，但我傾向「國家主義者」的用法，因為這樣才能強調這些團體中的大部分——更確切地說，是我在此聚焦的兩個團體——並非政界邊緣的激進派。他們使用暴力的意願，也不必然意謂跟隨某種極端國家主義。

3 見Henry DeWitt Smith II, *Japan's First Student Radicals* (Cambridge, Mass.: Harvard University Press, 1972); Ann Waswo, "The Transformation of Rural Society, 1900–1950," in *The Cambridge History of Japan, vol. 5, ed. Peter Duus* (Cambridge: Cambridge University Press, 1989), 541–605; Ian Neary, *Political Protest and Social Control in Pre-War Japan: The Origins of Buraku Liberation* (Manchester: Manchester UniversityPress, 1989); Vera Mackie, *Creating Socialist Women in Japan: Gender, Labour and Activism, 1900–1937* (Cambridge: Cambridge University Press, 1997); Sheldon Garon, *The State and Labor in Modern Japan* (Berkeley: University of California Press, 1987), 42, 71; Andrew Gordon, *Labor and Imperial Democracy in Prewar Japan* (Berkeley: University of California Press, 1991), 144–48。

4 這些極道中的多數成員可能是博徒，因為他們比的屋（流動攤商）更有權力和財力。當文獻討論極道的種類時，幾乎總是博徒，而非的屋。然而，因為他們多指極道或俠客，不特別指博徒，所以我這一章裡都使用「極道」這個詞。

5 譯註：大日本帝國的祕密警察組織，成立於一九一〇年，一九四五年十月，在駐日盟軍總司令部的要求下解散。

6 負責政治思想取締任務的特高警察，視大日本國粹會與大日本正義團為國家主義運動的三大支柱之中的其中一個分支，其餘則包括像北一輝的「國體論者」，以及像大川周明的「國家社會主義者」等。警視總監〈最近ニ於ケル国家主義運動情勢ニ関スル件〉（1931年11月5日），資料來源：《特高警察関係資料集成：第13卷》，4。

國粹會與正義團引人注目之處，在於他們的暴力特質。用內務省的說法，他們是「暴力團」——字面上就是暴力團體。內務省以其組成分子，將這些暴力團分成四大類別，分別是壯士（政治暴徒）、不良學生、三百代言（無牌律師）以及極道。[7]許多報紙、工會成員廣泛使用這個具嘲諷意味的「暴力團」稱呼，強調所有這些團體善用的肢體威嚇，以及他們最獨特、可輕易辨識且威脅性的特質，並將他們的暴力犯罪化。

國粹會與正義團的暴力在國家主義者連成一氣的背景下，被認為是交織著政黨政客、軍人、企業主以及極道所創造出來的。我則主張，這個聯合陣線應視為法西斯運動的一部分，他們的向心力不只來自於想要抵銷左派勢力，以及將日本勢力伸向歐亞大陸的共同願望，也來自他們堅信應該使用暴力，才能達成這些目的。這些團體的法西斯暴力對於政黨在戰前政治的地位與未來，有著重大的影響——最終，也協助國家的暴力接管政府，為日本民主招致災難性的後果。

法西斯意識形態

對於戰前的日本能否視為法西斯，長久以來一直有爭議。在日本的歷史學家中，使用法西斯的標籤幾乎已是傳統，而丸山真男的經典概念——一個「上層的法西斯化」的日本——仍有其適用性。尤其是親身經歷過戰爭世代的日本學者，「法西斯主義」一詞捕捉到一九三〇年代末以及一九四〇年代初的夢魘經驗，而且也是一種自我鞭策的提醒，提醒知識分子未盡全力防止軍國主義與戰爭。另一方面，美國的日本學者則沒有這個包袱。這多少解釋了為什麼他們傾向避開法西斯日本的概念，雖然有很多例外。[8]這些急著主張法西斯概念「失敗」的人，指出了這個詞語的模糊性、幾個自認為是法西斯分子的人之悲慘命運，以及法西斯知識分子未能將他們的理念付諸實踐。[9]不可否認地，討論戰前日本在某種整體方面是法西斯（法西斯的日本），並沒有特別的意義；指稱日本戰前的政權是法西斯，有點不具說服力，或說是一個法西斯的政治體制也是有爭議的。然而，因為不容易定義，便拋棄這個概念，即是放棄了比較分析的途徑，其所得出的結論也許過度強調日本的獨特性，因而失去從新的角度認識、了解戰前日本的可能性。如歷史學者羅伯・帕克斯頓（Robert Paxton）指出的，當跨情境比較時，所有外國的概念——自由主義、民主主義、資本主義、共產主義、現代主義——可能都是模糊的、難以捉摸的，但我們從未想過因此而排除這些概念。[10]

---

7 內務省警保局〈暴力団続出跋扈の状況〉（出版年不詳），1–4。「暴力團」這個詞在戰後時期復活，特別指組織犯罪聯盟。

8 關於「天皇制法西斯」的討論，見Gordon, *Labor and Imperial Democracy*, 302–30。

9 Peter Duus and Daniel I. Okimoto, "Fascism and the History of Pre-War Japan: The Failure of a Concept," *Journal of Asian Studies* 39, no. 1 (November 1979): 65–68.

10 Robert O. Paxton, *The Anatomy of Fascism* (New York: Alfred A. Knopf, 2004), 21.

廣泛且先入為主的法西斯日本以及法西斯政府概念，忽略了日本的法西斯活動，而當提到國粹會與正義團時，這樣的想法尤為可惜，因為他們兩者與其他法西斯運動的暴力團體有諸多共通點：義大利的「黑衫軍」（squadrismo），以及國家社會主義德國工人黨（通稱「納粹黨」）的「衝鋒隊」（Sturmabteilung或SA）。所有這些團體都是在國家主義的搖籃中生成的，他們擁抱現代化國家、奮力在世界舞台上爭得一席之地，在持續的民主實驗中，以及更明確地說，在左派活動以及經濟大蕭條導致的經濟混亂中鍛造形成。而他們的意識形態與暴力，如促使它們蔓延的張力跨越了國界。

國粹會是由政友會的內務大臣床次竹二郎與極道老大合作下的產物。一九一九年十月九日下午一點，超過三十個極道老大身穿別有飾章的長大衣、筆挺的長褲，在東京車站飯店聚會。這些大哥從關西地區（主要是大阪、京都、名古屋、神戶、吳市、大和、和泉、小倉）來到首都，期待與床次會面。這並不是一次祕密會面，因為這次會面的始末，在主要報紙中都有報導，其中有許多還刊登了極道老大的名字。但是對於究竟是由誰召集這場會議，顯然有一些爭議。多家報紙報導是內務大臣床次率先發起，也提及絕多數的老大認為，他們是獲內務大臣和首相的邀請而來到東京。床次則極力否認這些報導，辯稱他從未向極道老大招手；至少有個老大附和這位內務大臣的說法，說提議這場會議的是極道老大。[11]儘管如此，床次還是依計畫安排了這次聚會；他尷尬的原因，或許是被點名為結盟極道老大的發起人，而非合作關係本身。就這樣，當天下午大約五點鐘，眾老大魚貫上車，前往內務省，他們在樓上的內務大臣辦公室，與床次和其他政府高層官員會面。

這次聚會為國粹會的成立奠定了基礎，其成員主要是建築承包商與極道老大。[12]促使他們團結起來的，是關心最近工人團體發動罷工行動所引發的負面影響，更遑論許多極道老大本身也是建築承包商。東京聚會過後四天，這些極道老大再次聚會，討論「揮舞拳頭」的必要性，以及關西、九州與關東地區的極道老大應該要成立一個聯盟，以對付眼前的動亂。消弭勞工紛爭也被描寫成一種愛國應盡的責任；一名老大說，他和其他老大之所以遠赴東京，是因為「我們認為，連我們都可以對國家有所用處。」[13]控制工人動盪的願望，與內務大臣的想法不謀而合，他不僅擔憂工會不穩定的權力，也擔憂極道分子會被引誘加入罷工的行列裡。勞工問題如此核心，以至於這個組織名稱在最初的提議中，竟有「土木業議會」之名。[14]十月底前，這個平淡無奇的名稱便由字義較為好鬥的「大日本國粹會」所取代。而到了十一月中，來自關西的國粹會代表，與關東

11　《東京朝日新聞》1919年10月10、14日；《大阪每日新聞》1919年10月9日，資料來源：《大正ニュース事典》，378–79。

12　關於國粹會會員，見守安敏司〈今田丑松と水平社創立者たち：大日本国粋会と奈良縣水平社〉《水平社博物館研究紀要》第2號（2000年），5。

13　《東京朝日新聞》1919年10月10日，資料來源：《大正ニュース事典》，378。

14　《大阪每日新聞》1919年10月9日，資料來源：《大正ニュース事典》，378。

的極道，聯手參加了一場誓盃儀式，一種傳統上由極道（但不限於極道）舉行的儀式，以歡迎新會員，標記關係的建立。這場典禮有將近五十人參加，擠滿了整個大廳，但誓盃儀式不過是正式寒暄到晚宴的全程儀式和慶祝活動中的一小段罷了，然來自不同地區、人數如此眾多的極道老大聚會，顯然無法避免緊張或尷尬的局面——整個大廳幾次全場鴉鵲無聲。無論如何，這個夜晚鞏固了關西與關東地區國粹會老大的關係。隔天早上，一架飛行機從東京上空灑下一萬張傳單，上面寫著：「視俠義為生命的全國俠客團，為了國家而獻身帝國主義，茲從空中昭告全國國民，大日本國粹會正式成立。」[15]

國粹會不是一個小型的、邊緣化的組織：其影響力的大網跨越東京本部，透過次級團體網絡，從北海道到九州，由一九三〇年代初期大約九十個支部組成。除了一些例外，這些地方組織至少有三十名成員，最大的，如那些在岡山、大阪、長野、德島以及京都的組織，都招募超過兩千人。而所有會員據估計有二十萬人上下。[16]至少有幾個支部的創建，是由東京本部主導。例如一九二一年一月，國粹會的會長便聯繫一個來自京都笠置町名為森岡藤吉的「俠客」，請託他在當地成立並經營地方支部。同樣地，在和歌山縣，國粹會也精挑了好幾人，開啟了地區國粹會的篇章。[17]

國粹會與其支部讚頌俠義的理念、尊崇皇室及「武士道」，以對抗「我國固有道德和美好風氣」的沉淪，並「促進政府當局與勞資之間的融和」。[18]國粹會意識形態的核心，是其自身對日本史的詮解——一個國家主義者想要重建國家的純粹性和正統性。他們讚頌的，是自日本建國以來，三千年的榮光與無瑕歲月，期間，日本克服了無數次的國家危機，勇敢地抵抗外國勢力。外國被形容成一種傳染病，而日本唯有透過大和魂，才能得到保護。

透過對大和魂的闡釋，國粹會合理化其暴力，稱武力的使用在歷史上備受重視，對保衛國家而言是必要的。據稱，日本之所以能夠延續，是因為高舉武士道的武士聯合起具有大和魂的人。

15 《東京朝日新聞》1919年11月15日，資料來源：《大正ニュース事典》，379–80。當該組織大阪本部於十二月十五日舉行成立儀式，至少有十五個極道組織參加。大阪府警察史編集委員會《大阪府警察史：第2卷》（大阪府警察本部，1972），197。

16 所有支部成員加總後，國粹會成員總數達四萬一千人。二十萬會員這個數字，可能包括那些不屬於地方支部的成員。內務省警保局保安課〈特高資料．社会運動団体現勢調〉（1932年6月），31。一九三四年，支部的數量稍微從九十二個減至八十七個、最大地方組織的人數也減少了。會員總數也大約減少至三萬六千五百人。內務省警保局保安課〈特高資料．社会運動団体現勢調〉（1934年6月），39。大日本國粹會分裂出來的關東國粹會於一九三二年有十個支部，約一千三百人；到了一九三四年，擴大為十六個支部，約一千九百人。內務省警保局保安課〈特高資料．社会運動団体現勢調〉（1932年6月），32、（1934年6月），41。

17 大日本國粋会総本部会報局〈人日本国粋会史〉《大日本国粋会会報》（1926年12月1日），38–39。

18 見鎮西國粹會〈鎮西国粋会会則〉協調会史料，編號52，16–18；〈大日本国粋会大分縣本部會則〉協調会史料，編號52，12–13；〈大日本国粋会大分縣本部設立趣意書〉協調会史料，編號52，14–15；〈大日本国粋田邊支部設立趣意書〉国立国會図書館憲政資料室藏，內務省資料，9.5–7、2334；〈大日本国粋会八幡支部規約〉協調会史料，編號52，21–22。

另一種大和魂的解釋，則是認定所有日本人天生具有大和魂，但對於武士，需要特別的「武士道」形式。[19]不論是哪一種解釋，武士的地位與尋常百姓有別，甚且高於常人。

國粹會巧妙地將極道的歷史、合理化的武士暴力交織在一起，編出一個極道如何吸收「武士道」並體現大和魂的故事。他們不稱自己為極道，而是「俠客」，俠義之士，不是流氓或暴徒，而是榮光昔日裡的榮譽者。這個組織的第一條規則就強調了這個主軸，說「本會以意氣為根基，而且是一個具俠義本色的團體。」[20]根據該會重述的歷史，在德川時代，「武士道」是由一些非武士（「民間」）、無畏之人所吸納，他們出身微寒，但和他們的同伴一樣充滿自信。這些人物後來成為眾所皆知的「俠客」——以俠義之舉（出於義務，而非對金錢的欲望）劫強濟弱的人。國粹會陳述的歷史也提到俠客在近代政治中所傳言的重要角色，亦提及他們與明治時期成立的國家主義團體的關聯，如福岡的玄洋社，以及憲政與國會政府的發展、政黨內閣的建立。有人主張，這些在政治上活躍的俠客，雖然常被其他人視為暴徒或極端分子，其實具有一種延續「武士道」的精神。

如同德川時代的俠客，現在日本的國粹會也是為了保護人民免於外國威脅——西化，尤其是左翼思想的湧入。該組織解釋，明治時期開啟了歐化的恥辱潮流，其中以在西式磚樓建築的鹿鳴館舉行的夜間派對最甚，男人和女人「奇裝異服」，歌舞昇平直到深夜。西洋思想同樣有違自然，這是為什麼一般人相信共產主義絕對無法在日本發展。那些擁抱任何西方流行意識形態的人，不論是威爾遜主義（Wilsonianism）或列寧主義，注定會失去主體、靈魂和日本精神。面對不只背棄日本文化美德，也背棄外交的歐化，他們堅決認為，日本必須保存「國粹」，就如體現在國體與皇室上的一樣。對抗日本文明和國體腐敗的處方帖，唯有「武士道」。國粹黨的暴力因此被置放在一個高貴、自我犧牲的武士傳統、國家主義、力量以及男子氣概的脈絡下——國粹黨將是一個「男人中的男人」的組織。[21]暴力不僅正當化，更是一種榮耀，一種充滿男子氣概又愛國的展現，目的是排除外國污染、淨化國家。

一九二二年一月，正義團由名為酒井榮藏的極道老大所成立，到了一九三二年，號稱有一百零六個支部，主要的根據地在大阪。據報共有七萬人隸屬於東京本部，三萬五千人隸屬大阪本部。[22]

---

19 〈大日本国粋会設立趣意書〉協調会史料，編號52（1919年11月），5；〈我等的信条〉《国粋》第4號（1920年10月15日）。武士道的精神也影響到義大利的黑衫軍。見Emilio Gentile, "The Problem of the Party in Italian Fascism," *Journal of Contemporary History* 19 (1984): 256。

20 大日本国粋會〈大日本国粋会仮規約〉協調会史料，編號52（1919年），9。

21 《大倭国粋新聞》1926年10月11日；〈大日本国粋会設立趣意書〉，5–7；「我等の信条」；大日本国粋會〈大日本国粋会仮規約〉，9；《大阪每日新聞》1919年11月1日，資料來源：《大正ニュース事典》，379；〈大日本国粋会仮規約〉協調會史料，編號52（1919年11月），7。

22 和國粹會一樣，正義團全支部的團員數僅六千三百人。內務省警保局保安課〈特高資料．社會運動團體現勢調〉（1932年6月），35。一九三四年，正義團有十三個支部，會員數一萬九千八百人。內務省警保局保安課〈特高資料．社会運動団體現勢調〉（1934年6月），37。

比起國粹會，正義團有過之而無不及，他們強調俠客在日本歷史的中心位置。酒井經常提到他所謂的「日本俠客道」，尤其在他於一九二七年出版的著作裡，該書收錄了他在前兩年裡所發表的演講稿。[23]一九二五年三月的第六屆國際勞工會議上，酒井發給超過五十個國家代表一份傳單，其中解釋了「俠客道」的定義，以及俠客道如何形成正義團的根基。題為「對全世界的訴求」，這份傳單以德川時代傳說中的「俠客」幡隨院長兵衛起頭，據說他畢生打擊不公不義、劫強濟弱。酒井描寫幡隨院如何奮勇抵抗一群荼毒並凌虐江戶人民的旗本（幕府直屬家臣）集團「白柄組」。酒井討論的第二號人物，是他自己的前輩及前老大小林佐兵衛，他是明治時代的「俠客」，被描寫成一個接納並指引不良少年、幫助孤兒與長者，而且基於責任感，為社會犧牲奉獻的人。接著，酒井將自己描繪成新世代，因應大正時期的改變，為小林佐兵衛的接班人，所以成立正義團以做為一「俠客團」，其成員願意為了國家及應盡的義務，犧牲自己的性命。[24]

酒井為正義團和過往的連結所進行的詮釋，比國粹會單純想要在今日回復過往的願望更加複雜——他展望一高舉理想的組織，但行事不若前一個俠客世代，是透過傳統儀式展現遵從歷史悠久的道義節操，而是以新穎、及時為目的。一方面，酒井崇拜由知名德川時代的「俠客」如幡隨院長兵衛、國定忠治和清水次郎長所展現的責任與俠客理想；另一方面，酒井又自相矛盾，稱正義團在內容和形式上，都不是一個「俠客」組織。他明白指出，正義團的成員有正當的職業，禁止賭博、打架、酗酒。酒井強調自己在商界很活躍，說他這一代的男人具有形塑公眾觀點、改革國家政治的崇高理想。這樣的新世代和過去可怕的「俠客」迥然不同，那些俠客誇大其辭，而且過著和一般市井小民截然不同的生活，如今的昭和時代，已不容許這類行為。酒井特別說明這些，試圖區隔了正義團以及俠客過去可能被視為不道德的面向，顯示他有意將組織成員描繪成正直的公民，推而廣之，他們的暴力不是犯罪，而是公正、合宜、有目的性的。[25]

國粹會與正義團聲明的意識形態，與法西斯運動的共同主題呼應——建立一強調民族共同體、單一性以及純粹性的國家歷史，並自我認同為抵抗西方腐敗的國家守護者。[26]暴力不只受到認可，可為保衛國家的方法，而且因其高貴、洗滌的力量，以及對於回復昔日武士與「俠客」榮

---

23 關於酒井談到「俠客道」的演說，見《東京朝日新聞》1928年3月28日。一名國粹會成員和酒井一樣，亦談論「俠客」，雖然他偏好以「ヤクザ」（yakuza）與「ヤクザ道」來表達。見梅津勘兵衛《俠客及俠客道に就いて》（日本外交協會，1941）。

24 酒井栄蔵《無遠慮に申上げる》（竜文館，1927），1–3。

25 同前註，35–37、44、85–89。

26 Paxton對法西斯定義的前半是：「法西斯主義可以定義為一種政治行為的形式，其特徵為執著於共同體的沒落、屈辱或被害者意識，而希望以民族統合、活力以及純粹來替代。他的定義的第二部分適用於日本——雖然不能說是「一個民族主義鬥士組成的大眾政黨，與傳統精英一起以不容易但有效的方式合作」，像國粹會與正義團這樣的團體，確實「拋棄民主的自由，而追求救贖式的暴力，而且缺乏內部清洗和外部擴張的道德及法律節制目標。」Paxton, *Anatomy of Fascism*, 218。

光的奉獻，所以幾乎是美麗的。[27]透過用這些方式合理化，甚至榮耀自身的暴力，這兩個組織，猶如納粹運動，將自身描繪成既粗蠻又令人景仰。[28]尤其是國粹會，他們實踐了行動隊[29]的特性——「不僅將暴力視為一種手段，而且是一種人生行動的基礎價值。」[30]

法西斯暴力

國粹會與正義團這兩個組織的暴力在他們的意識形態裡顯露的，也許更甚於他們的出版品和官方聲明，因為他們的行動，就和文字一樣昭然若揭。[31]勞資關係的議題，尤其能夠清楚展現行動和文字之間的矛盾。國粹會在他們成立的宗旨中宣稱，要「促進政府當局與勞資之間的融和」。[32]酒井榮藏也視自己與他的團體為勞資雙方之間的仲介者，而且讓自己看起來在評批兩邊時，下手一樣重。[33]事實上，帶了一點左派色彩的工會被視為多少有著外國腐敗元素，而這正是國粹會與正義團這兩個組織想要肅清的；罷工則被認為是企業生產及國家進步的路障。依此邏輯，「促進融合」往往意指將罷工者帶往和資方的需要及需求一致的方向。國粹黨與正義團經常做為資方的後盾，主要發揮破壞罷工者的角色，闖進罷工活動恐嚇罷工人。他們大可曲解組織所聲明的意識形態，以符合實務需求，將資方描述為「弱者」，需要被保護，免於工人引發的干擾；而這些勞工藉由罷工，使自身處於「強者」的位置。那麼，以俠義精神擊垮勞工、支持資方，就成了正義行為；如此一來，產業以及國家便能更強大。

這種反對左派——不只工人，還有更廣泛的社會主義者和共產主義者——的立場，與義大利黑衫軍和德國衝鋒隊的暴力相當。雖然墨索里尼起初能言善道地說了一篇反資本主義的宣言，他後來的行事則完全背道而馳，他的黑衫軍打擊社會主義者，就像衝鋒隊打擊共產黨分子。羅伯·帕克斯頓曾指出，法西斯政黨成為執政黨時，並未執行其反資本主義意識形態，反而消滅罷工以及獨立運作的工會。[34]受到左翼意識形態影響的工人，對所有這些團體而言，是共同的內部威脅，也是敵人。

---

27 關於看見法西斯暴力美學的人，見前註，84–85。

28 Richard Bessel, *Political Violence and the Rise of Nazism: The Storm Troopers in Eastern Germany, 1925–1934* (New Haven: Yale University Press, 1984), 75.

29 譯注：行動隊（squadrismo），義大利法西斯民兵組織所策動的行動，主要是透過暴力逐一消滅其他政黨。

30 Roberta Suzzi Valli, "The Myth of Squadrismo in the Fascist Regime," *Journal of Contemporary History* 35, no. 2 (April 2000): 132.

31 Bessel對德國的情境提出類似的論點，認為衝鋒隊的行為應該被認為是純粹的意識形態。Bessel, *Political Violence and the Rise of Nazism*, 151–52。

32 大日本國粹會〈大日本国粋会設立趣意書〉協調会史料，7；《大阪毎日新聞》1919年11月1日，資料來源：《大正ニュース事典》，379。

33 酒井栄蔵《無遠慮に申上げる》，62–66。

34 Paxton, *Anatomy of Fascism*, 7, 64, 84.

國粹會和正義團擔任罷工破壞者的角色，其作用以及給人的印象，即是義大利與德國的準軍事組織。對酒井榮藏而言，這個相同點是有意識且刻意為之的。酒井在一九二五年六月十三日與墨索里尼會面，他顯然相當景仰眼前這個義大利獨裁者，將他形容為一個缺乏教育、血統以及資源的人，僅以俠義做為唯一的武器，高舉正義的旗幟。在他的讀者面前，酒井將黑衫軍描寫成「俠客團」。而酒井本人更是被某些人稱為「東方的墨索里尼」，雖然他對此稱號不予置評，一如他對法西斯標籤的反應，但那可能是想避免承擔這個稱號的任何負面意涵。而事實上，正義團非但被稱為「日本的黑衫軍」，酒井本人也稱該團體為「黑外套團」，並令其成員著黑衫。[35]

國粹黨的制服，則明顯像是國家的暴力專家，如軍人、警察的制服。他們規定的服裝包括有臂章的夾克、警用帽、上衣和皮帶。所有這些配件都展現了該團體的徽章，而這些徽章則來自一個整體的象徵：「國粹」字樣、鴿子、一朵或一束盛開的櫻花，可能是象徵堅忍。有些臂章上有一朵櫻花和一隻鴿子；帽子上有「國粹」字樣，環繞著盛開的櫻花；上衣有「國粹」字樣寫在一朵櫻花上；而皮帶扣上也有「國粹」的字樣。這些制服不僅標示出該組織成員，也顯示階級。臂章上的不同圖樣以及徽章上的不同顏色，顯示這個人是本部的長官、支部的領導人、幹部，或者是一般團員。翻領上也可看出差異，此處所標誌的，是勤奮或特殊表現的榮譽勳章。[36]

國粹會曾參與多次勞工紛爭，包括八幡製鐵所（一九二〇年）、勝家縫紉機公司（一九二五年）、野田醬油（一九二七至二八年）罷工，以及鶴見事件（一九二五年）。[37]正義團則涉入了一些大阪市電（一九二四年）、野田醬油（一九二七至二八年）與東洋薄呢（一九三〇年）罷工。[38]

國粹會與正義團暴力在工人罷工行動中如此明目張膽，法務省不得不警告這些組織，切勿走上墨索里尼利用暴力以阻止共產主義在該國散布的法西斯道路。一九二六年，針對暴力行為的法案《暴力行為處罰法》中，不僅有涉及集團脅迫、持有武器、干擾集會的法條，且在第一條便特別提到在協調勞動糾紛時，可能會觸犯的罪行。然而，國家法律手腕的目的也許較傾向寬鬆管

---

35 酒井栄蔵《無遠慮に申上げる》，1、7、85、87；《読売新聞》1925年10月11日；鈴木裕子《日本女性労働運動史論1女工と労働争議　1930年洋モス争議》（れんが書房新社，1989），107。正義團的制服據說也有一個「北」字，向酒井的老大小林佐兵衛致敬，小林也被稱為「北の佐兵衛」。《読売新聞》1925年2月18、21日。

36 內務省警保局〈国粋会員の服装に関する件通牒（庁府縣）〉（1923年8月15日）；同〈「大日本国粋会員の服装に関する件（愛媛）」〉（1935年6月4日），13–16。

37 關於八幡製鐵所罷工，見廣川禎秀〈八幡製鉄所における1920のストライキ〉《人文研究》第24巻第10號（1972），59–92；八幡製鉄株式会社八幡製鐵所《八幡製鉄所労働運動誌》（八幡製鉄所，1953）。鶴見騷擾事件是兩個建設業者之間的衝突，雙方都有極道支持。見斉藤秀夫〈京浜工業地帯の形成と地域社會：いわゆる「鶴見騷擾事件」をめぐって〉《横浜市立大學論叢：人文科學系列》第40巻第1號（1989年3月），1-121；サトウマコト編《鶴見騷擾事件百科》（ニイサンマルクラブ，1999）。關於勝家縫紉機公司罷工，見龜井信幸〈シンガーミシン会社分店閉鎖及分店主任解雇問題に関する件〉協調會史料，編號80（1925年12月7日），502。

38 關於大阪市電罷工，見渡辺悦次〈戦前の労働争議-3-河野密さんにきく　高野山への籠城戦術をあみだした大阪市電争議〉《月刊総評》第241號（1978年1月），113。

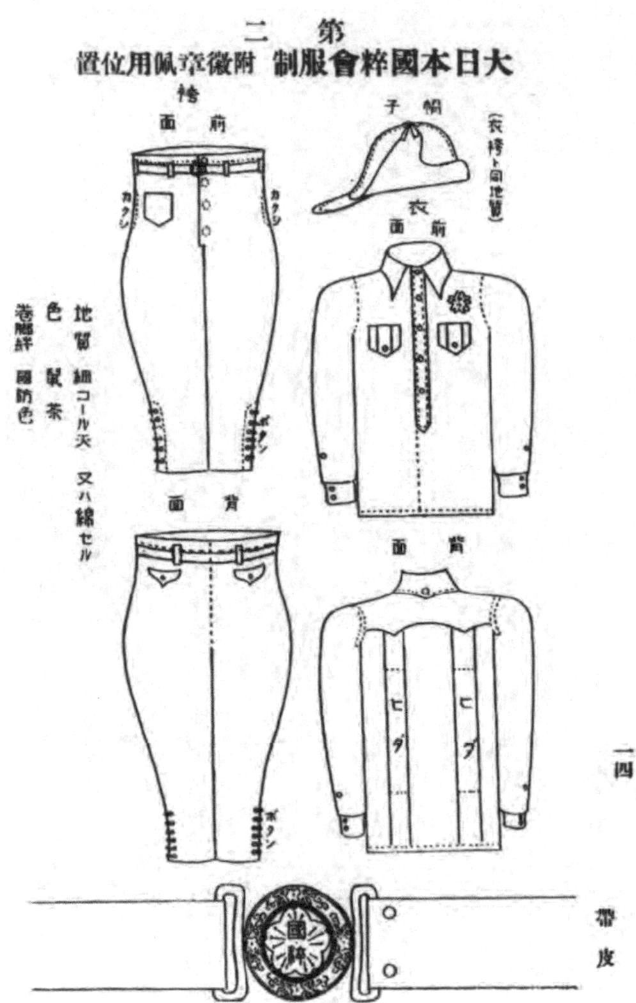

圖4.1

大日本國粹會制服圖樣。

圖片來源：內務省警保局《大日本國粹會員の服裝に関する件（愛媛）》（1935年6月4日）。

制，而非消滅如國粹會與正義團這類暴力團體。畢竟，國家對左翼的意識形態戒慎恐懼，且對企業成長有既得利益，不希望企業受到干擾。這也許可以解釋，為什麼一九二六年《暴力行為處罰法》的罰責，似乎只有無關痛癢的罰金，從五十日圓到五百日圓。由於這部法律相對缺乏嚇阻作用，暴力團繼續活躍於整個一九三〇年代早期的罷工活動，也就不足為奇了。[39]

國粹會與正義團在勞資糾紛上的暴力，與壯士和院外團的暴力行為的不同之處在於，他們試圖壓制政治活動，而不只是恐嚇對手或干擾集會而已。這些國家主義組織並沒有想要贏過政治對手，而是企圖剷除某些想法和思考方式。就這一點看來，他們很像是義大利的黑衫軍，對他們而言，「政敵不是他們不認同的對手，而是要藉著讓他們乖乖服從，予以消滅並羞辱的敵人。」[40]簡言之，關於這種暴力，當中沒有任何和民主沾上邊的。而國粹會與正義團在勞動糾紛裡扮演掌權者對付工會成員的身分，則強化他們的非民主特質。

國粹會以及正義團其中一個支部，在一九二七至二八年的野田醬油[41]大罷工事件中，和經營

39 司法省調查課《司法研究報告書集：第8集》（1928），509；大阪府警察史編集委員会《大阪府警察史：第2卷》，195–96；《朝日新聞》1926年3月9日，資料來源：田中惣五郎編《大正社會運動史：第2卷》（三一書房，1970），961。在大阪，從暴力團徵收參與恐嚇行為的罰金，一九三二年為89,000日元，一九三五年為255,000日元，一九三六年為24,000日元，一九三七年為27,000日元。《大阪府警察史：第2卷》，201。

40 Gentile, "Problem of the Party in Italian Fascism," 256.

41 譯註：野田醬油於一九六四年更名為「龜甲萬醬油」。

者站在同一陣線，這場罷工無疑是日本戰前規模最大、代價最高的罷工活動之一。野田醬油直接或間接聘雇的三千五百多人，盡皆受到這場歷時超過七個月的罷工影響，工廠與工會損失超過一百萬日圓。[42]這家公司經營所在地野田町（今野田市）位於千葉縣，當時的人口為一萬六千八百九十一人，單是野田醬油就有三千六百一十三名員工，再加上他們的家人以及和野田醬油有生意往來的公司及其員工總數，因此，歷時這麼久的罷工可說是影響了野田町大部分的居民。[43]

罷工的導火線是野田醬油與一家所屬承包公司「丸三運送店」之間的糾紛，又因工人對於薪資和福利的問題而加重。[44]丸三運送店是由野田醬油成立的獨立合股公司，負責這家醬油釀造公司的運輸需求，雙方合作超過四分之一世紀。然而，當丸三的員工成為當地工會會員，而野田公司的最大廠——野田醬油十七廠——竟沒有任何員工加入工會，他們因此拒絕運送野田醬油生產的產品，緊張情勢便蔓延開來。為了回應這種情況，野田醬油將其運輸業務漸漸從丸三移轉到另外兩家子公司，即「野田運送店」和「丸本運送店」，因而導致丸三公司的營收下滑。一九二七年九月十五日，當地工會站在丸三公司員工這一邊，並重申他們在那年四月已經遞交給野田醬油的提高薪資及福利的要求。[45]罷工從隔天九月十六日開始，持續超過兩百天。[46]

罷工行動爆發後不久，野田醬油表面上雇用了一些暴力專家來維持公司的安全，然他們大多是要威嚇工人和罷工者。這些受雇分子的組成很難確認，因為消息來源（大部分來自同情勞工者）指稱他們來自暴力團、暴徒、罷工破壞者與正義團成員。[47]此處提到的正義團，可能是指

「野田正義團」，是十月十二日由野田商誘銀行的董事高梨忠八郎正式成立。雖然看似大日本正義團的地方支部，兩者之間的關聯程度其實並不清楚。野田正義團確實號稱有八百至一千名成員，主要由町中的中產階級、中小企業主、町長和町役場幹部組成。[48] 該團體發表的宗旨是建立和平、促進町民福祉，鼓吹一種稱為「會社正義」的模糊概念，並在勞資爭議中採中立立場。若考量到前幾項條列的理念可輕易操弄成鎮壓勞工騷亂的合理藉口，最後一條宗旨充其量只是更啟

---

42 Mark W. Fruin, *Kikkoman: Company, Clan, and Community* (Cambridge, Mass.: Harvard University Press, 1983), 183, 200–201.

43 森長英三郎〈野田醬油労働争議事件：217日の長期、最大のスト1〉《法學セミナー》第202號（1972年10月），104。

44 Fruin, *Kikkoman*, 183, 195, 201.

45 一九二七年四月十日遞交給公司的六項要求如下：（一）男性員工薪資提高百分之十，女性員工薪資提高百分之二十；（二）計算解雇、退休、提早退休時，每月多算一日；（三）為各工廠的製桶工人導入學徒制訓練；（四）固定至少一個月的年終獎金；（五）資深從業員升遷；（六）員工扶助規定擴大適用於非全職員工。原文引用自Fruin, *Kikkoman*, 201。

46 同前註，200；森長英三郎〈野田醬油労働争議事件1〉，106；森長英三郎〈野田醬油労働争議事件：217日の長期、最大のスト1〉《法學セミナー》第203號（1972年11月），88。當地工會率先發起的行動之一，便是在第十七廠的大門拉起封鎖線。該廠被迫暫時關閉，直到九月二十七日才繼續生產。森長英三郎〈野田醬油労働争議事件2〉，88。

47 野村襄二，〈全労働者は決起して建國會を叩きつぶせ〉《勞動者》第13號（1982年2月），41。因為現代資料最常見的用語是「暴力團」，我在這裡也使用這個詞，因為很難或不可能找到對這種暴力更精準的用字。

48 八百這個數字是來自協調会勞動課編《野田勞動争議の顛末》（協調會勞働，1928），50。一千這個數字則來自野田醬油株式會社編《野田争議の顛末》（野田醬油，1928），30。《野田醬油株式會社二十年史》（野田醬油，1940），234。

人疑竇罷了，更遑論這段宣言，也使用了「護持國體與產業」這般強烈用語。[49]

更有甚者，野田正義團在成立幾個星期後，就漸漸採取支持資方的立場。[50]公司資方本身認為，這個組織同情他們的看法與政策，是很「幸運」的，因為野田正義團會鼓勵罷工者返回工作崗位、拜訪運作中的工廠、嘗試聯合町內反對罷工者。例如十月二十九日，幾名野田正義團幹部去了九廠及十五廠，鼓勵這幾個營運中工廠的工人留在崗位上，讚賞他們未加入阻止其他工人上班的糾察員同事；十一月一日與二日，野田正義團繼續拜訪一廠、七廠和十二廠。[51]該團體還供給勞動力，藉以讓公司順利運作。十一月初，野田正義團在町內發送傳單，規勸罷工者回去上班。對罷工者來說，野田正義團對公司的支持如此明顯，該組織已被貼上「御用團體」的標籤。[52]

野田正義團可能招募了極道和其他的罷工破壞者，而其自身成員也可能扮演暴力團的角色。暴力團事件的頻率確實顯示，至少野田正義團的幹部，例如町長與其他町內官員，對暴力事件視而不見。畢竟，當肢體衝突漫過工廠的圍牆，進入野田町街上時，不可能不引起注意。

野田町最早報導暴力團的時間是九月底，據說當時他們群聚在十四廠附近。為了應付這個情況，罷工者武裝了起來——其中兩名工會成員和其他八十人，因為準備七十四支竹槍抵抗暴力團而被逮捕。[53]到了十月，至少一份報紙報導了更多暴力團出現的事。報導中宣稱，該公司自東京雇請了數百名暴力團分子，駐守在各廠區，並令其在町內四處走動，與罷工者衝突時，務必攜帶槍枝、短刀或其他武器。十月十三日，由一名公司顧問率領的暴力團試圖闖進一場工會集會。[54] 一星期後，十月二十日晚上，一名罷工領導者和另一人被丸本運送店所屬的十四、五人暴力團攻擊。這兩個人被強行帶上一輛卡車，載到丸本本社，在那裡，大約四十名持刀的丸本支持者和趕到現場的罷工守衛爆發一場混戰。警察最後弭平這場衝突，沒收了武器，逮捕十名罷工者和四十三名丸本這方的人馬。一份左派紙報導了這則新聞，趁此機會描述町民為罷工者深感不安且同情，尤其因為公司暴力團無所不在。除了這些特別的事件，也有報導說罷工者經常被拖進暴力團

49 協調会勞動課編《野田労働争議の顛末》，50–51；野田醤油株式会社編《野田争議の顛末》，32。

50 〈第九工場作業開始に就いて：野田醤油株式會社〉（1927年10月）。法政大學大原社会問題研究所，野田醤油労働争議檔案，1927年9月–1928年4月；協調会勞動課編《野田労働争議の顛末》，27；町田辰次郎《労働争議の解剖》（第一出版社，1929），66。

51 野田醬油株式會社編《野田争議の顛末》，30；《野田醬油株式會社二十年史》，234；野田醬油株式會社編《野田争議の經過目錄》，38、44。

52 協調会勞動課編《野田労働争議の顛末》（日本社會問題研究所，1928），150、164；協調会勞動課編《野田労働争議の顛末》，78。

53 這些被逮捕的人後來於九月三十日被釋放。「竹槍事件」後，公司向工會成員送出解雇通知。森長英三郎〈野田醤油労働争議事件2〉，88–89.

54 森長英三郎〈野田醤油労働争議事件2〉，88–89；《社会民眾新聞　号外》協調会史料，編號63（1927年10月23日），566。

的車裡，帶到公司，並強迫他們工作。因為暴力團來來去去，工會人數縮減也是常有的事。[55]

國粹會在罷工活動中的角色，起初比較溫和，並未誘發罷工者對野田正義團相同的敵意。罷工開始的前幾個月，國粹會試圖擔任協調者的角色，在談判桌上贏得一個位置。國粹會的野田支部是由其會員後藤幸次郎成立的，該支部從本部招募了想要參與解決這項紛爭的成員。例如在九月二十三日，國粹會關東本部的六名幹部來到野田町，拜訪罷工者與公司兩方並提議調解；然而，雙方都拒絕了，其他的國家主義領袖及團體也做過相同的提議。十二月中，國粹會再次提出協調爭議的意願，依舊被婉拒。野田醬油不接受協助的原因不明。有可能這些組織真的想要調解，讓罷工結束，而不只是扮演罷工破壞者的角色；情況若是如此，公司的冷淡回應，也許是因為他們堅定拒絕與罷工者協商。[56]

當國粹會將焦點放在調解上時，野田正義團和罷工者之間的緊張情勢持續升溫。四、五人一組的罷工者，會潛入高梨與其他野田正義團成員的住所潑灑穢物。十一月初，罷工者拒買野田正義團幹部經營的商店貨品，展現他們反對該團體和公司的行為。野田正義團幹部和工人代表經過半個月的會議仍無任何決議，罷工者於是召開一場會議，鼓勵他們把錢從野田商誘銀行提領出來，因為高梨是銀行的董事之一。[57]

除了持續與野田正義團對抗，罷工者也要對抗可能屬於或不屬於野田正義團那幫人的暴力團分子。這些暴力纏鬥持續到一九二七年即將結束前的幾個月，並在十二月初達到最高點，從野田野町延伸到野田醬油十六廠所在的行德町。十六廠的廠房在未經公司授權下，被罷工者當作辦公支部。當野田醬油威脅要將工人逐出，以便讓該廠房回歸原本的用途時，工人聲稱，留在那裡是他們的權利，拒絕退讓，公司因而憂心動盪的情勢將會擴大。這時，名叫茂木國太郎的野田醬油行政主管從東京請來超過四十組暴力團，他們頭上綁著頭巾，高喊戰鬥，攻擊在行德町的罷工者。這些罷工者據說也綁著白色頭巾，高唱革命歌曲，可惜人數稀少，最終還是輸了。[58]

罷工者被逐出廠區後，他們利用野田劇場做為集會的場地亦遭逢挫敗，這次是被經營者支持的國粹會逐出場地，顯然如今野田醬油公司已經決定要和他們合作了。聽聞國粹會的倉持直吉將集結一百名國粹會成員以壯大公司聲勢，罷工者在野田劇場門口點起火堆，町內的商店很早就關起大門。公司方面確實向來到野田的國粹會成員求援，即便國粹會毫不避諱地展示他們選擇的暴力工具。一輛從東京開往野田，預計和國粹會成員會合的車子被警察攔下，從車上沒收了十二把

55 《社会民眾新聞　號外》協調会史料，編號63（1927年10月23日）；日本社会問題研究所編《労働争議野田血戰記》，147–48、153；森長英三郎〈野田醤油労働争議事件1〉，90。

56 協調会勞動課編《野田労働争議の顛末》，59、70；町田辰次郎《労働争議の解剖》，64–65；森長英三郎〈野田醤油労働争議事件2〉，89。

57 日本社会問題研究所編《労働争議野田血戰記》，227；野田醤油株式会社編《野田争議の經過目錄》，47；協調会勞動課編《野田労働争議の顛末》78–80。

58 日本社会問題研究所編《労働争議野田血戰記》，233–36。

日本刀、十八支棍棒、四十一包彈藥和兩把槍。警察也搜索了四名國粹會成員的住家，發現了一把槍、一把日本刀、兩把短刀和幾十支鐵棒。雖然這些蒐查行動逮捕了一些人，國粹會依然成功驅逐了罷工者。倉持在劇場上方立了一個牌子，上面寫著「倉持興業部事務所」，並且在那裡派駐了一百名國粹會成員。到了這個時候，很明顯地國粹會已涉入罷工，站在資方的一邊；國粹會的梅津勘兵衛已分別和公司行政主管討論過，並於十二月二十三日和野田正義團的代表會面。[59]

暴力團的暴力行為為罷工者的信念煽風點火、鼓勵肢體衝突、妨礙協商。國粹會搶下野田劇場的行動，激起了大約一個月後的報復性攻擊，成為野田醬油紛爭中最嚴重的事件。一月十四日晚上，在一場公開集會後，工會成員紛紛前往野田町，並向野田正義團成員的住處丟擲石塊，砸壞了二十九家店面櫥窗和擺設。罷工者對其鎮壓者的敵意，也表現在一張咒罵野田正義團成員是「奴等」與公司奴才的傳單上。這張傳單同時尊崇那些勇於和「資本家暴力團」戰鬥的人。[60]二月初，雙方嘗試調解，卻不斷因為各種原因告吹，而二月六日協商的第一天，四名工會成員遭一名暴力團分子刺傷，雙方合解當然更是無望。[61]

談判得以重啟，不是因為暴力威脅，而是因為罷工者策略性的行動，吸引天皇的關注並獲得正當性。工會副會長大膽直接訴諸天皇，便足以讓每個人誠惶誠恐地回到談判桌。野田醬油的行政主管、工會成員、一名野田正義團代表和其他人從三月底協商到四月，終於在一九二八年四月二十日達成一項協議。公司挑選三百人回去上班，七百四十五人辭職。[62]兩天後，野田正義團舉行了一場解散儀式，正好突顯其為一個以破壞罷工為宗旨的團體。[63]

正義團的暴力，其意圖是鎮壓的，往往不經意地導致勞資雙方敵意升溫。這在野田醬油罷工事件中已看出端倪，但是在一九三〇年的東洋薄呢（Tōyō Muslin）[64]爭端中，情況更是嚴峻；當時正義團堅定的支持資方，並且以武力恐嚇工人。工人對酒井榮藏及其組織極為不滿、充滿憎恨。

罷工事件起因於公司即將關閉棉紡部和營繕部，導致五百名員工被解雇。內部公告說明，棉紡部將於九月二十六日關閉，所有留在該部門宿舍的工人將被遣送回家。工人代表、公司幹部和

---

59 同前註，238–39、242–43；〈野田醤油株式會社労働争議概況〉，資料來源《特高警察関係資料集成：第9卷》（不二出版，1991），290；協調会労働動課編《野田労働争議の顛末》，83；野田醤油株式会社編《野田争議の顛末》，65、67、71–72。

60 労働農民党、東京府京橋支部〈野田六千の兄弟諸君!!〉協調会史料，編號63（1928年1月16日），568。八〇人被捕（包括兩位工會主要人物），三四人被起訴。森長英三郎〈野田醤油労働争議事件2〉，90。

61 日本勞動總同盟関東勞動同盟会〈野田争議の真因経過及現状会社の誇大並に虚構の宣伝を糺す〉協調会史料，編號63（1928年），498–99；森長英三郎〈野田醤油労働争議事件2〉，90。

62 森長英三郎提供的協議日為四月十九日，其他資料來源寫的是四月二十日。森長英三郎〈野田醤油労働争議事件2〉，91；野田醤油株式会社編《野田争議の經過目錄》，143；Fruin, *Kikkoman*, 205。

63 協調会勞動課編《野田労働労働の顛末》，51。

64 譯註：東洋薄呢於一九三八年改名為「東洋紡織工業」。

酒井展開會談，但是工會對公司開出的條件不滿，促使他們展開當年的第一次示威。[65]在所有東洋薄呢大約兩千五百名工人裡，全是「日本紡織勞工工會」東洋薄呢支部的成員，據說所有人都參加了遊行；工人之中，超過兩千人為女性。[66]罷工者在一星期後懇請市民支持的請求書中，傳達了他們對於酒井出現在談判桌上的憤怒，並解釋說，他們的協議無法繼續，因為公司動員了暴力團，並做好戰鬥的準備。[67]

九月二十七日清晨，正義團成員搭車來到位在東京外圍龜戶町的東洋薄呢，代表公司擔任「職業鬧事者」。那天下午三點半，工人在工廠舉行了一場示威抗議，並攻擊辦公室，順利將正義團員關在一個房間裡。那天稍晚，警察強行進入女工宿舍，五百名宿舍裡的年輕女性員工成功越過警戒線，展開示威抗議。當這些女工高唱革命歌曲時，那些留在宿舍的人則打破紗窗，從她們二樓的窗戶揮舞著工會旗幟。[68]

在這場爭端中，約兩百名在工廠的正義團成員，似乎多由暴力團組成，並以公司雇用的安全人員身分與工人對抗。[69]相較於在野田醬油罷工時使用的「暴力團」一詞，並未指特定組織，但在東洋薄呢的事件中，工人清楚認定正義團與暴力團是為一體。一名女工向她的同伙表示：「女孩們，這些人名為正義團，但他們其實是暴力團，所以我們不能輸（給他們）。」[70]有些刊物刻意在暴力團一詞之後面，以圓括號加註正義團這三個字。[71]

正義團的知名度如此之高，罷工者可能將某些暴力團貼上正義團的標籤，然事實上可能不完

全是。例如十月初，東洋薄呢從入山煤礦帶來十六名臨時守衛，表面的說法是，他們來協助公司

65 棉紡部被遣送回家的員工將可以拿到三個月的旅費；每個月公司會支付二十六天標準薪資的三分之一。他有可能被轉到練馬、靜岡或其他工廠；若某個員工在三個月內未被召回，公司會支付退休金。想要立刻退休的人，可以拿到二十九天的標準薪資，外加旅費和退休金。通勤而非住公司宿舍者，將可拿到和上述一樣的金額和選項，只是少了旅費。而營繕部的員工，他們可能會收到公司的合約，允許他們接受公司外部分派的額外工作。鈴木裕子《女工と労働争議》，49–50；丸山鶴吉（警視總監）〈洋モス亀戸工場労働争議ニ關スル件〉協調會史料，編號97（1930年9月30日），113–14；社会局労働部編《東洋モスリン株式会社労働争議状況》（社会局労働部，1930），2。關於性別在此次罷工中的運作之英文討論，見Elyssa Faison, *Managing Women: Disciplining Labor in Modern Japan* (Berkeley: University of California Press, 2007), 93–106。

66 丸山鶴吉的報告中，工人的人數為兩千四百八十二人，但社會勞動部的工人數為兩千六百四十九人，包括四百六十八名男性，兩千一百八十一名女性。丸山鶴吉（警視總監）〈洋モス龜戸工場労働争議ニ關スル件〉，113；社会局労働部編《東洋モスリン株式会社労働争議状況》，1–2。

67 洋モス争議団；全国労働組合同盟、日本紡織労働組合〈洋モス争議について町民諸君に檄す〉1930年10月2日、法政大学大原社会問題研究所〈洋モス争議ファイル(1)〉。

68 丸山鶴吉（警視總監）〈洋モス亀戸工場労働争議ニ關スル件〉，117；鈴木裕子《女工と勞動争議》，53；〈東洋モス大争議：レポ集〉1930年9月27日、法政大學大原社會問題研究所〈洋モス争議ファイル(1)〉。

69 某一天晚上，三百名正義團員在公司當天結束營運後，看守公司的辦公室。丸山鶴吉（警視總監）〈洋モス亀戸工場労働争議ニ關スル件〉，（1930年10月1日），106。

70 鈴木裕子《女工と勞動争議》，52–53。

71 《全國大眾新聞》1930年10月11日；〈檄！〉1930年10月5日、法政大学大原社会問題研究所〈洋モス争議ファイル(1)〉。

安裝機器、搬運庫存。罷工者稱這些守衛為「暴力團（正義團）」，而且擬好一張傳單，說必須打倒這些人：「讓我們殺了所有這些入山煤礦的暴力團！」[72]入山守衛的身分有點不明。一九二七年的入山煤礦罷工時，確實有暴力團涉入，但正義團當時參與的程度似乎很有限；有些消息來源指出，入山煤礦罷工時的暴力團是極道。[73]不管如何，很明顯的是，罷工者對他們敵人的認知，就是正義團的暴力團。

罷工者在眾多工會宣洩管道中嚴厲批判並廣為宣傳暴力團的暴力，這些消息也廣為流傳。例如「勞農黨」便召集了一場公眾集會，反對由政府、資本家以及暴力黨聯合起來的暴力鎮壓。[74]特定事件也被報導出來，強調暴力團暴力的兇殘本質，並引發反抗暴力的渴望。為罷工者聲援的新聞報導，亦刊載了二十三名工廠女工被二十名武裝的公司暴力團攻擊而受傷的消息，斗大的標題寫著：「公司的暴力團以短刀刺傷二十三名工廠女子」以及「趕走暴力團」。在這些文章中，暴力團的攻擊事件受到嚴厲譴責，被視為不可原諒的行為。[75]暴力團突襲宿舍的事件同樣引發關注，有一份傳單上描述他們在十月九日夜晚，如何進入工廠女性員工的房間，並用草繩綑綁她們。[76]閱讀這些文章的讀者不只會看見暴力團的冷血本質，也將會相信，若要戰勝資方，暴力是必須的。[77]強調暴力團的暴力，是罷工者激勵並合理化自身暴力的一種方法。

正義團終於從罷工活動撤退，據說是因為擔心繼續參加一個前景不明的長期爭端，將引起懷疑。[78]不論撤退的真正理由為何，很顯然的是，正義團的涉入並未恐嚇到工人，迫使他們轉為消極，或促使罷工協議順利進行。相反地，罷工者激烈抗議資方的事件依舊頻傳，顯示正義團的出現只會拉高緊張氣氛，更堅定工人的決心。罷工最終於在十一月二十一日落幕，那幾乎是兩個月後的事了。

國粹會與正義團鎮壓左派的企圖，不限對工會及罷工者的攻擊，而是延伸到其他隱約懷有自由或左翼思想的人士身上。例如國粹會就以企圖妨礙男性普選權的施行，以及干擾社會主義者

72 丸山鶴吉（警視總監）〈洋モス亀戸工場労働争議ニ關スル件〉（1930年10月10日），133–34；〈檄！〉。

73 有些報紙報導，入山勞動争議中的某些「暴徒」是某個極道老大的手下。《福島民友》1927年1月21日，資料來源：村田淳編《甦える地底の記録（第1巻）磐炭・入山労働争議資料集成》（いわき社会問題研究，1984），190–91。如前章所述，吉田磯吉也宣稱為入山勞動争議的協調人之一。

74 勞農黨也想要推翻濱口內閣。労農党〈洋モス争議応援暴圧反対、打倒浜口內閣の演説会に就いて〉1930年10月3日、法政大學大原社会問題研究所〈洋モス争議フアイル(1)〉。

75 〈洋モス争議闘争ニュース6號〉1930年10月11日、法政大學大原社会問題研究所〈洋モス争議フアイル(2)〉；〈關東合同労働組合ニュース1號〉1930年10月11日，法政大學大原社会問題研究所〈洋モス争議フアイル(1)〉。

76 〈東洋モス大争議：レポ集〉1930年10月11、24日、法政大學大原社会問題研究所〈洋モス争議フアイル(1)〉；東洋モスリン争議団本部による題名のないチラシ，1930年10月7日，法政大學大原社会問題研究所〈洋モス争議フアイル(1)〉；《全國大眾新聞》1930年10月11日。

77 日本紡織労働組合争議团〈洋モス争議日報〉1930年10月10、15日，法政大學大原社会問題研究所〈洋モス争議フアイル(2)〉；日本紡織労働組合加盟〈洋モス争議は最後の決戦だ！〉1930年，法政大學大原社会問題研究所〈洋モス争議フアイル(1)〉。

78 労働運動史研究会編《日本労働運動の歴史（戰前編）》（三一書房，1960），186。

集會聞名。[79]國粹會最被廣為宣傳的事件之一，是該組織把「水平社」當成對抗的目標，水平社是一個帶有社會主義色彩的全國性組織，反對歧視被壓迫的少數「部落民」[80]。國粹會迎戰水平社，可能是因為他們擔心這一群敢於和強權對抗的部落民人口；由於國粹會老大本身多為建築承包商而且雇用部落民為工人，他們因此尤其擔心。這樣的憂心遠勝於國粹會和水平社這兩個團體的某些成員關係友好的事實，其中有些人甚至和這兩個組織都有關聯。[81]

眾所皆知的「水國事件」（水平社－國粹會），其事件爆發之處，是一九二三年三月十七日奈良縣一次偶發事件。當時一名部落民新娘被名為森田熊吉的老人嘲笑；在她經過時，森田舉起四支手指（一個羞辱部落民的手勢）。兩名年輕人見狀，便向警察告發老人，後來這則新聞傳開，釀成事件。水平社要求森田道歉，森田不但拒絕，還向國粹會求援。[82]隔天，約八百名國粹會成員和約七百五十名帶著竹棍、刀劍的水平社活動分子之間，爆發衝突，雙方的支持者不斷從奈良和附近的縣集結。到了三月十九日，也就是引起爭端的事件發生兩天後，情勢持續升高，一千兩百二十名水平社支持者與大約一千兩百名來自國粹會、在鄉軍人會和青年團的人馬爆發集體鬥毆。[83]暴力程度規模之大，政府不得不從軍方與大阪警力調派人員，而當地的警察署長則努力居間協商，化解敵意。在三月十九日衝突最高點時，共有十名監察官捕、三十六名巡查部長、以及三百四十八名正規警察官聚集在奈良。[84]

雖然三月二十日水平社與國粹會之間的協議結果要求森田道歉，似乎是水平社占了上風，但是後續警察對事件的調查，似乎對部落民陣營較為嚴苛。當警察分成兩個調查組時，負責調查水平社的組員共一百三十三人，相較之下，國粹會僅四十五人。同樣地，在各別的系列調查裡，四十名警官接受指派負責水平社，國粹會方面則只有二十五名。由於水平社的總參與人數並沒有比國粹會的人數高出多少（二千九百四十人對二千二百七十五人），警察方面調度的人數似乎令人

79 渡辺銕蔵〈大正志士論〉《中央公論》第38巻第12號（1923年11月）：83；司法省調查課《司法研究報告書集：第8集》，509–10。

80 譯註：部落民，即日本封建時期賤民階級的後代。一八七一年日本廢除封建階級制度，部落民被合法的解放，但是社會上對他們的歧視仍未完全消除。

81 山村昌子〈水平社・国粋会争鬥事件の検討：裁判記録を中心として〉《部落解放研究》第27號（1981年9月），161–64。感謝 Jeff Bayliss 引介這篇文章給我。

82 守安敏司〈今田丑松と水平社創立者たち：大日本国粋会と奈良縣水平社〉，2；Neary, Political Protest and Social Control, 87；山村昌子〈水平社・国粋会爭鬥事件の検討〉，136、140。国粋會的奈良線支部長名為今田丑松，生於一八五四年，年輕時就沉迷賭博，十四歲時父母和他斷絕關係，他兩年後返家，後來又離家，成為工人。一九〇七年，他因為犯罪被送往北海道，一九一九年參與國粹會的成立。今田於三月十八日前往事件現場，但他在這個事件中真正的角色不明。守安敏司〈今田丑松と水平社創立者たち〉，2-4、8。

83 三月十八日，國粹會的支持者為八百人，三月十九日為一千兩百人，三月二十日為兩百七十五人。水平社的人數為：三月十八日為七百五十人，三月十九日為一千兩百二十人，三月二十日為九百七十人。〈水平社對国粋会騷擾事件〉（種村氏警察參考資料第78集），44–46，国立公文書館藏。

84 集結的警力三月十八日為八十一人，三月十九日為三百九十四人，三月二十、二十一日為正規警察兩百一十八人，義警十七人，〈水平社對国粋会騷擾事件〉，36–38。

起疑。由於警力分配不成比例，水平社遭逮捕的人數比國粹會多（三十五人比十二人），也就不令人意外了。[85]

在對工人和普遍左派的攻擊中，國粹會與正義團如同義大利的黑衫軍以及德國的衝鋒隊。這些團體都有堅定不移的國家主義意識形態，咸認為工會與社會主義者是國家本質和發展的一大威脅。黑衫軍的主要指令之一，是打擊「布爾什維克主義」，尤其一九二〇年之後更是如此。那天冬天，黑衫軍發動一場針對社會主義者的持久攻擊，延續到一九二一年春天。這種「系統性的恐怖活動」包括介入勞資糾紛，將目標對準其他社會主義機構的商會。[86]而德國衝鋒隊確實會與保守右派起爭端，日本的這些組織則並未發生相同的情況，因為衝鋒隊和黑衫軍都有一基本反資本主義的立場。[87]但實際上，這些團體無不激烈對抗社會主義者和勞工，試圖消滅、確實的清洗掉國內的左派遺毒。

都會區與之外的國家主義陣線

國粹會與正義團的法西斯暴力是更為鎮壓式的，因為這兩個所謂的「暴力團」不只是極道組織；他們是國家主義陣線的重要樞紐，吸引政客、軍人、官僚以及企業家。這些人並非基層、只在名義上隸屬，而是在這些團體中擔任要角的顯赫人物。不同精英政治之間，其連結的緊密程度，在國粹會格外明顯。一九二六年二月，時任國粹會會長去世，據說想要角逐這個大位的政客之一是後藤新平。後藤功績彪炳，曾任台灣總督府民政長官、南滿洲鐵道總裁、遞信大臣、拓植局總裁、內務大臣、外務大臣以及東京市長。結果他錯失國粹會會長一職，原因是他不夠反共。[88]三年後，一九二九年，一名傑出的政客果真接下這個組織的總裁寶座。鈴木喜三郎是前司法大臣與內務大臣，後來成為政友會總裁。在他身邊擔任會長的是高橋光威，他還曾是原敬內閣的書記官長。[89]在國粹會裡，軍人同樣擔任重要角色。一九三〇年代中期，總本部的副會長即是一名海軍中將，理事長則是陸軍中將。理事會包括四名陸軍中將、一名海軍中將、三名海軍少將；顧問包括三名海軍中將和一名陸軍中將。國粹會的顧問中，還包括資深的國家主義者、玄洋社總帥頭山滿。[90]

---

85 同前註，48–51、55。

86 Adrian Lyttelton, *The Seizure of Power: Fascism in Italy, 1919–1929* (New York: Routledge, 2004), 38, 53–54.

87 Peter H. Merkl, *The Making of a Stormtrooper* (Princeton: Princeton University Press, 1980), 100, 299; Conan Fischer, *Stormtroopers: A Social, Economic and Ideological Analysis, 1929–35* (London: George Allen & Unwin, 1983), 149, 186.

88 後藤新平也與正義團友好；他確實曾經請酒井榮藏及其組織協助清理家族所有權地上的佃戶。酒井栄蔵《無遠慮に申上げる》，89–94。

89 荒原朴水《大右翼史》（大日本国民党，1966），53。

90 內務省警保局〈大日本国粋会員の服装に関する件（愛媛）〉，17–18。

國粹會和正義團的國家主義者陣線，不只在政治上舉足輕重，在地理上亦是幅員遼闊。這兩個組織的運作基地都超越日本國界，延續國家主義團體支持大陸擴張的悠久歷史。在向國外輸出暴力這方面，國粹會與正義團成員變身大陸浪人，跟隨著類似玄洋社的組織。先前在第二章中曾提及玄洋社於明治中期在朝鮮及滿洲的暴力活動，目的是激起更為激進的日本外交政策。然而，國粹會的青島支會反而將焦點放在該組織在日本本國長久涉入的問題：勞資關係。在這個山東半島南邊頂點的城市，國粹會成員在罷工發生時，會現身工廠內。他們也會涉入日本人與中國居民之間的紛爭，這些行為不但激起中國人的怒火，一九三一年八月十八日甚至已到臨界點，數千人手無寸鐵，以肉身攻擊國粹會。除了蔓延的敵意，青島國粹會也因內部的緊張局勢而陷入困戰，尤其是當其支部幹事長在被告知要克制自己的行為後，仍一意孤行參加鎮壓暴動的行動，內部緊繃的情勢更是達到頂點。一九三二年二月二十日，該支會決定解散，儘管有些人希望組織能撐下去。[91]

滿洲的國粹會更是高聲批評日本對中國的外交政策。當瀋陽支部於一九三一年五月更名為「國粹會滿洲本部」時，更是關注日本在滿洲的各個面向。五月二十二日，新任本部長（東京帝國大學畢業的記者）就任典禮後，他們隨即舉行一場會議，討論當前政治情勢與組織的未來。約三百名與會者現場聆聽諸多嚴詞批評，內容包括日本對中國政策的軟弱、處理滿鐵議題缺乏全面性，以及在滿洲的日本人需要群起合作，方能面對外交關係的艱困局面。他們下一步的焦點是募款、招募更多會員、選派有意願前往南滿洲鐵路指揮各區的領導人。該團體事業計畫的概要包括成立武術中心（國粹武道館），但不確定是否成立。[92]一九三一年九月中的「滿洲事變」（即九一八事變）後，有文獻記錄提到「滿洲國粹會」於十月時成立。但不清楚這是一個全新的組織或是原國粹會滿洲本部重整。無論何者，據說該組織到了一九三三年四月，成員已達一千五百人。[93]

對正義團而言，滿洲事變（即九一八事變）是啟發他們決定在中國擴張的關鍵。一九三一年九月之後，計畫藍圖已規畫出來，一九三二年開始執行，酒井和幾名幹部數次前往滿洲進行考察之旅，第一次是在四月，之後在六月和七月。在這幾次的考察任務中，他們探訪不同的地點，拜會重要政府官員及軍方領袖，設法取得南滿洲鐵道會社和其他金錢利益者的支持。七月一場會議上有來自三井、住友、安田以及三菱等財閥的代表。[94]

---

91 川越茂（青島總領事）致外務大臣〈青島国粋会解散ニ関スル件〉（外務省記録，1932年4月1日），208–9；《朝日新聞》1931年8月20日。

92 關東廳警局長致拓務次官、外務次官等人〈国粋会奉天本部ノ改称ト其ノ活動〉（外務省紀録，1931年6月1日），196–205。

93 小栗一雄（福岡縣知事）致內務大臣、外務大臣等人〈滿州国粋会幹事ノ言動ニ関スル件〉（外務省紀録，1933年4月5日），240。

94 這種至少先贏得掌權者認可的策略，在日本國內經常可見。一名國粹會理事長曾在一間旅館和某位市長、市會議長，以及警方、內務省和司法省的重要人物開會。中安信三郎理事長還寄過新年賀卡給地方長官，包括京都府警本部長。大日本国粋會總本部会報局《大日本国粋会史》，37、42。

這個團體的目的是鼓舞更多成員移民滿洲國——即日本在滿洲的傀儡政府——並成立「正義村」。這個「村」為傳布正義思想的基地，更具體的說，是要保護並巡邏國界。到了七月，正義團挑選了一百人——包括三十名來自東京、三十名來自關西、二十名來自九州，以及二十名其他地區的日本人——成為首批移民的其中一部分。[95]這一群人由酒井領導，於八月九日抵達瀋陽，設立事務所，隨即為滿洲正義團的正式成立進行準備。

一九三二年九月八日傍晚，他們舉行一場正式集會，說明組織成立的宗旨，並且以誓盃儀式歡迎新成員。在與會的三百二十名日本人和中國人面前，酒井侃侃而談建立一個與日本為兄弟之邦的強大滿洲國的重要性。滿洲正義團當場揭露的團規和綱領，主要是宣揚王道、實踐正義、促進和平與世界人類的福祉。[96]

實際上，正義團的工作大多圍繞著肢體暴力。正義團成員為該組織的兩大據點——瀋陽與新京（滿洲國時期的長春）——提供警察和安全人力，並對暴動者進行嚴厲掃盪。關東廳警務局的局長報告說，從日本移民來的正義團成員（相較於在滿洲加入同黨的司機、工廠黑手以及無業遊民）無不攜帶槍枝和彈藥，足見他們正進行軍事演練和訓練。[97]在官方通訊中，酒井被指為必須為大部分來到滿洲的這群「武裝移民團」的負責人。酒井也和當地的強盜集團（馬賊）建立關係；一九三二年九月底，據說他為滿洲國贏得了一千三百名土匪的效忠。《朝日新聞》的這則報導似乎有些破綻，但值得注意的是，酒井是個會和土匪打交道的人，他屬於一種暴力專家。除了有備忘提醒監視酒井的行動，以及和他有關的浪人，法律上對正義團的暴力似乎沒有懲罰。[98]

滿洲正義團就像大陸上的國家主義前輩一樣，其行動受在中國的日本軍事要角支持。如頭山滿的玄洋社和對擴張主義的日本有共同願景的軍事長官形成聯盟那樣，滿洲正義團與滿洲軍方同樣發展出連結。[99]無論是在大陸或日本本土，國粹會和正義團皆是推進充滿野心及暴力的帝國主義陣線的一分子。

95 藤沼庄平（警視總監）致內務大等人，〈日本正義団ノ満州進出ニ関スル件〉（外務省記録「本邦移民関係雑件：満州國部」1932年7月8日），1–2；內務省警保局編《社會運動の狀況：第7卷》（三一書房，1972），282。

96 關東廳警務局長致拓殖次官〈大満州正義団ノ誓盃式挙行〉（外務省記録，1932年9月13日），313–4；小栗一雄（福岡縣知事）致內務大臣等人〈満州正義団誓盃式挙行ノ件〉（外務省記録，1932年9月12日），308；關東廳警務局長致拓務次官、內務書記官長等人「大満州正義団々規」（外務省記録，1932年9月25日），319–21、325。

97 關東廳警務局長致拓務次官等人〈大満州正義団ノ誓盃式挙行〉，315；大阪府知事致內務大臣等人〈新満州國ニ於ケル正義団ノ行動其ノ他ニ関スル件〉（外務省記録，1932年9月15日），317。

98 桑島主計（日本駐天津總領事）致外務大臣「満州関係浪人来往及活系統表送付ノ件」（外務省記録〈支那浪人関係雑件〉，1933年3月17日），416–21；《朝日新聞》1932年9月29日。其中一個案件是，池田英雄帶了數千人「訪問」釜山一座電力公司後，遭到調查。他的名字也出現在正義團滿洲支部的名冊上，但據信他是利用滿洲正義團的名義，恐嚇取財，中飽私囊。吉沢清次郎（新京總領事）致外務大臣與駐滿洲大使〈自称満州國正義団総務池田英雄ノ動靜ニ関スル件〉（外務省記録〈支那浪人関係雑件〉，1934年4月25日），424–25。

99 藤沼庄平〈日本正義団ノ満州進出ニ関スル件〉，2–3；小栗一雄〈満州正義団誓盃式挙行ノ件〉，308。

政黨衰退期的暴力

政客和國家主義組織之間的緊密關係，導致了一九三〇年代政黨的衰退。雖然內閣長期有軍系人馬擔任閣員，在與國粹會和正義團共同分擔的管理模式影響下，政客甚至變得更習於和軍方共享政治領導權。更重要的是，尤其政友會－國粹會的關係，導致人民對政黨產生負面形象，認為他們與人民脫節。領導或附屬國粹會的政友會政治人物，成為政黨與自由主義有多疏離的象徵，顯現這些人其實已經成為「既成政黨」。更糟的是，政友會因為未能控制國粹會的暴力早已飽受批評，多數人漸漸認為，政黨根本無法保障國家的秩序和安全。

政友會與國粹會之間的連結，在國粹會成立之際，藉由政友會的內務大臣床次竹二郎之手便建立起來了。床次繼續擔任顧問角色，但是更引人注目的，是被視為該組織會長角色的村野常右衛門。在第三章裡我們討論過村野的政治生涯軌跡，是從涉入一八八五年大阪事件的暴力行為開始的。村野後來成為當地壯士組織者，最後承擔起政友會院外團的管理之責，再晉升為政友會幹事長。一九二二年，村野成為國粹會史上的第二任會長。他跟隨總裁大木遠吉——原敬以及高橋是清內閣時期的司法大臣——領導該團體。我們很難確知村野擁有多大的權力，但身為會長，他有權挑選總裁、副總裁，以及國粹會支部的部長。如歷史學家色川大吉所評論的，村野的日記詳述了他參與過的各種國粹會事務，顯然他不只是名義上的會長。[100]

村野促使政友會院外團和國粹會的暴力元素更是相得益彰，此舉更是受到同黨成員森恪的進一步支持。森恪是由原敬招募進入政友會院外團，後來成為眾議員和院外團團長。在他的領導下，院外團吸收了更多的極道、大陸浪人以及國家主義團體——人數之多，以致某歷史學者後來稱森恪的團體為「暴力團的院外團組織」。一九二〇年代後半，政友會院外團和如國粹會之類的國家主義組織之間的交流，已不再少見。[101]

國粹會與政友會院外團的結合，是共同意識形態和策略的自然發展。村野受國粹會吸引，因為國粹會願意控制左派社會運動，而且，這樣的合作在田中義一擔任政友會總裁之下蓬勃發展，似乎不是偶然的；田中擔任首相期間，下令逮捕左翼政黨分子，而且支持日本在滿洲擴張的利益。他們所使用的暴力形式（有組織的、有目的性的暴力行為），則是另一共同特徵。

到了這個時候，國粹會與政友會的關係，可說是類似黑衫軍之於一九二〇年代早期義大利的「國家法西斯黨」（以下簡稱「法西斯黨」），或者像衝鋒隊之於德國的納粹黨。法西斯黨在黨

100　《東京日日新聞》1922年4月12日；色川大吉《流転の民権家：村野常右衛門伝》（大和書房，1980），342、345–346。

101　前島省三〈志士的プッチと国家権力〉《日本史研究》第24號（1995年5月），57；高橋彥博〈院外団の形成：竹內雄氏からの聞き書を中心に〉《社會労働研究》第30卷第3、4號（1984年3月），107。和國粹會一樣，「大正赤心團」是另一個國家主義團體，其指導階層包括政友會幹部。色川大吉《流転の民権家：村野常右衛門伝》，340。

內為黑衫軍謀求地位，其地位之重要，用史學家艾米里歐・強提爾（Emilio Gentile）的話來說：「黑衫軍與法西斯黨的連結牢不可破。」[102]該黨的每一單位都有一個「行動小隊」，鼓吹法西斯主義並捍衛國家。在德國，衝鋒隊則做為一種「政黨民兵」，一種服務且有助政黨利益的準軍隊組織。值得注意的是，比起衝鋒隊之於納粹黨，國粹會之於政友會，則享有更多的政治自治；而衝鋒隊暴力在選舉中發揮的程度，也是國粹會所不及的。例如在一九三二年的德國選舉中，武裝衝鋒隊和政敵之間的衝突，造成超過三百起政治暴力以及二十四人死亡；對選舉結果的失望，也促成一場「大型恐怖活動」。[103]雖然有著顯著的不同，這三個團體——國粹會、黑衫軍以及衝鋒隊——都為他們各自的政黨扮演保護和攻擊的角色。

國粹會暴力觸目皆是，致使該組織——及其相關的政治人物——成為遭受批判的目標，特別是穩健派左翼人士的批判。政治暴力變得如此的日常，以致一九二三年，《中央公論》針對此現象刊載好幾個系列。在其中一期，批評家、哲學家兼史學家三宅雪嶺批評國粹會意識形態的膚淺，指控國粹會並不關心「國粹」或俠義。國粹會並未如自身所宣稱的劫強濟弱，而是迫害並威嚇弱者。在三宅的想法裡，當國粹會揮舞政治力量與金錢影響力，並以武力動員時，他們不但蠻橫，甚至是殘暴的。和平主義者水野廣德呼應他的看法，特別提到國粹會如何虐待勞工。[104]其他人對於政府積極支持，甚至參加組織活動尤其惱怒。劇作家兼作家菊池寬警告，政府共謀「暴力團體」的成立，如國粹會，只會助長右翼與左翼之間的敵意。對他而言，國粹會是暴力的不祥預兆、意識型態的衝突。對社會主義者和基督教育者安部磯雄來說，這種衝突早在一九二三年的水國事件便可看出端倪。這些思想家紛紛譴責政府縱容，甚至鼓勵國粹會的暴力。[105]

對國粹會的支持，不僅明顯玷污了「政府」，類似的政黨暴力對國粹會相關團體的支持，也導致政黨失去正當性。有些人將院外團流氓和國粹會混為一談，以同樣的詞彙描述他們。實業家

---

102 Gentile, "Problem of the Party in Italian Fascism," 254. Roberta Suzzi Valli可能不同意這種對黑衫軍的描述，因為Valli considers認為，他們比較是「軍事政黨」，而非「政黨民兵」。Valli, "Myth of Squadrismo in the Fascist Regime,"133。

103 Thomas Childers and Eugene Weiss, "Voters and Violence: Political Violence and the Limits of National Socialist Mass Mobilization," *German Studies Review* 13, no. 3 (October 1990): 482–83。日本與德國的法西斯暴力規模之差異，和這兩個國家在法西斯的權力結構和普遍程度上有很大的關係，但也與這些法西斯組織的目標有關。國粹會和正義團在很多方面都是法西斯，但是他們沒有條理清晰的法西斯論述，他們施展暴力的首要目標也不是奪取政權。雖然這兩個組織和軍方關係緊密，他們並不像黑衫軍為墨索里尼，或者像衝鋒隊為納粹，意圖奪取政權。國粹會和正義團的暴力圍繞在粉碎左派，而當左派被控制並鎮壓時，他們的勢力也跟著減弱。

104 三宅雪嶺〈国粋会に望む〉《中央公論》第38巻第1號（1923年1月），213–14；水野広徳〈暴力黙認と国家否認〉《中央公論》第38巻第1號，206。這兩篇文章都是以下這個系列的一部分：〈暴力的団体の存在を黙認する當局の怠慢を糾弾する〉。

105 菊池寛〈暴力に頼らずして凡ての事を処理したし〉《中央公論》第38巻第9號（1923年8月），95-96；安部磯雄〈国家的『力』の発現を公平ならしめよ〉《中央公論》第38巻第9號（1923年8月），74。兩篇文章皆為以下系列的一部分：〈暴行・脅迫・強請等に対する当局の取締の緩を難す〉。安部磯雄〈法治國に暴力を許すとは何事か〉《中央公論》第38巻第1號（1923年1月），220；安部磯雄〈暴力に対する国民の不徹底的態度〉《改造》第6巻第5號（1924年5月），94；井上忻治〈群眾心理に通曉せよ〉《中央公論》第38巻第9號（1923年8月），102。

兼政治家渡邊銕藏將兩者貼上「志士」的標籤。而且他進一步釐清這些「大正志士」和幕末志士完全不一樣。渡邊解釋說，明治維新時的志士討論國家大事，將日本推向世界舞台，而大正時期的志士不學無術、無知、膽小，聲稱愛國，實際上卻只是帶來傷害。[106]其他人將國粹會與院外團歸類為相同的暴力現象，只是有些微不同，且對兩者所持的批評意見，沒有太大差異。如同國粹會，政友會被形容為濫權，將其意志施加在相對弱勢的少數族群身上。報章頻繁提到他們的壯士暴力行為、帝國議會內的鬥毆，以及政友會明顯墮落的腐敗。[107]

這些對政黨及議會政治的抨擊，並非有意侮辱議會政治的基本概念。事實上，許多穩健派左翼人士長期支持透過民主程序，造就社會改變。他們想要提出這項議題，不是針對整體的政治體系，而是針對政治上發生的暴力現象以及暴力團體。他們基本的關注是，暴力的普遍說明日本在現代性、文明和文化上的意義為何。三宅感嘆理性和邏輯如何成為暴力的受害者，義大利墨索里尼的興起和日本的吹捧是如何說明了民主倒退現象，以及日本文明、文化的水平如何沉淪。暴力的主軸是原始的，且是進步、理性、正義、法律的對立，因而三宅的知識分子同僚，如安部、水野，以及政治理論家杉森孝次郎，提出文明的與啟蒙的政治。[108]即使他們無意質疑議會政治的正當性，他們推論暴力的建構是社會、政治之病，玷污了政黨和國會。這些政黨，和國粹會不同，他們是統治機關，被視為當前國家事務的最終負責者。當暴力被一些人視為專橫、不文明、具破壞性的時候，持續的壯士與院外團暴力，侵蝕了政黨做為統治者的正當性。

不只左派知識分子嚴詞批評政友會及其暴力。一九二〇年代，該黨因為在街頭及國會議場使用暴力，成為大眾、主流報紙社論嚴厲批評的對象。一九二六年三月的一件意外事件，是這類評論的指標：當時眾議員清瀨一郎在國會大廳發表演說，指控政友會總裁田中義一不當使用祕密軍事支出帳戶。政友會成員一聽完，蜂湧上主席台痛毆清瀨，整個議場陷入一片混亂。一名政友會議員從後面拉扯清瀨的襯衫，另一名國會議員則痛擊他的頭部。在國會的旁聽席，院外團之間的衝突也導致多人受傷。多名參與混戰的人走出議會時，身上都有包紮，而清瀨則因為脖子遭刺而流血。一份報紙報導約有十三名「暴行代議士」攻擊清瀨，多達十六人最後被東京地方裁判所以暴力攻擊的罪名起訴。[109]

106 鍍辺銕蔵《大正志士論》8、4–85。

107 堀江歸一〈暴力的団体の存在を默認するか〉《中央公論》第38巻第1號（1923年1月），212；井上忻治〈群眾心理に通曉せよ〉，102。

108 三宅雪嶺〈『力』を頼むの弊〉《中央公論》第38巻第9號（1923年8月），80–83；杉森孝次郎〈暴力と文化〉《中央公論》第36巻第6號（1921年12月），99；杉森孝次郎〈暴力の倫理性〉《中央公論》第49巻第6號（1934年6月），41、43–44；安部磯雄《法治國に暴力を許すとは何事か》，16、219；水野広德〈暴力默認と國家否認〉，205、210。

109 《長崎日日新聞》1926年3月26日，資料來源：《憲政を危機に導く政友会の暴行事件》（自由文壇社，1927，本書以下簡稱「KKMSBJ」），36；《九州新聞》1926年3月26日，資料來源：KKMSBJ，40；《時事新聞》1926年3月25日，資料來源：KKMSBJ，49；《大阪日日新聞》1926年3月31日，資料來源KKMSBJ，47；《政治経済通信》1926年4月6日，資料來源，KKMSBJ，60。

圖4.2

這幅漫畫刊載於1926年3月，眾議員清瀨一郎遭攻擊事件一段時間過後，標題為「立憲政治範本」。

圖片來源：《憲政を危機に導く政友會の暴行事件》（自由文壇社，1927年）

許多報紙社論當下指稱這場衝突格外暴力。《大阪每日新聞》寫道，議會已發生過多次肢體暴力，而以湧上主席台人數的紀錄來看，這一次著實無可匹敵。另一份報紙評論這次暴力的規模，則觀察到從未有其他事件像這次一樣，讓人感覺生命受到威脅。還有另一份報紙認為，即使對一個經常吵鬧的議會來說，這次的混亂可說是「議會史上最大的污點。」[110]

如這些關於國會的評

論顯示的，這次事件讓許多媒體有機會發表對於議會和政黨的憂心忡忡。雖然《東京朝日新聞》提出不要杯葛這些政治機構，而是倡議不要讓這些暴力的國會議員再次當選，許多報紙仍認為，議會和政黨存在危機。[111]《九州新聞》觀察到，國民對國會的信任正被侵蝕，拒絕承認國會的聲音也不斷增加。有一篇社論要求國會扮演人民的模範，尊重言論自由，並且警告若國會改革失敗，將招致人民的輕蔑——如果這種情況發生，國會將不再具有任何意義或重要性。[112]

也許比國會更嚴重的是，政友會的未來同樣令人懷疑。《大阪每日新聞》認定，政友會的政客已經將人民對該黨的信任連根拔起，摧毀了該黨聲望和威信。政友會的行為被一些人解釋成與人民作對的暴力，是否定憲政、與憲政基礎相左的暴力。更糟的是，這種暴力更具腐蝕性，因為其中包藏了所有的惡質，例如對他黨議員發言的殘暴和蠻橫壓制，以及試圖藉由「抹紅」對手（如清瀨一郎），讓他們失去信用。[113]《長崎日日新聞》認為，可恥的不只是肢體暴力，還有

---

110 〈政友會の暴行事件〉1926年3月20日，資料來源：KKMSBJ，33；《德島每日新聞》1926年3月27日：資料來源：KKMSBJ，45；《時事新報》1926年3月26日，資料來源：KKMSBJ，23–24。

111 《東京朝日新聞》1926年3月25日，資料來源：KKMSBJ，20；《時事新報》1926年3月26日：資料來源：KKMSBJ，23。

112 《九州新聞》1926年3月27日，資料來源：KKMSBJ，40–41。

113 《大阪每日新聞》1926年3月27日，資料來源：KKMSBJ，31；《九州新聞》1926年3月26日，資料來源：KKMSBJ，42；《國民新聞》1926年3月26日，資料來源：KKMSBJ，52；《中外商業新報》1926年3月26日，資料來源：KKMSBJ，51。

該黨之後試圖合理化其暴力，想要逃避責任。同樣地，《國民新聞》指出，政友會總裁確實涉入某種祕密計畫。其立論則為，若田中無罪，他大可直接否認，而不用訴諸暴力。就暴力本身，這種以肢體暴力模糊一切的策略相當可恥。檢視這些罪狀，多家報紙咸認為，政友會已「自掘墳墓」。[114]

為了明確表達他們的憂心，約有一百三十名記者和二十名知識分子（包括民主學者吉野作造）於四月七日在日比谷公園參加一場集會，譴責並拒絕議會暴力。這個團體正式名為「議會暴力排擊有志記者大會」（拒絕議會暴力記者會），他們發表了一篇宣言，正式陳述這些記者在其社論中所持的立場：反覆發生的議會暴力對憲政政府是可悲的，對人民的思想有負面影響；議會的神聖性不容侵犯；應拒絕暴力，保護言論自由。大會也通過了一項決議，當中最重要的是，呼籲政黨自省，並開除習於使用暴力的國會議員。政友會對此則做出極其諷刺的因應對策：他們派了六十七名喬裝為記者的壯士參加這場集會，而且各個都有名片，並標示其報社記者的身分。這些人在場內製造喧鬧，但是在記名的投票過程中，反暴力的宣言和決議雙雙在壯士的反對聲中通過了。[115]

這些批評聲浪所透露的最大隱憂，是對於政友會以及一般政黨，為一個暴力社會回復秩序的能力深感懷疑。一些最是直言不諱的知識分子擔心，暴力的顛覆本質將導致革命，或者如吉野作造所預見的「無政府的混沌」。[116]伴隨失序恐懼的，是對秩序的渴望，這使得許多左翼思想家轉而將國家視為穩定的源頭。他們提醒國家維持社會秩序的責任，呼籲政府嚴厲壓制暴力，不論其意識形態。「恐嚇與勒索的社會害蟲，」三宅疾呼：「必須用最嚴厲的方式根除。」[117]針對那些特別被羅列出來的人，尤其是警察，應該要控制暴力。如崛江歸一闡明的，警察有保護公民在日常生活各方面免於危險的責任，例如免於「暴漢」的威脅。[118]最堅持警察應該挺身承擔這份職責的是安部磯雄，他在一九二三年八月前，便呼籲政府應該使用警力對付所有暴力人物，並且批評警方執行這項任務時不夠明快、積極。安部堅信，若警方取締暴力，將能逐漸減少暴力事件的發生：

114　《長崎日日新聞》1926年3月26日，資料來源：KKMSBJ，39；《德島每日新聞》1926年3月27日，資料來源：KKMSBJ，43；《國民新聞》1926年3月25日，資料來源：KKMSBJ，21–22；《日萬朝報》1926年3月26日，資料來源：KKMSBJ，27。

115　《政治経済通信》1926年4月7日，資料來源：KKMSBJ，61–64。

116　吉野作造〈「國家」の外「力」の使用を許さず〉《中央公論》第38卷第1號（1923年1月），201；井上忻治〈群眾心理に通曉せよ〉，100、104；水野広徳〈暴力默認と國家否認〉，207–8。

117　水野広徳〈暴力默認と國家否認〉，207；水野広徳〈一視同仁たれ〉《中央公論》第38卷第9號（1923年8月），94–95。

118　堀江歸一〈暴力的団体の存在を默認するか〉，210。

若警力能採取禁止所有暴力的立場，那麼暴力事件會逐漸減少，我們自然不太需要過度擔憂。當然，要國家的警力去控制我所描述的暴力程度，是很困難的。若警力不足，也可動用兵力。[119]

雖然在可能的國家警力濫用議題上，安部停頓了一下，但是他確實不斷告誡，思想和言論必須自由，安部——這位基督教和平主義者，也是日本社會運動的先驅——並不擔心國家軍事警察，甚或軍方鎮壓暴力專家的可能。之所以如此，或許是因為他們溫和的意識形態立場（對於他們認為應該加以箝制的極端分子不表同情），因為他們對德國社會民主主義的執著（完全不會質疑國家），或者因為他們對失序的巨大恐懼（以及預感到缺乏其他可能性），只是沒有任何一名倡議由更偉大的國家控管暴力的思想家，討論到應該由誰來維持國家秩序的問題。

這些思想家輕易向國家力量求援，而不是向政黨或議會，其實呼應了人民普遍對政黨政治是否能有效治國的懷疑。侵蝕政黨信心的因素，包括暴力及腐敗、大蕭條的破壞性經濟影響，以及民政黨首相濱口雄幸於一九三〇年簽署了充滿爭議的《倫敦海軍協約》。然而公然的暴力，是政黨軟弱的有力象徵。而這種現象並非是戰前的日本所獨有；德國亦是如此，對街頭上演的共產主義暴力與暴力行為的擔憂，使民主政府看起來無能：「納粹黨急欲塑造自己為對抗共產主義最積極、最有效的力量——而且，同時將自由主義政府塑造成對保障公眾安全束手無策的樣態。」[120]

在義大利，黑衫軍則集結起來，對抗議會以及無效的政黨。[121]日本的不同之處，在於既存的政黨並未受到某個政黨或反對運動的正面攻擊，而是來自四面八方的尖銳批評，包括各派系的國家主義者、軍國主義者，以及不同的組織——有些最後掌握了政權，便將政黨的影響擱置一邊，即使不是將它們完全消滅。[122]如同在德國與義大利，某種「有秩序的暴力」必須用來管控「無政府」狀態的想法，使這些人物的成功是可以被接受，尤其當暴力行為不只因為暗殺活動而中止，也因為企圖政變而中止。[123]

要釐清國粹會、正義團，與我們所熟知的進行暗殺和政變的右翼分子和軍國主義者之間，其關係緊密到什麼程度，是很困難的。但可想而知，他們都相信暴力的救贖力量；例如一九三〇年代的某個青年團體「榮耀恐怖主義和可能的殉道，猶如是為國犧牲的淨化行為。」[124]而這些暴力

119 安部磯雄〈国家的『力』の発現を公平ならしめよ〉，74、76–77。

120 Paxton, *Anatomy of Fascism*, 84.

121 Valli, "Myth of Squadrismo in the Fascist Regime," 134.

122 關於1930年代的政黨影響力，見Gordon Mark Berger, *Parties out of Power in Japan*, 1931–1941 (Princeton: Princeton University Press, 1977)。

123 Michael Mann, *Fascists* (Cambridge: Cambridge University Press, 2004), 175.

124 Gregory J. Kasza, "Fascism from Below? A Comparative Perspective on the Japanese Right, 1931–1936," *Journal of Contemporary History* 19, no. 4 (October 1984): 617.

都弱化了政黨力量。一九二一年，銀行家安田善次郎和首相原敬遭右翼分子暗殺，單就這兩件事已經夠令人憂心了，未想一九三〇年代還接連發生數起頗具知名度且立場鮮明的暴力事件：一九三〇年十一月首相濱口雄幸遭襲擊；一九三一年三月和十月，右翼及陸軍發動政變；一九三二年二月和三月的血盟團事件，造成民政黨幹部井上準之助與三井財閥總帥團琢磨死亡；一九三二年五月，一名青年海軍將校發動政變，暗殺首相兼政友會總裁犬養毅；一九三六年的二二六事件，青年陸軍將校領導軍事叛變，在叛變過程中，他們殺死了大藏大臣高橋是清、內大臣齋藤實以及陸軍教育總監渡邊錠太郎。早在一九三二年五月，海軍大將齋藤實接任犬養毅為首相時，便已昭告政黨內閣的結束，十五位閣員名單中，有十個不是分派給政黨政治人物，而是交付官僚和軍人。這對各政黨的打擊，是各種高層陰謀的結果，然而，其中不得輕忽的看法是，有些人認為，穩健派的軍事領袖需要被放在有政治實力的位置，以控管更激進、暴力的元素。

與政黨衰退相伴的，是院外團逐漸從政界消失。一九二〇年代後期，當選民人數因為男性普選權生效而多出四倍時，院外團的暴力便漸漸削弱了。這群擴大的投票人口首次於一九二八年二月的普選中參與投票，他們更是受到（非暴力的）演說集會和年輕造勢團體吸引，全然不接受壯士的肢體威脅。單是選舉人數規模，就讓參選政客更是慎重思考買票，而非以暴力威嚇選民。到了一九三〇年代，政友會院外團則為類似國粹會的國家主義暴力團體吸收並取代了。

到了一九四〇年代早期，各種型式的非國家暴力專家似乎自政治圈消失了。當首相近衛文麿在一九四〇年時意圖成立一個大規模政黨，以因應政爭而對壓力團體有所需求預作準備時，院外團類型的暴力就變得過時了。這時也是戰爭用罄金庫、經濟拮据，無法雇請壯士的時期。[125]國粹會與正義團的命運未卜，因為一九三〇年代末到四〇年代初，能運用在組織活動上的資源少之又少。他們的人數在一九三〇年代前半暴跌——國粹會在一九三二年時據說有二十萬人，到了一九三五年只剩兩五千八百一十九人；正義團則從十萬五千人驟減至一萬九千六百一十九人。這可能是因為左翼運動的萎縮，使得反左翼團體隨之渙散。不論如何，到了一九四二年，一份針對國家主義運動的官方報告，並未指出任一組織的名稱。[126]最後一點是，許多暴力專家，尤其是身強體壯的年輕男性，很可能都在一九四〇年代初期，隨著擴大的戰時軍事徵召而入伍。壯士和極道因此不再是政黨或國家主義組織的肢體暴力供應者，轉而為國家暴力部隊效勞。

法西斯運動的暴力體現在組織上，如國粹會與正義團，其力道是相當強勁的——他們實現反左翼與擴張主義者的願景，例如恐嚇工人，並且尋求改善該國在亞洲大陸的地位。他們的暴力能夠有所發揮，是因為符合某些重要軍國主義者、企業家與政客關心的議題。這不是某種施展於候

125　高橋彥博《院外団の形成》，107–10、118。
126　內務省警保局保安課〈特高資料－社會運動団体現勢調〉（1932年6月），31、3；同（1935年6月），45–46；警保局保安課〈戰時下ニ於ケル国家主義運動取締ノ方針〉，1942年7月，資料來源：《特高警察関係資料集成，第14卷》，234–35。

選人之間，或政黨派系間，或立足點大致相當的國會議員之間的暴力行為，上述這些人只想保護他們自己，在個人選舉或議會投票的層次上獲得利益。反之，法西斯暴力是一種散播無所不包的國家主義、資本主義和擴張主義意識形態的暴力行為，而且擁有位高權重者的支持。[127]

這種暴力的意識形態壓迫，使他們成為一種政治現象，全然不同於其他案例，例如美國的「平克頓偵探事務所」（Pinkerton’s National Detective Agency）。這間事務所的創辦人艾倫・平克頓（Allen Pinkerton）也許有他自己的政治信念，但是滲透進入工會的平克頓偵探，以及為企業提供保全服務的平克頓保全人員，則不是政治組織的一員。[128]國粹會和正義團，與美國滲透工會、擔任工賊的組織型犯罪團體也不同。其中有廣義的相似點：美國的組織型犯罪團體對工會以及與其寄生勢力對抗的領袖施予暴力（從攻擊、棍擊到謀殺）；他們通常以各種方式傷害工人，包括盜取工會與退休基金；而且他們在選舉中支持特定政客，之後便在他們的保護下，免於被起訴，這種情況尤其在二十世紀初期與中期較常發生。然而，他們不打算削弱或根除工會活動；他們當然會剝削工會，而這種剝削需要工會的持續存在。最重要的是，組織型犯罪團體（例如芝加哥的艾爾・卡彭）視工會為生財工具，或者用社會學家詹姆斯・約伯（James Jacob）的話說，是他們的「搖錢樹」。他們的動機與關注點多是金錢上的，不是意識形態上的。[129]

國粹會與正義團的角色非僅止於罷工破壞者，他們也不只是想海撈一筆的黑手黨。這並非說他們不關心利益，但也不應該因此假設對金錢和政治的關注是互斥的。國粹會與正義團活動的影響層面，無疑是意識形態上的，即使動機不同。部分極道的政治參與，甚至是信念，迫使人們重新思考組織性的犯罪，基本上是「非意識形態企業」。[130]這些特定極道的國家主義思想，也解釋了他們為什麼是法西斯活動的一部分，而不像義大利的黑手黨，反而成為被法西斯攻擊的對象。西西里島的黑手黨與國粹會、正義團不同，黑手黨是對抗法西斯的頑固分子。在墨索里尼眼裡，黑手黨因為抗拒一個統一的義大利民族國家，而挑戰他的政權，並且繼續以國中之國的姿態運作。為了摧毀這些「暴力人士」的浪漫主義，並在西西里建立其主權，墨索里尼在一九二〇年代

---

127 這種將暴力視為一種有力的，而且是某種權力的論點，和Hannah Arendt知名的主張不同，Arendt認為，暴力與權力不同，因為暴力「總是需要工具」。但也許權力和暴力一樣，多是透過廣義的「工具」來表現、行使並調解。Hannah Arendt, *On Violence* (New York: Harcourt, Brace & World, 1969), 4。

128 Frank Morn, *"The Eye That Never Sleeps": A History of the Pinkerton National Detective Agency* (Bloomington: Indiana University Press, 1982), 96–99.

129 James B. Jacobs, *Mobsters, Unions, and Feds: The Mafia and the American Labor Movement* (New York: New York University Press, 2006), xi–xii, 1–2, 26, 32–34, 100–101, 107–8。美國的案例與日本的不同之處還有，兩邊——工會和資方——在充斥暴力的勞工衝突中都會雇請「幫派」。確實，工會請求這種協助的意願，助長了組織犯罪進入工會勒索。Jacobs, *Mobsters, Unions, and Feds*, 24。

130 Howard Abadinsky在他定義「組織犯罪」的教科書中，稱這種團體是一種「無意識形態的企業」，他們沒有「政治目標」，而且「不受意識形態議題驅使」。對Abadinsky而言，缺乏意識形態即是組織犯罪一項基本而且最重要的特徵。Howard Abadinsky, *Organized Crime* (Chicago: Nelson-Hall, 1985), 5。

的多數時候，都在為黑手黨定罪，使其成為逮捕和審判的對象。[131]

國家主義和擴張主義的意識形態，造就了日本在戰前脈絡下，著名的國粹會與正義團暴力。他們的意識形態立場不但吸引軍方、企業界以及政界的有力人士，同時受到這些人的扶持。因而此陣線合理化並重視這些組織的暴力。要衡量這些暴力的使用被認定具正當性的程度有多廣泛，是很困難的一件事，但可以猜想的是，他們的意識形態（即使不必然是他們的暴力）可以和許多熱情擁抱國家及帝國主義的國民產生共鳴。而那些未參與工會或社會主義運動的人可能對暴力相當冷漠，因為他們不是反左派暴力的攻擊對象，並未背負這種恐懼包袱。所有這些因素都使得法西斯暴力與左派暴力不同，左派陣營不止缺乏資金與暴力專家合作，也不依權勢地位運作，或者與廣大的人民支持合作。而政黨暴力岌岌可危，因為缺乏意識形態的基礎或包裝，不像過去民黨的壯士對抗來自吏黨、明治政治元老或其政治後繼者的嚴厲手段時，無不表達出自身的意識形態。到了一九二〇年代，政黨的暴力行為漸漸看起來像是毫無目的的政治內鬥。即使那些批評國粹會暴力的人，也將他們譴責的壓力，轉移到政黨，責怪他們未能維持秩序及穩定。意識形態，盡可能發揮其實用性，在具體化暴力的建立、影響和命運方面，至為重要。

131　Christopher Duggan, *Fascism and the Mafia* (New Haven: Yale University Press, 1989), 95–97, 145, 147, 227–37.

第五章 民主重建
戰後時期的暴力專家

一九四六年五月底，《讀賣新聞》刊登一篇社論，宣稱暴力為民主的敵人。身為努力為一個和平新國家奠定基礎的一分子，敦促日本人民必須擁抱民主，以做為對抗「封建」、暴力思想遺毒的力量。戰前的恐怖主義與軍事獨裁被喚起，提醒人們暴力會多猖獗，造成完全毀滅的結果。[1]《讀賣新聞》不是唯一譴責暴力的聲音；這篇發行量相當大的日報社論，只是一般戰後老調重彈暴力與民主不相容的聲明之一。

如此瀰漫的情緒，足證明戰爭和占領的經歷，是多麼根本且深刻地改變了日本的暴力民主。戰爭暴露了暴力最惡劣的毀滅之心，日本人付出慘痛代價，讓他們處於精疲力竭和絕望的狀

1 《読売新聞》1946年5月22日。

態。[2]而投在廣島與長崎的原子彈，則具體表現了暴力的可能性災難。日本投降後幾年，憲法學者鈴木安藏描述戰爭為最惡的一種暴力，威脅人民的意志與身體，而在廣島投下原子彈，是人類歷史上最殘忍的暴力行為。他說，這顆炸彈熄滅了對未來的希望，如果還有另一場戰爭，將意味文明的毀滅以及人類的滅絕。[3]大多數對戰爭的譴責，若不是針對原子彈，就是直指軍國主義者和戰時政府應負的責任。對國家領導者的指責，受到聯軍占領軍當局的支持，他們專注於肅清當時的掌權者，並進行戰犯審判。結果，在許多日本人心中，軍方和所謂的法西斯主義者成為與恐怖主義、戰爭暴力相關聯的一群人。他們之間的關聯如此密切，因此《讀賣新聞》很自然地將軍國主義者和法西斯主義者點名為戰前以及戰爭時期暴力的化身，在戰後數十年，陸續有多人批評他們親眼目睹的，是過度專橫的暴力，並為這些人貼上軍國主義者或法西斯主義者的標籤。戰爭，以及那些被認為該負責的人，成為暴力可能引起巨大災禍的警告象徵。

許多日本人帶著戰爭深刻的傷痕，轉而投向民主，做為抵抗之前幾十年所有過錯的防禦。如歷史學者約翰．道爾（John Dower）生動描述的，接管日本的占領軍當局從上而下鋪陳了一套諷刺的民主化計畫。其民主化改革中最重要的，是在著名的無條件投降條款中的第九條，神聖化和平主義價值的一套新憲法，將派任制的貴族院改為選舉制的參議院，以及投票權擴及女性。[4]這些制度上的改變，伴隨主流的政治文化發展，將民主視為是和平的、進步的。許多人明確表達出對民主的嚮往，包括經濟學者和前慶應義塾大學的塾長小泉信三。小泉承認民主是不完美的，但是主張批評和反對的自由、參加政治活動和投票的自由，將能建立一個社會進步的體制。比起墨索里尼以及希特勒的強人政治、蘇聯的專制主義，民主不只更好，也是阻擋此等獨裁的方式。[5]

緊接著戰後的數十年，見證了民眾無法容忍暴力，以及廣泛對民主的擁抱，這也是堅持戰前政治作風的一個證明。保守的政客從被擊敗的死灰中重生，有些人仍然緊抓住他們愛國、痛恨共產主義的固著意識形態。他們協助編織了一張保守派的網，將政治掮客、極道、大企業以及美國新盟友團結在一起。與一九二〇和三〇年代的國家主義者的聯合陣線相似，這不是偶然的；這當中的許多角色是戰前的國家主義者和軍國主義者，和這些人一樣希望削弱社會主義者、尤其恐懼共產主義的占領軍勢力的人，賦予了他們第二生命。因此，這股保守勢力直接與各種左派，如社會主義者、工會以及來自四面八方批評強硬的美日聯盟的人等發生衝突（有時甚至是暴力的），便不足為奇。

2　關於戰爭結束那幾年的疲憊和絕望，見John W. Dower, *Embracing Defeat: Japan in the Wake of World War II* (New York: W. W. Norton，1999)的第三章。

3　鈴木安藏〈暴力・とくに民主主義における暴力について〉《理論》10–11號（1949年11月）：24–25。

4　關於占領軍當局的民主化努力，見Dower, *Embracing Defea*尤其參照第四部分。

5　小泉信三〈暴力と民主主義〉《経営評論》第4卷第9號（1949年9月），4–6。

這些意識型態的緊張態勢——以及鼓吹新的、非暴力政治的人士，與繼續相信暴力政治的運用且必要的人士，兩方之間的摩擦——經過一段頗長的時間後，才有辦法進一步解釋，何以一些暴力專家消失了，而其他的卻得以持續到戰後。為什麼壯士（政治流氓）和院外團（壓力團體）從政界淡出了，極道卻得以存活下來，而且還欣欣向榮？這也是理解政治暴力的本質在戰後如何演變，以及暴力為何逐漸讓位給金錢，成為政治工具選項的關鍵。各種跨戰爭的延續和中止現象同時並列，無疑提醒了我們，戰後的政治是在舊秩序中重建的，而不是利用一塊完全不同的布，全新製作的新裝。而這再次吸引我們重新檢視，日本不斷在改變的暴力民主本質。

壯士的沒落與院外團暴力的重整

政治上的擴大參與，以及民眾對暴力的難以容忍，終結了壯士的存在，也結束他們在政黨中組織化的現象。確實，一八八〇年到一九二〇年，在政黨中常見的政治流氓，到了戰後即使有，也很少再次露臉。選舉、辯論、演說會大多平靜，不再被闖入的壯士打斷。而「壯士」一詞，似乎從政治語彙中剔除掉了，甚至偶爾被提起時，甚至需要補充定義。壯士的沒落是一股從一九二〇年代開始持續的潮流，當時實施男性普選權，選舉人口大幅增加，使得採取武力威嚇人數眾多的選民變得相對困難。金錢買票成為影響選舉結果更為有效且具成本效益的方法。若說雇請流氓脅迫選民的策略已隨著男性普選權開始而失去光環，那麼，在戰後全民普選的時代，這種策略更不符實際。一九四六年四月，當女性第一次可以參與投票，全國約一半人口符合投票資格。[6]比起一八九〇年第一次大選時僅百分之一的選民，這可說是一項驚人的成長。[7]

壯士不再出現於院外團的暴力側翼，院外團本身在一九五〇年初期也成為一種妾身未明的狀態。一九四〇年代後期，就很少聽人提起院外團，據說「日本進步黨」內曾討論過是否應該支持這樣的組織。[8]當日本進步黨於一九四七年合併其他政黨，成立新的政黨「民主黨」，他們確實

---

6 一九四六年四月，符合資格的選民人數為36,878,420人。這時的人口數相當不可靠，估計為七千萬至七千八百萬之間。《朝日年鑑》提供日本於一九四六年四月的人口數為73,114,136人。參照：Election Department, Local Administration Bureau, Ministry of Internal Aff airs and Communications, "Fixed Number, Candidates, Eligible Voters as of Election Day, Voters and Voting Percentages of Elections for the House of Representatives (1890–1993)," http://www.stat.go.jp/english/data/chouki/27.htm；《朝日年鑑》（朝日新聞社，1948），374。關於當時日本人口正確數字推計之困難，見Allan B. Cole, "Population Changes in Japan," *Far Eastern Survey* 15, no. 10 (May 1946): 149–50。

7 這次選舉看不見暴力介入也較少貪腐行為，可能的原因是占領軍當局在競選期間派遣軍隊監視，也可能是因為新成立的政黨相對財源匱乏，不足以賄賂選民或雇用流氓。關於選舉監視，見SCAP Government Section, *Political Reorientation of Japan: September 1945 to September 1948*, vol. 1 (Washington: U.S. Government Printing Offi ce, 1949), 316。這並非意謂著戰後早期的選舉沒有違規行為。關於選舉不正當行為，見Richard J. Samuels, *Machiavelli's Children: Leaders and Their Legacies in Italy and Japan* (Ithaca: Cornell University Press, 2003), 227。

8 《讀売新聞》1949年2月10日。這時期有幾篇其他文章提到院外團，但很少提到暴力。舉兩篇文章如下：《讀売新聞》1946年9月16、21日。

成立了院外團。這個組織名為「新生會」，其宗旨是擴大該黨在議會外活動的範圍。這些活動所涵蓋的範圍、有多暴力，我們都不清楚。但是民主黨的院外團隨著政客幣原喜重郎的離開而分崩離析，這甚至是該黨於一九五〇年解散之前發生的事。[9]

一九五三年，一篇政治雜誌裡的文章提到，當時聽見「院外團」這個字眼，是多麼罕見的事。一年後，一名評論家在一份知名的月刊上解釋說，一九二〇年代後期的院外團，以使用暴力干擾國會議事進行而為人所知；他顯然認為，這樣的描述，對一群不熟悉壓力團體的暴力功能的讀者，有其必要性。[10]而為了彰顯與過去一刀兩斷，「改進黨」宣稱，自身是進步的，沒有這種院外團。該黨稱，這種團體的角色原本是連結人民與政黨，並意指這種媒介在如今較民主的時代是不必要的。這種論調被另一敵對政黨——即自由黨——質疑，他們推測，改進黨只是因為缺乏資金豢養院外團。

自由黨於一九五三年一月底正式啟用院外團，成為唯一擁有壓力團體的政黨。雖然背負著院外團的標籤，自由黨的組織比起戰前的院外團，行事較為沉著、少有暴力。之前在占領期所稱的「同交會」，這個更名後的自由黨院外團，總人數大約為三百七十五人，主要聚集在東京，組成分子為其黨員中未選上公職者、有前景的候選人、喜好政治的人士以及學生。該團體最主要的職責是推廣黨的決策，為了這個目的，這個院外團為某場特別選舉待命、質疑一名特別放送局局長關於共產黨運動的狀態，以及遞交一份關於東京都議會騷擾事件的決議。觀察家評論說，院外團的行事風格甚為嚴謹。戰前那段耍耍流氓然後得到一份免費午餐和小費的趣味日子已不復見。政治人物，也是戰前院外團成員的大野伴睦津津樂道地回憶當年的莽撞與熱血，回憶闖進演說會鬧事、和敵營扭打成一團有多麼有趣。大野對戰前壓力團體粗野和蠻力的懷念，顯示壯士與院外團暴力的性質已經改變了，在戰後的政治圈甚至變得陌生。[11]

對於院外團的性質變得較沉著冷靜，不應誤認為在政治上表現得體。政黨青年黨員雖然可能不是正式的院外團成員，但仍是政黨雇用來緊跟競選行程，隨身攜帶麥克風，而且很可能還帶著大把鈔票準備賄選。[12]更有甚者，政黨仍然保有暴力的可能性，即使在院外團裡似乎沒有明顯的暴力組。例如在自由黨院外團的活動內容裡，有一些可以被解釋為潛在暴力的延續：在公開演講支持演說者；採取「所有可能的方法」阻撓左派組織企圖修改《破壞活動防止法》的某些條文；當黨總裁和幹部在東京以外的地方助選時，擔任他們的保鑣。在這個脈絡下，走在首相吉田茂身

9 同前註，1949年2月10日；〈院外団の正体を衝く〉《政経時潮》第8卷第3號（1953年3月）：13。

10 西島芳二等人〈國會・暴力・民眾（座談會）〉《世界》第104號（1954年8月），76–77。座談會中的出席者為西島芳二、中村哲、遠山茂樹、加藤彪二。座談中，中村哲提到，帝國議會大樓在戰前是相對危險的場所，因為當時每個人都可以走在被認為是「國民的通道」的迴廊。他聲稱，直到一九四七年二月一日已計畫完備、卻被禁止的大罷工之前，出入口管理才變得比較嚴格。

11 〈院外団の正体を衝く〉，13–14。

12 田畑嚴穗〈暴力と政黨〉《人物往來》第1卷第7號（1952年7月），25。

邊的幾個人即被稱為院外團。我們不清楚他們在執勤時使用暴力的頻率，但是從一九五〇年代中起，偶有報導提及喇叭干擾辯論或演說會。一名資深的院外團成員同意稱院外團是一個「腕力團」，基於他們保護黨的職責、他們的成員以及他們面對肢體攻擊的責任。[13]除了院外團，政黨內的另一個團體也因偶爾的暴力行為為人所知：「祕書團」在國會議事堂的小衝突中，會與對立政黨的院外團及其黨員發生肢體衝撞。

關於這十年間的暴力，其中值得注意的是，暴力專家，或者說是以施展武力為主要職責的人，突然從議會政治中消失了。院外團、祕書團、黨員以及政客可能、也的確有暴力行為，但已經不能和戰前的壯士，或者政黨任命的政黨內武鬥派相提並論。這部分是因為金錢已經取代暴力，成為政治工具的新寵兒。但更重要的是，大眾普遍對肢體暴力無法容忍，使得重現暴力團體和暴力專家，淪為政黨的一步險棋。他們唯恐被貶斥為反民主，以及這種擔憂如何塑造暴力在議會政治的形式，在一九五〇年代中期發生的肢體衝突裡，尤其明顯。

以暴力為議會政治裡的政治及議論武器

一九五四年六月三日的夏日夜晚，一場政治風暴在保守的自由黨與「日本社會黨」（以下簡稱「社會黨」）之間的衝突中引爆開來。事件的起因是一項由自由黨提出的《警察法》改正案，計畫將警力中央化，撤除數百個現存的地方自治警察單位，將他們和國家的地方警察合併，在各縣知事與公安委員會的管理下，成立新的都道府縣警察。社會黨對這項法案強烈反彈，因為他們擔心地方自治被否定，而且他們視此為倒退到戰前強勢且中央集權的警察組織，是國家力量的擴權行為。五月十五日，眾議院以二百五十四票對一百二十七票通過這項法案，但後來這項法案在參議院遭到擱置。[14]幾乎是六月三日一整天裡，自由黨似乎無法決定是否要第四次延長會期，並在最後關頭以迅雷不及掩耳的速度進行投票表決。當時間分秒過去，從下午到了晚上，社會黨擔心反對黨會在當天的最後一小時企圖強行通過法案。確實，如社會黨所擔心的，眾議院議院運營委員會長在八點後的某個時間點結束了委員會會議，企圖將這個法案帶到國會的全院會議。社會黨預料到這個動作，便召集他們的祕書黨，在國會議長室和議場中間形成一道封鎖線，將他阻擋在議長室內，阻止全院會開議、延長會期，以討論這項法案。那些已經在國會議場的社會黨議員則霸占主席台上的位子。雖然社會黨員原本並不期望踏進議長室，但開啟的後門讓他們得以進入，他們在那裡形成一堵人牆，封鎖了議長室。一些自由黨員對這樣的擅闖行為大感驚慌，趕緊叫來警察以支援分身乏術的武裝巡佐。[15]

13 〈院外団の正体を衝く〉，13–14；《読売新聞》1954年4月20日。
14 堀幸雄《戦後政治史：1945–1960》（南窓社，2001），211–12。
15 西島芳二等人〈國會・暴力・民眾（座談會）〉，74–76。

比起戰前發生在國會議事堂的全面衝突，這次事件的暴力程度低很多。社會黨用自己的身體達成他們想要的政治結果，還有自由黨召集警力，兩者皆可視為暴力行動，但是不似戰前的衝突那般常見，幾乎沒有造成身體傷害或實質上的破壞。然而，在戰後對暴力忍受度極低的情勢下，民間對這起事件發出的強烈抗議，比起一九二〇或三〇年代的任何一次都更是明顯且高聲疾呼。三份高發行量的日報很快表達憤怒，在六月十一日發表聲明，要求國會找回他們失去的名譽。雖然他們針對性的批評都落在社會黨上，並促請他們思考如何防止國會開議的武力使用，但報方同時懇求政府、所有政黨以及每一位國會議員自制，思考事件發生的經過。他們也請求所有牽涉其中的人盡速挽救情勢，將國會議事導入正途，依據多數人民的想法行事。媒體憂心，若這種令人困擾的情況在國家最高機關持續下去，其所造成的政治、經濟和社會焦慮，將摧毀民主政治的基礎。[16] 據報導，人民早就對執政的自由黨和吉田茂內閣不滿，認為他們忽視人民的意志，做決策時未反應民意。而如今，很多人對社會黨的行徑也很失望，對整體國會議員心生厭惡。即使到了隔年，一九五五年二月普選前，據說民眾對於一個腐敗和暴力事件頻傳的國會依然感到不信任。[17]

自由黨與社會黨的支持者利用這次政治上的不滿，無不用盡心力詆毀他們的政敵，形容對方暴力、不民主。這次較勁的兩方陣營，都想將對方描繪成是威脅並打斷既定議會程序的人。事件發生兩天後，吉田首相在自由黨國會議員的集會上發表談話，對社會黨嚴辭抨擊。吉田指控該黨踐踏自由言論、國會自由以及憲法精神。社會黨的行動被說成是可恥的，是有預謀的，而且只是計畫摧毀民主、議會體制的更大密謀的一部分。[18]政治人物增田甲子七也呼應這一段對社會黨的描述，宣稱社會黨暴力闖入議事討論，顯示出一種拒絕並削弱國會重要性的意識形態。為了強調這一點，吉田使用了令人回想起戰前記憶的語言：他將社會黨渲染為濫權、封建、專制主義的少數派，對抗多數政黨的期望，與墨索里尼並無二致。他竟然將阻擋議長和占領議長席的行為，擴大解釋成類似政變，暗指與一九三〇年代軍方奪權如出一轍。

增田與其他人也藉這個機會，將這次事件與左派意識形態、行為完全連結在一起，企圖激起民眾對左派暴力和動盪可能性的恐懼。吉田堅稱，左派訴諸暴力以及非法手段，以便實現馬克思主義的意識形態所召喚的，從根本上顛覆社會，並且宣稱，社會黨六月三日的行動是典型支持暴力革命的想法。[19]而進一步闡釋社會黨之廣泛影響的，是早稻田大學的退休榮譽教授津田左右吉，他將社會黨和日本共產黨、工會和學生運動暴力綁在一起。依津田的說法，社會黨不僅該為國會

16　讀売新聞社、朝日新聞社、每日新聞社共同聲明：〈速やかに政局を收拾せよ〉，1954年6月11日，《世界》104號（1954年8月），78。
17　《讀売新聞》1955年2月1日；西島芳二等人〈國會・暴力・民眾（座談會）〉，79。
18　《讀売新聞》1954年6月5日。
19　增田甲子七〈民主政治と暴力：断固懲罰すべし〉《経済時代》第9卷第7號（1954年7月），32–35。

的違法事件負責，他們也鼓動了左翼暴力的趨勢，正在摧毀國家法律、社會與道德的秩序。[20]

至於社會黨，他們也使用類似的推託策略，將注意力移轉到政敵所稱的暴力。評論家加藤彪二將這起事件直接歸咎於自由黨，認為他們對國會事務的不當處理和拖延戰術，迫使社會黨陷入艱困且不利的處境。自由黨治理不善的根源，在加藤看來，是吉田首相的政治和內閣的強權性格，強行通過該黨議程事項。《朝日新聞》的記者西島芳二和法政大學的中村哲也同意這種看法，他們暗指吉田的思維並不民主。這在戰後的新憲法，亦即中村解釋為將先前天皇的權力賦予首相的憲法，被認為是有問題的。在吉田的領導下，自由黨的多數已經習於「萬事皆可行」的態度，忽略人民的意見，不經充分討論即做出決定。中村承認社會黨妨礙國會程序時，確實違反了議會政治的規則，但他堅信，若在運營委員會中有公開且自由的對話，這起事件也許就不會發生。對加藤和中村而言，構成威脅的，是自由黨濫用其優勢，而非社會黨的策略。歷史學家遠山茂樹更明確地闡述這個想法，而談及「多數暴力」。遠山也以重蹈戰前錯誤為借鏡，促請進步的政治力量彼此合作，保衛和平並阻止戰後政治可能在自由黨手中「法西斯化」。[21]

這起事件過後約兩年，一九五六年五月，衝突再次爆發。在這次事件中，肢體衝撞達到一個高點，以致當時的國會被冠上「暴力國會」的稱號。對於暴力升高的情況，有很多種可能的解釋。這個國會標示了戰後日本兩黨政治體制的開端，使保守的「自由民主黨」（或稱「自民黨」）與社會黨競爭。自民黨是自由黨與「日本民主黨」合併的產物，享有執政多數黨的優勢。面對保守政治勢力的團結，社會黨也許認為，正常的國會程序不足以擊敗其政敵延續的強硬策略。這兩造之間也有很深的意識形態鴻溝，與國會議事堂外甚囂塵上的社會衝突相呼應。圍繞教育和勞工問題的左派運動動盪，被這場暴力中討論的一項重要法案帶進了國會議場，從而影響了支持自民黨的基本盤，以及社會黨一個重要的選區。

國會會期原本於一九五五年底平靜展開，然而，這時社會黨想要阻止自民黨提出一項小選舉區制（單一選區制）法案，他們認為若該法案通過，將助自民黨一把，更勝反對黨一籌；此時緊張氣氛再次浮上檯面。[22]在這次立法角力的優勢下，一九五六年三月，自民黨又提出了一項《新教育委員會法案》，引起兩黨之間的正面衝突。這項法案公然改變教育委員會的遴選方式，使之成為一個由政務官和市長指定人選的機關，由此可預見，法案一旦通過，這些地方委員會將成為為政治服務的固定角色。這項法案也企圖削弱在選舉中一向有所表現的「日本教職員組合」（即「日本教師工會」，以下簡稱「日教組」）。[23]不用說，這項法案遭到代表工會利益的一些社會黨

20　津田左右吉〈暴力政治への怒り：どうなる場合も暴力を排除せよ〉《文藝春秋》第32卷第12號（1954年8月）：73–76。

21　西島芳二等人〈國會・暴力・民眾（座談會）〉，74–77，79–82。

22　西島芳二〈國會はあれでよいか〉《政治経済》第9卷第7號（1956年7月），4；青木一男〈許されね社會党の暴力：無抵抗で終始した自民党〉《経済時代》第21卷第7號（1956年7月），36。

23　堀幸雄《戦後政治史：1945-1960》，245–48。

員反對，他們不只附屬於左派政治團體，也是「日本勞動組合總評議會」（日本最大的工會組織，簡稱「總評」）的附屬團體。為自民黨撐腰的，則是一群地區自治首長、全國市長會以及自民黨在下一次參議院選舉將要攏絡的支持者的選區。

五月二十五日，兩邊的相左意見具體地浮上檯面，二十名左右的日教組支持者動員了工會成員與社會黨祕書團和代表，形成幾條封鎖線，其中一條包圍了教育委員長的事務室。這種情況維持了四或五天，然後當自民黨決定強行通過法案時，情勢達到一個新的層次。為了回應這種情勢改變，社會黨指派黨籍議員和祕書團成員來到議場，將議長限制在他的議長室，以封鎖線將副議長圍堵在自民黨的接待室。而且做為呼應一九一二至一三年的第一次憲政擁護運動，社會黨成員以紅色康乃馨做為識別，自民黨則用白玫瑰。

六月初的前幾天，暴力情勢達到了高點，社會黨以武力回應自民黨的陰謀。晚上八點左右，議長臨時召集當月第一次全院會議，但是在大多數社會黨議員抵達之前，他們就把往議場的大門關了起來。後來，社會黨的議員和祕書團試圖破門而入，用身體衝撞另一邊由警佐看守的緊閉大門。當社會黨員衝進議場時，這些守衛終於寡不敵眾，遭到拳打腳踢。一進入議場，憤怒的社會黨代表便攻擊議長、痛毆副議長，國會陷入混亂。據報導，負傷者從十幾人到超過三十人；救護車趕至現場，將受傷人員送往醫院。

在此之前，國會議長一直拒絕警察干涉，但這晚過後，他簽署了必要文件。東京都警視廳的預備隊在六月二日下午兩點五十分接到請求，大約一小時後，五百名警力就抵達國會。下午三點四十五分前，他們已駐點在參議院議場前的走廊，第二天早上，當參議院開議，他們甚至短暫進入議事廳。對一些人來說，國家武力在自民黨的要求下進入國會的心臟，是一件忍無可忍的事。[24]

對這件事的新仇加上兩年前的舊恨，皆發自一個根本的概念：威脅與暴力是不民主的。然而，相較於一九五四年那一次衝突，這次對暴力的批評更是激烈且強硬。因為這是隨著兩黨政治揭開序幕之際，攸關勝敗的關頭，也因為外國媒體對日本政治新聞的關注，這次事件對日本國會現狀造成難堪。[25]最重要的是肢體衝突的程度升高。這不僅解釋為什麼有這些激動的討論，也說明為什麼對社會黨的猛烈攻擊成為趨勢。而針對這次與前一次事件，其中最大的不同在於處置態度，社會黨這次被強力貼上暴力標籤、是有問題的政黨，即便是上一次為他們辯護的人，都無法繼續支持他們。所有人皆有一種共同的默契及認知，認為社會黨的暴力已經踰越了可接受的政治行為界線。[26]

24　山口林三〈暴走した参議院〉《政治経済》第9巻第7號（1956年7月），22–23；野島貞一郎〈暴力國會と参議院〉《政治経濟》第9巻第7號（1956年7月），24–25。

25　經濟學者北岡壽逸在他文章開頭就提到，最近的「醜聞」透過新聞、廣播、電視和新聞短片，如何暴露在國內外觀眾和讀者的面前。北岡寿逸〈暴力国會の批判と對策〉《経済時代》第21卷第7號（1956年7月），29。

26　一九五六年六月一份問卷調查問到：「誰該負起暴力的責任？」百分之四十二的回答者認為是社會黨，只有百分之十五點八認為是自民黨。另一個問題特別問及社會黨的暴力行為：「你對少數黨使用暴力做為一種議會策略的形式，有社會黨不僅和過去一樣，被描繪成不民主的，更是被認為是有罪的。一名評論者指控該黨不了解，甚至摧毀新憲法的基本原則與精神，認為他們使用暴力無疑是一項重罪。社會黨也因為一面宣稱保護和平憲法，一面動用暴力，而被認為是虛偽的。[27]同一份期刊的評論者也從社會黨在國會的行為，懷疑其關於和平職責的真誠度，並且將他們排除在想避免第三次世界大戰、建構世界和平的真正愛好和平者之外。[28]不出所料的是，該作者是自民黨國會議員，但是即使是同情社會黨的人士，也比過去更嚴厲批判該黨。曾於一九五四年批評自由黨和吉田茂的《朝日新聞》記者西島芳二，希望社會黨能拋棄暴力路線。即使西島贊同社會黨反對《新教育委員會法案》的立場，也憂心自民黨的多數黨地位，他基本上仍稱社會黨不夠成熟，敦促該黨反省自身暴力行為，擁抱議會與民主政治，繼而發展成「大人の政黨」（即「成熟政黨」）。[29]

伴隨對社會黨嚴辭批評的，是一種更明確的企圖，想要為自民黨粉飾太平，辯稱他們為和平人士。參議員青木一男這位厚顏無恥的反社會黨人士曾發表一段啟人疑竇的言論，宣稱不管發生什麼事，自民黨代表並未對暴力做出任何抵抗，也從未離開他們在議場的座位。他繼續自信滿滿地說，如果他們加入戰局，一定會贏，因為他們許多同黨同志都接受過武術訓練。但是他們克制自己，未參與暴力行為，因為以暴制暴是一種罪，而且國會是動口，而不是動武的地方。青木也覺得，有必要簡短解釋自民黨動員警力的部分，他澄清只有十五名警察（當時在國會有五百名警力在場）確實進入議場，而且只有短短幾分鐘，藉此對警察進入議場的嚴重性輕描淡寫。[30]

針對自民黨的行為也有一些反對聲浪，與一九五四年發表反對言論的為同一陣線，但他們的聲量相對被消音了。據說社會黨委員長重申自民黨漸次壟斷國會，才是不民主的，左翼學者也談及多數濫權。[31]在《讀賣新聞》的一篇社論中，將多數黨強行通過提案的策略指為一種暴力，但是這篇文章刊載於六月初暴力高峰之前，高峰過後，多數焦點都轉而指稱社會黨的失格行為。[32]

也許，與我們關心的暴力專家這個議題最相關的，是社會黨與過去聲名狼籍的暴力元素之間的相似性。譴責政敵的暴力和戰前的軍國主義者、法西斯主義者相關，已經成為一種傳統。這種推託策略在這次事件中再次被利用，就像社會黨的分支和日教組的連結，被形容成是呼應一九三

什麼想法?」只有百分之二十的回答者認為「不可避免」，但有百分之七十二點四回答者認為「不可原諒」。United States Department of State, "Internal Aff airs of Japan, 1955–1959," June 12, 1956, U.S. National Archives, Decimal File 794.00/6 1256, C-009, Reel 26。

27 野島貞一郎〈暴力國會と参議院〉，24。

28 宮沢胤男〈鳩山內閣を信任して〉《経済時代》第21卷第7號（1956年7月），41。

29 西島芳二〈國會はあれでよいか〉，4–5。西島不是唯一發表這種感想的人。一篇在《讀賣新聞》裡的評論也指出，社會黨應該可以更「大人」（成熟）。《読売新聞》1956年5月31日。

30 青木一男〈許されね社會党の暴力〉，37。

31 野島貞一郎〈暴力國會と参議院〉，24。

32 《読売新聞》1956年5月31日。

一年九一八事變時的帝國軍國主義者。[33]社會黨也被與暴力流氓相提並論。在一篇文章裡，社會黨被比喻成不懂議會政治或憲政的暴徒或「無賴漢」。[34]而他們的手段也被視為和九一八事變時的「馬賊」沒什麼兩樣。[35]

關於一九五六年這場國會事件的討論，可說是日本社會廣泛對暴力無法容忍的典型案例，這是日本戰後民主一項顯著的新特徵。許多譴責政治上各式肢體暴力的人，顯然都有他們各自的政治盤算，對於暴力的感受，也許不若他們言語上所表達的那般強烈，但可以看出他們選擇在暴力議題上琢磨，做為貶抑對手的手段。至少，他們認為勸阻暴力能與民眾產生共鳴。雖然在戰前已有對暴力直言不諱的批評，但是那些批評大多是在左派分子的政治場合出現，而且反暴力的情緒，也不像戰後的幾十年那般普遍存在。

對於政治暴力或甚至不同種暴力專家的再現，不論是軍國主義者或流氓，都創造了一種風向，認為政黨擁有壯士或戰後模式的院外團，是一種愚昧行為。公開將暴力人物直接組織化到政黨內，將激起許多人的怒火，使該政黨成為眾矢之的。

國會議員和祕書團願意用自己的身體做為政治武器，意謂著出現意見不合時，確實有轉變成肢體衝突的潛在可能。少了壯士的存在，議會政治中就不會一直有暴力暗示或暴力化身出現。而且，少了暴力專家在國會大廳裡出沒，相較於戰前時期，國會議事堂裡的肢體衝突無論是頻次或強度方面，都低上許多。

「暴力團」回歸：極道與保守勢力聯合陣線

雖然戰前形態的壯士和院外團被逐出戰後政治圈，極道卻未遭逢相同的命運。相反地，他們轉化成為一個保守勢力聯合陣線不可或缺的部分，而此聯合陣線即是前一章討論的戰前國家主義的化身。極道便是這個網絡的一部分，且有助於解釋其韌性以及在政治圈持續的存在——亦即，為何大眾對使用肢體暴力無法容忍，卻未終結這些特定的暴力專家。保守派的政治領袖和掮客堅信，對極道及其暴力的需要與利用，比任何批評的負面效應還重要，至少在戰後最初幾十年是如此。而且，也許他們希望和極道形成一鬆散的聯盟，比起像壯士一樣組織化到政黨內部，鬆散的聯盟看起來稍微比較不會令人不快；確實，新的作法至少比較有否認和模糊的空間。

要理解戰後保守政客與右翼的興起，我們得回到一九四〇年代末期，當時歐洲拉下共產鐵幕，而美國在「杜魯門主義」[36]下，表達出對蘇聯擴張的憂心。對於共產主義在日本蔓延、某些工會頑強的本質以及其他看似不受控的民眾運動的高度焦慮，在占領軍當局的政策中，激發出一

33 野島貞一郎〈暴力國會と参議院〉，24。

34 《読売新聞》1956年5月20日。

35 青木一男〈許されぬ社会党の暴力〉，37。

36 編注：杜魯門主義（Truman Doctrine），美國杜魯門總統任內的對外政策，大致上來說，便是第二次世界大戰之後，美國責無旁貸，一肩扛起抑制共產主義擴散的使命，甚至得以干預他國內政。

種「逆向路線」，反共產主義侵蝕了民主，成為美國主要的關注點。稍早，從一九四六年至四八年，占領軍當局已經採取肅清行動，避免戰前的右翼分子復出，並且協助保護民主化計畫。與軍國主義者和政治領袖同樣被設定為肅清對象的，是「極端國家主義、恐怖主義，或祕密愛國社的有力人士」，包括像玄洋社那樣的社團。在占領的最初階段，有超過一百個組織被迫解散。同時，占領軍當局允許工人自由組成工會，並且讓日本共產黨合法化，此舉有助推動左翼運動。[37]但是在一九四九年與五〇年，占領軍當局的態度有了一百八十度的轉變，他們將日本共產黨成員、工會和其他左翼分子從公部門及私部門撤除職位，各行各業從重工業、教育和傳播媒體，無一倖免；這波「紅色肅清」行動迫使兩萬一千人失去工作。同時，占領軍當局還讓一些戰前的軍國主義者和國家主義者復位。紅色肅清與復位行動兩者同時併進，促使一股政治上的保守霸權發展起來，啟動了戰後右翼組織的復甦。[38]

岸信介便是被賦予新政治人生的人士之一，他曾以甲級戰犯嫌疑人的身分被拘禁於東京巢鴨監獄三年多，並於一九四八年釋放。岸信介曾於一九三〇年代末期，在滿洲擔任官僚，並建立一個政治連結網絡，且據稱他透過合法、非法的鴉片和走私資金中飽私囊。從一九四一到四四年，他在東条英機內閣擔任商工大臣，掌管戰時的經濟。大約在這個時期，岸信介集結自己的政治聯盟，成立「岸新黨」，成員包括國會成員、他在中國合作過的日本商人以及於一九三一年企圖政變的國家主義者。一九四八年一出獄，岸信介便著手成立一個能夠主導戰後政治的保守政黨。他的第一步，是重整他戰前的岸新黨和「護國同志會」，即後來為人所知的「日本再建聯盟」，卻在初次選舉中敗北。岸信介轉而設法讓自己進入保守的自由黨，並於一九五三年選上眾議員，然隔年因為企圖從內部造反而被開除黨籍，後來由同為保守派的對手民主黨所接納。在此期間，岸信介一直夢想團結保守勢力。一九五五年十一月，他協助媒合了自由黨與民主黨，成為「自民黨」，該黨自此主導日本政治，直到一九九〇年代初期。岸信介（未來首相佐藤榮作的兄長、二十一世紀首相安倍晉三的外祖父）成為自民黨的幹事長，並於一九五七年至六〇年擔任首相。[39]（一九六〇年後，他持續擔任國會議員，直到一九七九年卸任。）[40]

---

37 SCAP Government Section, *Political Reorientation of Japan*, 18, 20。這場肅清行動的命令，與《波茨坦宣言》的條款一致，聲明指出：「欺騙及錯誤領導日本人民使其妄欲征服世界者之威權及勢力，必須永久剔除。蓋吾人堅持非將負責之窮兵黷武主義驅出世界，則和平安全及正義之新秩序勢不可能。」在國家主義團體方面，「具影響力者」的定義為曾經在任何時間擔任：一、創建者、幹部、指導者；二、擔任任何職務或有權力者；三、擔任任何刊物或機關的編輯；或四、向任何一個（被禁的）組織或支部、下屬組、關聯組織大量捐贈（金錢或資產，價值本身很高，或者占該嫌疑人本身資產一大部分）。」United States Department of State, *Occupation of Japan: Policy and Progress* (Washington: United States Government Printing Offi ce, 1946), 99–100, 106。關於一個激烈左派與民權運動的再現，見 Dower, *Embracing Defeat*, 254–67。

38 Dower, *Embracing Defeat*, 271–73.

39 Samuels, *Machiavelli's Children*, 148–49, 226–32.

40 CIA「岸信介」略傳，1980年7月29日，U.S. National Archives, CIA Name File, Box 66, Folder: Kishi Nobusuke。

促成不斷鬥爭的保守勢力——而且最後成為保守派的聯合陣線——聯合起來的，是他們對社會主義分子共同的恐懼。一九五〇年代初期，社會主義分支團體在選舉獲得的勝利果實，以及緊接下來在一九五五年十月社會黨兩大派系的整合，使對手保守勢力戒慎恐懼。伴隨著反社會主義立場的，以及團結保守勢力的，是對工會活動的排斥、對商業利益的支持，以及對許多人而言，是日本再次武裝的盼望。

對左派的反感也許將保守勢力集結了起來，但為保守政治的巨輪上油的，以及為自民黨霸權的建立加快速度的，則是金錢。要追溯自民黨及其政客的金錢來源，即是連結許多有錢有勢的保守網絡節點。對自民黨的獻金，有些在技術上是合法的，即使可能被視為是購買政黨的影響力。名為「經濟團體連合會」（以下簡稱「經團連」）的大型商業代表主要的巨額捐款對象，便屬於保守勢力。一九五五年一月，經團連建立起一套制度，來自各會員的政治獻金統一由行政單位「經濟再建懇談會」集資。這種機制背後的意圖，是為了避免先前許多個別公司及企業，分別與政客、政治派系、政黨等進行個別交易，希望透過新的機制，讓政治獻金更透明；希望更公開的規畫方式能避免大眾失去對日本企業的信任，畢竟他們在前一年已經因為一宗政治賄賂案而名聲掃地。由委員會分配的金錢絕非黑金，而該體制的主要管理者之一花村仁八郎曾驕傲地表示，所有企業的捐贈都遵守《政治資金規正法》，而且委員會絕無醜聞。然而，經團連的財力程度，仍引發人們的質疑，尤其是對於大型企業在民主政治所扮演的角色。很顯然地，經團連在金援鞏固保守勢力方面，扮演著關鍵的角色。該委員會運作的第一年，集資到大約十億日圓，當中大部分都給了兩大保守政黨。自民黨的成立也是經團連樂見的，花村致力於建立該黨的財務基礎，表面上的說法，是為了確保一自由經濟體系的延續。戰前財閥與主要政黨之間聯繫，在戰後則由經團連接手，在建立大企業與自民黨的財務連結上，扮演關鍵角色。從一九五五年到一九六〇年，該委員會發放了二十五億日圓；一九六〇年大選時，則募集到八億日圓，當中有七億七千萬日圓給了自民黨。經團連確實將錢分給所有的政黨，除了共產黨，但百分之九十都給了自民黨。經團連更為顯著的影響，是該委員會和其他募資者相較之下的獻金規模——到一九六〇年，該委員會的獻金占日本所有公開政治獻金的六成。然而如政治學者理奇・薩謬爾斯（Richard Samuels）指出的，來自該委員會的這些現金流，只占了所有企業給自民黨的獻金的一部分。[41]

自民黨另一個有力贊助者是美國中央情報局，據稱他們暗中提供資金給自民黨及特定保守派政客。解密的文件明確透露美國政府希望在日本看到一個保守派政府。一九五五年八月，當時的美國國務卿約翰・佛斯特・道爾斯（John Foster Dulles）談到與日本保守派一起行動的重要性。幾年後，美國駐日大使道格拉斯・麥克阿瑟二世（Douglas MacArthur II）報告說，若岸信介能贏

41 玉置和宏《経団連と花村仁八郎の時代》（社會思想社，1997），109–13；花村仁八郎《政財界パイプ役半生記：経団連外史》（東京新聞出版局，1990），3、13、19–20、84–86；Chitoshi Yanaga, *Big Business in Japanese Politics* (New Haven: Yale University Press, 1968), 84–86; Samuels, *Machiavelli's Children*, 233。

得一九五八年的關鍵選舉，將最符合美國利益。[42]當岸確實獲勝，國務院評論道，日本的政治氣候「符合美國在遠東的利益」，而且預測「日本將成為遠東地區日漸重要的同盟。」[43]根據美國中情局文件以及前中情局官員的說法，美國對岸參選的支持，包括金錢上的援助。而一九五八年大選對岸的資助，是對自民黨更大宗金援策略的一部分。根據一九五五年至五八年中情局遠東區主事官小艾爾福瑞德·C·烏爾瑪（Alfred C. Ulmer Jr.）所述：「我們提供金援。我們仰賴自民黨提供情資。」而在甘迺迪總統時期領導國務院情報單位的羅傑·希爾斯曼（Roger Hilsman）也描述，他們於一九六〇年代初對自民黨及其政客的資助是「多麼完備且例行性的」，以至於被認為是美國對日本外交政策中，具明確規範且重要的一個面向。」[44]

保守派聯合陣線的其他人不只協助募款，還協助籌畫對自民黨的支持。政治掮客通常在幕後運作，充分發揮戰前人脈網絡和領導技巧的影響力，重振保守派政治與右翼團體。正是這些人，協助將極道帶進保守圈的。當中最有影響力的政治掮客是笹川良一，他曾於一九四五年以甲級戰犯嫌疑人身分，與岸信介拘禁在一起。戰前，他便是激進的國家主義者，且支持開戰。小學畢業後，他中斷學校教育（笹川宣稱，是因為家人擔心他若繼續讀書，會成為社會主義者），在帝國海軍擔任飛行員，之後涉入各種國家主義行動。一九三一年九月，他就任「國粹大眾黨」總裁，這是一個有二十二個支部與超過一萬名黨員的組織，他們追隨義大利法西斯的模式穿著黑衫。一九三二年，他在大阪建造一座飛行場，目的是訓練戰鬥機飛行員。這個場地的飛機棚廠可停放七十架戰鬥機和二十架教練機；飛行場的所有權最後移交給軍方。從一九三五年至三八年，笹川因為各種罪名，如勒索、賄賂、策畫政治犯罪（包括一項是以首相為目標），而被逮捕入監——當時的報紙為他冠上「日本暴力團頭子」的稱號。一九三九年笹川獲釋後，便前往羅馬拜訪墨索里尼。[45]

一九三〇年代，笹川認識了另一個國家主義者，和他一樣，也成為戰後政治掮客：兒玉譽士夫。兒玉在早年便極為鄙視左派的意識形態。雖然他曾在不同的工廠當工人，對工人生活的困難處境相當同情，但他仍強烈反對具共產主義色彩的工會和工人運動。他在日記裡回憶道：「對我而言，很難理解為什麼我們要稱蘇聯為母國，為什麼馬克思主義要被強加在一個國情和蘇聯從根本上就不同的日本，就只為了解決勞資爭議。」[46]他後來迷上國家主義，並在一九二九年加入反

---

42 春名幹男《秘密のファイル：ＣＩＡの對日工作（下）》（共同通信社，2000），146–48、206–9。

43 United States Department of State, Bureau of Far Eastern Aff airs, "The Political Climate in Japan," [1958], U.S. National Archives, Subject Files Relating to Japan, 1954–1959, Lot File 61D68, C-0099, Reel 3.

44 New York Times, October 9, 1994。關於更多CIA贊助日本政治人物的資訊，見Michael Schaller, *Altered States: The United States and Japan since the Occupation* (Oxford: Oxford University Press, 1997), 125, 136, 153, 165, 195。

45 井口剛，下山正行，草野洋共編《黑幕研究：武村正義・笹川良一・小針曆二》（新國民社，1977），199–201、204、208–9；春名幹男《秘密のファイル：ＣＩＡの對日工作（上）》，284–85；Samuels, Machiavelli's Children, 243；加賀孝英〈笹川良一黑幕への道〉《文藝春秋》第71卷第1號（1993年10月），299、302。

46 Kodama Yoshio, *I Was Defeated* (Japan: R. Booth and T. Fukuda, 1951)，5–13。原書以日文出版，為《われ敗れたり》，1949，21。

共產主義的「建國會」，一個由國家主義領袖赤尾敏與上杉慎吉領導的組織。在接下來的八年，兒玉參與了不同的國家主義團體，也入監數次；他最長的刑期則是因為謀刺內閣閣員。[47]服監期間，兒玉結識了與笹川熟識的藤吉男。透過這層關係，兒玉最後得以在笹川的國粹大眾黨裡接下東亞部長一職。

笹川與兒玉的連結在一九四一年變得更為緊密，當時海軍航空本部詢問笹川，請他推薦一名可以負責特殊採購與物資調度機構的人員。笹川選了他的後輩兒玉，他勉為其難的留一些時間給陸軍，並於一九四一年十二月成立「兒玉機關」。兒玉機關成立兩年後，笹川的左右手藤吉男成為兒玉機關的副機關長；笹川本人則沾其光，稱自己協助成立兒玉機關，而且被形容為該機關主要的贊助人。兒玉機關的本部在上海，由於海軍的建置以及為航空本部蒐集戰爭物資之需，每年可從海軍軍費中拿到數百萬日圓。兒玉在這些事業上雇用的特工人員，人數達數百人，據說主要是由「專業罪犯、右翼惡徒、憲兵隊員」組成——使得兒玉及其部屬成為某種大陸浪人。[48]雖然兒玉是從提供銅和飛機零件的老實工作開始，經過一段時間，他擴展旗下事業到原料、食物、衣服以及交通工具等。他也在中國經營礦場，有些礦場生產罕見金屬，例如鎢和鉬。據推測，兒玉也經手黃金、鑽石和鴉片。根據美國中情局與「美國陸軍對敵諜報部隊」（Army Counterintelligence Corps）的報告，這些資源的絕大部分都是透過非法占有及偷竊獲取，或者取得的成本低於向海軍報告的價格，以便這些特工能中飽私囊。除了非法所得，兒玉在一九四一年與四五年間，也從海軍拿到了三十五億日圓的報酬，而到了戰爭末期，他的身價相當於一億七千五百萬美元。在戰爭結束前的幾星期，兒玉機關的資產與資金送回日本；部分原物料據說保管在笹川租用的倉庫裡。[49]

---

47 春名幹男《秘密のファイル：CIAの對日工作（上）》，259；堀幸雄〈戦後政治史の中の右翼：児玉誉士夫にみる黒幕の役割〉《エコノミスト》第54巻第12號（1976年3月16日），22；堀幸雄《右翼辞典》（三嶺書房，1991），240；飯塚昭男〈日本の黒幕・児玉誉士夫〉《中央公論》第91巻第4號（1976年4月），153；Kodama, I Was Defeated, 16–57。

48 Michael Petersen, "*The Intelligence That Wasn't: CIA Name Files, the U.S. Army, and Intelligence Gathering in Occupied Japan,*" *in Researching Japanese War Crime Records: Introductory Essays* (Washington: National Archives and Records Administration, Nazi War Crimes and Japanese Imperial Government Records Interagency Working Group, 2006), 208. SCAP Investigation Division, Interrogation of Yoshida Hikotarō, in "Records Pertaining to Rules and Procedures Governing the Conduct of Japanese War Crimes Trials, Atrocities Committed Against Chinese Laborers, and Background Investigation of Major War Criminals," June 4, 1948, reel 15, 3–5；Kodama, *I Was Defeated*, 115, 119, 126；加賀孝英〈笹川良一黒幕への道〉，304–5，308；井口剛《黒幕研究》，196–97，234–36；Samuels, *Machiavelli's Children*, 243; Petersen, "Intelligence That Wasn't," 208–9。

49 兒玉的合作夥伴吉田彥太郎（兒玉僅稱他是一名「部下」）向占領軍當局供稱，兒玉機關的獲利在戰後由他和兒玉均分，吉田分到的是兩千萬日圓的現金，以及兩座礦場。兒玉供稱，兒玉機關的現金獲利是六千萬日圓，當中的三分之二給了吉田，他自己的那部分拿去做「慈善事業」。兒玉也供稱他真正的不動產與個人資產價值六百五十萬日圓。SCAP Investigation Division, Interrogation of Yoshida Hikotarō, 6; SCAP Investigation Division, Interrogation of Kodama Yoshio, in "Records Pertaining to Rules and Procedures Governing the Conduct of Japanese War Crimes Trials, Atrocities Committed Against Chinese Laborers, and Background Investigation of Major War Criminals," June 14, 1948, reel 15, 4；春名幹男《祕密の〇〇：CIAの對日工作（上）》，264–65；橋本伸〈GHQ秘密資料が語る"黒幕"の実像〉《文化

戰爭一結束，笹川與兒玉便仰賴他們的財務資源和對組織的認知，支持鳩山一郎成立自由黨。很多人暗指出兒玉機關的戰利品出售所得，直接贊助了鳩山的志業。經常被引用，但未經證實的捐贈數額為七千萬日圓。[50]此外，笹川與兒玉也為該黨招募支持者——其中包括極道。當笹川參加自由黨成立儀式時，他是由一群「的屋」（流動攤商，極道的一種）伴隨出席。兒玉也被指在一九四六年四月的戰後第一次總選舉中，從的屋老大手中強索競選獻金。[51]所以，看起來兒玉或笹川都未經歷任何一種戰後變節，不論是在政治作風或意識形態方面。舉例來說，笹川在戰後立刻發表數場演講，主張西方國家威脅日本的生存，刺激日本參戰；還說日本擴張到台灣、朝鮮和滿洲不是侵略行為，而是這些地區的福祉。[52]

這兩名政治掮客的政治生涯在他們雙雙以甲級戰犯的嫌疑人入監時，則暫時止住。然而，和岸信介一樣，兩人後來都被釋放了。據猜測，兒玉和笹川在一九四八年十二月被釋放，是因為他們反共產主義，或許也因為他們承諾為占領軍或中情局蒐集情資。後者的說法似乎是有疑問的。兒玉確實與占領軍當區接觸，並提出諜報服務。[53]但是他與美國情報單位的連結是相對不直接的——兒玉的協助是列入前帝國陸軍參謀本部情報部長有末精三旗下，有末在戰後被占領軍的諜報部（G-2）收編，成為部裡的一個祕密情報班。兒玉與他在大陸昔日的兒玉機關參與了有末的多項計畫。雖然美國人的資金透過有末，間接送到兒玉手上，但兒玉關心的，主要不是為美國工作。例如，此時他最在意的事情之一，是向三井物產勒索十億日圓。[54]到了一九五三年，當中情局取代G-2，成為美國在日本最重要的情資機構，顯然，模糊的反共共業，已不完全是堅強盟友的基石。美國中情局對兒玉的看法是，他不夠可靠，無法當一名優秀的情治特工：「他是職業說

評論》第333號（1998年11月），107–9；堀幸雄〈戦後政治史の中の加翼〉，22；飯塚昭男〈日本の黒幕・児玉誉士夫〉，153；豬野健治〈黒幕を必要とした密室政治児玉誉士夫「悪政・銃声・乱世」〉《朝日ジャーナル》第18巻第20號（1976年5月21日），60。據一份報導指出，兒玉於一九四五年八月大約安排了十架次的飛機，從上海運送資產回到日本。General Headquarters, United States Army Forces Pacific, Office of the Chief of Counter Intelligence, October 18, 1945, U.S. National Archives, CIA Name File, Box 67, Folder: Kodama Yoshio, vol. 1。

50 美國政府估計的數字超過一千萬日圓。Security Group, Control and Analysis Branch, C/S Section, October 24, 1956, U.S. National Archives, CIA Name File, Box 67, Folder: Kodama Yoshio, vol. 2。兒玉被描述成是一九五〇年代中，「鳩山首相最堅強的幕後黑手之一」。見CIA Report, December 14, 1956, U.S. National Archives, CIS-2829, CIA Name File, Box 67, Folder: Kodama Yoshio, vol. 2。

51 猪野健治〈黒幕を必要とした密室政治〉，60；David E. Kaplan and Alec Dubro, *Yakuza: Japan's Criminal Underworld* (Berkeley: University of California Press, 2003), 63；Samuels, Machiavelli's Children, 243–44；井口剛《黑幕研究》，225。

52 井口剛《黑幕研究》，226–27。

53 根據一份一九五二年的報告，「他（兒玉）據可靠報導，希望向占領軍當局貢獻他的反共情報蒐集機關。」Counter Intelligence Review, Number Eight, Personalities: Kodama Yoshio, April 15, 1952, U.S. National Archives, CIA Name File, Box 67, Folder:「児玉誉士夫 vol. 1」。

54 更多兒玉與三井物產的關係，見CIA Report, January 25, 1951, U.S. National Archives, Report ZJL-540, CIA Name File, Box 67, Folder: Kodama Yoshio, vol. 1。

謊家、黑幫、騙子，簡直是個賊。」[55]兒玉也被描寫成「很清楚是個危險人物，且因為他對日本地下社會的影響力，所有人都怕他。身居高位而意志軟弱的人，會尋求他的庇護。」[56]

在接下來的幾十年，笹川如在戰前，他依舊支持右翼組織。他擔任幾個團體的顧問，發表反共產主義的言論，將共產主義比喻成霍亂及瘟疫，並且號召人們站上生死線，力抗共產勢力的傳播。他也繼續和兒玉譽士夫、岸信介合作，進一步發展他接下來的營利事業：競艇。笹川利用他們的協助，確保一項法律在國會中通過，賦予他經營競艇事業的獨占權。從相關賭博事業的收入中，大約百分之十五進了「全國賽艇會聯合會」，這是笹川用兒玉與「日本船舶振興會」的本金創立的，笹川則於一九六〇年代初接任了振興會會長一職。而這兩個組織的工作人員，是他在戰前國粹大眾黨的成員。笹川也從「東京賽艇會聯合會」的收入中獲利，這個協會則由兒玉掌管。大約這個時期，笹川開始關注慈善事業，並向聯合國與世界衛生組織捐助大筆金額——因為他的巨額捐獻，聯合國歐洲總部豎立了一尊笹川的銅像。笹川還大力鼓吹眾人齊心一致，好讓他獲頒諾貝爾和平獎。[57]雖然這項榮譽後來證明難以企及，但他確實獲得了馬丁·路德·金恩博士和平獎、聯合國和平獎，以及萊納斯·鮑林（**Linus Pauling**）人道主義獎。[58]

兒玉也在戰後支持右翼運動。雖然禁止「公開出席」政治活動是他免除整肅的條件，他仍可自由關心政治議題，只要他保持低調。[59]因此，從巢鴨監獄出獄後，他再次活躍於政治，而且似乎重振他戰前的組織（至少美國情報單位仍稱之為「兒玉機關」）。據悉，這個網絡參與的行動，包括將共產影響力逐出亞洲、以及將日本打造為反共同盟基礎。[60]為了達成這些目標，這個組織在北海道有一個支部，據說兒玉在那裡從事反日本共產黨的活動。募款活動則是由位於東京丸之內區的商社主導。[61]除了這家特定商社，其他數家商社也被認為是兒玉機關的附屬單位。這個機關同時獲得多名戰前軍人和國家主義者的合作，如大川周明、三浦義一。[62]謠傳許多和兒玉

---

55 Petersen, "Intelligence That Wasn't," 199–200, 210–11；春名幹男《秘密のファイル：ＣＩＡの對日工作（上）》，286–88；加賀孝英〈笹川良一黑幕への道〉，313。

56 CIA Report, April 19, 1951, U.S. National Archives, File 44-5-3-52, Report ZJL-604, CIA Name File, Box 67, Folder:「兒玉譽士夫 vol. 1.」。

57 井口剛《黑幕研究》，238–40、246–47；Samuels, *Machiavelli's Children*, 243–44；春名幹男《秘密のファイル：CIAの對日工作（上）》，288；加賀孝英〈笹川良一黑幕への道〉，308。

58 到了一九八〇年代中，估計笹川帝國的資產達八十四億美元。CIA Biographical Sketch, "Sasakawa Ryōichi," March 5, 1987, U.S. National Archives, CIA Name File, Box 111, Folder:「笹川良一」。

59 Counter Intelligence Review, Number Eight, Personalities: Kodama Yoshio, April 15, 1952, U.S. National Archives, CIA Name File, Box 67, Folder:「兒玉譽士夫 vol. 1」。

60 CIA Report, December 8, 1949, U.S. National Archives, File 44-7-8-9yl, Report ZJL-236, CIA Name File, Box 67, Folder：「兒玉譽士夫 vol. 1」。

61 CIA Report, January 5, 1950, U.S. National Archives, File 44-7-8-9y3, Report ZJL-243, CIA Name File, Box 67, Folder:「兒玉譽士夫 vol. 1」。

62 CIA Report, November 10, 1949, U.S. National Archives, File 44-7-8-8yl, Report ZJL-220, CIA Name File, Box 67, Folder: Kodama Yoshio, vol. 1; CIA Report, November 17, 1949, U.S. National Archives, File 44-7-8-9y, Report ZJL-222, CIA Name

機關有關係的人，都參與了一項更大的計畫，走私物資運給中國國民黨、招募日本青年加入志願軍，投入反抗共產黨的陣營。然而，兒玉極力否認和這些事有任何關聯。[63]

兒玉譽士夫的戰後生涯，持續利用並建立各種政治人脈。例如在他和岸信介一起度過下圍棋、同桌吃飯的巢鴨監獄生活後，兩人仍維持融洽關係。岸承認他擔任首相期間，兒玉會參加他也同時出席的會議。他們的關係似乎一直很友好——偶爾仍一起下圍棋，兒玉會把釣到的魚分給他，聽說有一次，兩人還一起去打高爾夫球。[64]兒玉和大野伴睦的關係也很緊密，我們在第三章中談論過，大野在一九一〇年代被招募進入政友會院外團。3大野的政治生涯在戰後一帆風順，雖然他被暗指涉及一九四八年一場重大政治醜聞。一九五二年，大野擔任眾議院議長，一九五三年擔任國務大臣，後來一直擔任自民黨副總裁，直到他一九六四年逝世。謠傳大野的行事風格猶如博徒和「俠客」一般粗野。一名記者在一篇八卦性質的文章裡，譴責大野在成為具知名度的政客後，依然未改他好鬥的習性。文章議論說，男孩子打架是正常的，但如今，大野不應還揮舞著拳頭，加入激烈的衝突。[65]重點是，大野並不避諱與極道來往。即使他當上自民黨副總裁，他仍被拍到和一群關西地區的極道老大聚會，其中包括本多仁介和平田勝市——這兩人可是極道組織「本多會」數一數二的首領。這個位於神戶的團體最早成立於一九三八年，名為「本多組」，一九四六年更名為本多會，一九六〇年代初的成員不到兩千人，旗下經營的事業包括「本多建設工業」。[66]

兒玉本人則和極道有相當直接的關聯。例如一九五六年九月，他主辦了一場聚會，與會的四十名賓客中，有十幾人是來自不同極道「一家」的老大，另外有職業摔角手、右翼組織幹部以及鳩山一郎內閣的農林大臣河野一郎，而鳩山也是兒玉的人脈。[67]

如兒玉和笹川在戰後的再次崛起，國家主義組織的重生也是舊政治連結展現韌性與力量的故事。一九五〇年代以暴力最為人所知的右翼團體，基本上是一個混合組成——部分是極道，部分是政治組織——不若戰前大日本國粹會與大日本正義團那般單一。在戰爭期間極少見的極道於一

File, Box 67, Folder: Kodama Yoshio, vol. 1; CIA Report, April 4, 1952, U.S. National Archives, Report ZJLA-1909, CIA Name File, Box 67, Folder:「児玉誉士夫 vol. 1」。

63 CIA Report, "Smuggling (?) or Secret Recruiting (?)," October 31, 1949, U.S. National Archives, CIA Name File, Box 67, Folder:「児玉誉士夫 vol. 1.」。也有未經證實的ＣＩＡ肅清者報告，包括兒玉，說他們計畫政變。CIA Report, October 31, 1952, U.S. National Archives, File 44-7-15-25, Report ZJJ-239, CIA Name File, Box 67, Folder:「児玉誉士夫 vol. 2」。

64 岸信介《岸信介回顧録：保守合同と安保改定》（廣濟堂出版，1983），456–57。岸也表面上為笹川良一辯解，稱他不如一般人想像的奇怪。原彬久編《岸信介證言録》（毎日新聞社，2003），361。

65 富田信男〈戦後右翼の機能と役制：保守支配の現実〉《エコノミスト》第43巻第28號（1965年6月）：67；高木健夫〈大野伴睦という男〉《政界往来》第18巻第12號（1952年12月）：31–32。

66 〈「仁侠？」につながる保守政治家〉《週刊読売》1963年8月18日，12–13。

67 CIA Report, December 14, 1956, U.S. National Archives, CIS-2829, CIA Name File, Box 67, Folder:「児玉誉士夫 vol. 2」。後來傳說兒玉支持河野一郎為首相人選。CIA Report, December 14, 1962, U.S. National Archives, Report FJT-8890, CIA Name File, Box 67, Folder:「児玉誉士夫 vol. 2」。

九四〇年代後期，靠著戰爭結束後的黑市大發利市，得以重建並存續。早在一九四五年十月，約有一萬七千個類似的黑市大量湧現，兜售如食品、清潔盥洗用品、衣服等生活必需品，也包括安非他命。在大都會區，極道老大透過管理賣家來掌控地盤。例如在東京，松田組管理新橋區，芝山組管淺草，上田組管銀座、關口會管池袋、和田組和尾津組管新宿。而這些極道組織的首腦認為，他們是在為一個傾軋雜亂的世界維持序。森本三次即為這樣的一個人物，他拿下大阪梅田的黑市掌控權，一方面讚揚刼強濟弱的美德，一方面以刀、槍武裝，禁止任何人越界。然極道的出現往往沒有削弱暴力，反而鼓舞了暴力，尤其是因為地盤爭端引發的肢體衝突。一九四六年六月的一次事件中，數千名極道駁火，造成七人死亡，三十四人受傷。

當經濟開始有了復甦的跡象，黑市不再那麼必要，極道組織也將目標轉移到新興的娛樂產業，從中獲取經濟成長的金錢利益。博奕、柏青哥、酒吧、餐廳以及妓院等行業，提供了極道收取保護費的機會。這些收入由建築業與碼頭服務業的工人來補足，這是極道在戰前就已占下的好位子，期間也逐步擴展。這些事業都為極道的金庫賺進大把鈔票，並且為他們的發展提供資金，成為龐大的組織，最後成為權大勢大的黑手黨聯盟。[68]

當這些極道組織沾上政治的邊，大多屬於右派，而非左派。這種情況至今仍是如此，以至於「左派極道」的說法荒唐得可笑。這種政治取向是有大致理由的。不要想招惹執政的保守霸權，這是策略上的明智之舉；與警察和其他有權斬斷極道銀根的人維持友好關係亦然。保守派在勞資糾紛中傾向站在資方。和戰前一樣，極道要站在有錢付給他們恐嚇罷工工人的資方，才更有利可圖。

至少有一個極道團體不只與右翼組織合作，甚至也成為其中一員。「關根組」是管理東京淺草、本所和向島一帶黑市的極道「一家」。一九四八年，當關根組的老大因為持有武器被占領當局逮捕，該團體被下令解散。不復存在的關根組自我重組，成為一（合法的）政治組織，在一九五三年前後，塑造成一右翼團體，並於一九五九年九月成立「松葉會」。松葉會的宗旨指出，該組織的願景為防止共產思想侵入年輕人的心靈，並促使日教組和其他擁抱「危險思想」的團體崩解。這個團體同時發表一些隱約讓人想起戰前時期的觀點，諸如尊崇天皇為國家的象徵，以及在未來建設「大亞洲」的願望。到了一九六〇年，松葉會在東京有六個事務局，在千葉、茨城、群馬縣有支部。至少有一份報紙指出，松葉會有兩千至三千名會員，主要由極道組成——尤其是博徒、的屋和「愚連隊」（街頭幫派）。[69]

---

68 Dower, *Embracing Defeat*, 140–44; Peter B. E. Hill, *The Japanese Mafia: Yakuza, Law, and the State* (Oxford: Oxford University Press, 2003), 42–47.

69 《朝日新聞》1960年4月2日；「主要右翼団体一覽表」1960年10月，資料來源：《「浅沼事件」関係資料集》（1960），2；堀幸雄《右翼辞典》，550–51。一九六六年出版的右翼刊物提供的會員數字大約為一千人。荒原朴水《大右翼史》（大日本國民党，1966），744–45。

其他的右翼組織則極度仰賴近年累積的關係、戰前的團體聯繫，並僭用他們的意識形態。占領時期結束時，前大日本國粹會的分支「關東國粹會」可能維持或重建了其聯絡網，計畫於一九五三年三月在東京召開一場「全國國粹大會」。[70]他們也找上關東國粹會的梅津勘兵衛，針對反蘇聯與反共產主義事宜，聽取他的建議，請他協助動員極道。負責聯絡梅津的，是政客兼律師木村篤太郎，他曾在吉田茂兩度內閣中擔任法務大臣。梅津與木村是在一九五四年協助從「護國團」及其所屬組織「護國青年隊」召集博徒和的屋的其中兩人。該團體成立的核心人物是井上日召，他在戰前就成立了「血盟團」，執行了一九三二年的暗殺事件（即「血盟團事件」）。護國團的金主包括兒玉譽士夫與笹川良一。[71]和松葉會一樣，護國團也高呼天皇，只是以更強烈的字眼，稱他為團結日本民族的日本人血緣中心；他們利用戰前的思想，以「家族」來呈現日本民族社會。[72]

從「日本國粹會」（以下簡稱「國粹會」）可以看出，他們戰前的政治資本依然雄厚，然該國粹會其實是重組組織，原為戰爭結束之際，遭到解散的「大日本國粹會」。國粹會採行戰前團體的語彙與宗旨，自稱俠義團體，不只與大日本國粹會有連結，也與更早期德川時代的極道理想形象有連結。此外，他們標榜培養對祖國之愛、絕對反對左派並保護日本國粹中的「美好風俗」，那是這個國家歷史與傳統中值得驕傲的一部分。同時，國粹會也吸納在戰後脈絡下可能更符合民意的語言，聲明他們不是右派，言明會員對於肅清「壓迫該國人民生活的『殘忍暴力』」絕不寬貸。儘管有這些聲明的目標，該團體並未克制暴力的使用，依然吸納博徒以及附屬護國團的人士。國粹會於一九五八年七月正式成立，總部設於東京，一九六〇年前後，有會員兩百五十人。[73]

根據警視廳的說法，二十八個宣稱為右翼政治團體的類似組織，用警方的用語來說，比較像是「暴力團」。[74]在這個數字裡，只有一些——如松葉會、護國團和國粹會——多次涉入暴力的政治事件。其中一次類似事件發生在一九五八年十月，當時有三個人干擾一場在東京九段會館舉行的日教組集會。騷動從一名闖入者發射煙霧彈開始，他接著舉起標語，上面寫著：「這是炸藥」，企圖引起恐慌。他的同謀如法炮製，又點燃另外兩枚煙霧彈，會館內瞬間煙霧迷漫，伸手

---

70 《読売新聞》1953年1月22日。

71 據說兒玉譽士夫捐了五萬日圓，笹川良一捐了一萬日圓給松葉會。CIA Report, August 5, 1957, U.S. National Archives, XF-3-207416(5b3), CIA Name File, Box 67, Folder:「児玉誉士夫 vol. 2」。

72 大野達三、高木喬《浅沼暗殺事件と右翼暴力団：戦後右翼暴力団の実体・政治的役割・背景》労働法律旬報395號（1960年10月），21；堀幸雄《右翼辞典》，235。有人猜測木村早在一九五一年就計畫成立大型的反共產主義組織。猪野健治〈黒幕を必要とした密室政治〉，60；堀幸雄《戦後政治史の中の右翼》，22。到了一九六〇年前半，護國團的收入估計達一百八十八萬日圓，支出達一百八十萬日圓。《朝日年鑑：昭和36年》（朝日新聞社，1961），244。

73 警視廳〈右翼資料〉，資料來源：《「浅沼事件」関係資料集》，12–13；「主要右翼團體一覽表」：堀幸雄《右翼辞典》，474–75。關於松葉會，另一個會員數為三百七十人。荒原朴水《大右翼史》，741–44。

74 〈暴力の横行と政治〉《世界》174號（1960年6月），185。

不見五指。後來三名嫌犯中的兩名被逮捕，並發現他們屬於國粹會「青年挺身隊」。第一個點燃煙霧彈的，是二十六歲的青年挺身隊隊長；他因強制介入與非法入侵的罪名慘遭拘禁。[75]一九五九年三月底另一場類似的事件中，約十幾個右翼組織的六十名成員——包括護國團與護國青年隊——以發送傳單、騷擾演講者、向講台丟擲煙霧彈等方式，干擾一場社會黨的演說會。

一九五〇年代末，這些暴力事件以及看似右翼組織的團結，使左翼和其他人士擔心一股暴力右翼勢力的復甦。護國團、國粹會與十幾個類似團體，於一九五九年三月聚會，成立了「全日本愛國者團體協議會」，由笹川與兒玉擔任顧問。這個協議會不僅是結合極道和右翼團體的同盟，其多位顧問、幹部，和戰前的暴力事件都有關聯：護國團的佐鄉屋留雄曾經因為在一九三〇年十一月攻擊濱口首相而被判死刑，後來改判無期徒刑，但仍於一九四〇年獲釋；前面提到過的井上日召與血盟團，則和一九三二年的暗殺事件有關；三浦義一聲名狼籍，他的一項罪行是於一九三九年攻擊政友會總裁中島知久平；橘孝三郎是一九三二年五一五事件的關鍵發起人；天野辰夫因一九三三年的神兵隊事件被捕，後來也涉入一九四一年攻擊閣員平沼騏一郎的事件；而大澤武三郎則捲入一九三三年暗殺前首相若槻禮次郎未遂的事件。[76]另一個於一九五九年結成的右翼同盟是「愛國者懇談會」，由十六個右翼組織的三十名首腦，於七月十一日成立，包括護國團與松葉會。[77]

和戰前一樣，右翼組織並非孤立的政治團體，而是一個更為廣泛的政治聯合陣線——戰爭剛結束的最初幾十年，暴力右翼團體與政客有著最高層級的連結。例如，從松葉會會長妻子的喪禮，該會的政要關係便可一目了然。前東京都知事送花弔唁，許多其他重要人物出席，包括一名前警視廳總監、前文部大臣、十七名自民黨國會議員以及五十名地方議員。[78]

因此，由於政治上的右派復甦，以及與不同保守派（重新）形成的互惠連結，極道與壯士的命運大不相同，他們不僅倖存下來，甚至蓬勃發展。極道集團只要有保守派領導權勢這道護身符，便可繼續獲取經濟利益；而反工會和反共產主義者的保守派政客也可以從極道集團的活動中受益。如笹川與兒玉這些政治掮客，則是確保這層關係持續，並從中獲利的有力中間人。極道在保守派陣線中穩住位置，他們也因為自身暴力，得以在一個不會指責他們，事實上還重視他們的近水樓台位置中運作——在政治界的這一個角落裡，戰前形態的連結及策略仍被視為資產。而在右派與左派進行政治鬥爭的幾個前線上，若能利用極道，則顯得特別占有優勢。

75 《読売新聞》1958年10月14日。
76 富田信男〈戦後右翼の機能と役制〉，66。
77 〈暴力の横行と政治〉，183–84。
78 中本たか子《わたしの安保闘争日記》（新日本出版社，1963），90–91。類似極道與政治人物公開的連結名單，以及極道與地方政治的討論，見《読売新聞》1960年5月16日。

一九六〇年：戰後暴力專家的巔峰

一九五〇年代的意識形態衝突，不應被過度簡化，因為左右兩派陣營都有各自的內部緊張關係，而且也不是統一一致的；然而，那十年間的一大分裂，存在於一個保守的右派和一個進步的左派之間。無論是在這些爭端之中或經歷這些爭端後，保守派被迫看清楚，他們所掌理的，是一個全新的政治氛圍，他們奉為圭臬的戰前意識形態和策略，正在衝撞一個巨大改變的氛圍。確實，在保守（儘管勢力廣泛且有影響力）陣線之外，右翼的理念與政治立場，和公眾無法產生共鳴，如同戰前的國家主義與帝國主義一樣。[79]然比起戰前的革新運動，如今的革新運動更是主流。這在一九六〇年變得一目了然，這一年是日本戰後歷史中，政治上最動盪的一年。這個時刻透露的，不僅是意識形態上保守派與進步派的根本分歧，也是一個在政治上一如往昔的右派，和一個無法接受拘泥於過去的主要左派之間的分歧。在這樣的脈絡下，當暴力專家被那些傳統上仰賴他們的人士帶進衝突之中，他們也成為備受廣泛批評的對象，就像是先前對於暴力即代表不民主與不進步本質的情緒，此時因為政治以及意識形態的動盪而再次遭受攻擊。一九六〇年可說是政治動盪的一場完美風暴——日本歷史上歷時最長的九州三池炭礦罷工、成千上萬人抗議《美日安保條約》更約的大規模示威，以及日本社會黨委員長淺沼稻次郎在眾目睽睽下被暗殺。這幾件事未被視為獨立事件，而是同一場、規模更大的政治紛爭中不可分割的一部分。

一九五九年秋天，三井礦山擁有的三池炭礦宣布計畫解雇約兩千名員工，緊張情勢逐漸升高。裁員是公司合理的因應對策，為了在石油逐漸成為新能源選擇的態勢下，讓礦場更有競爭力。工會對這項決定不以為然，並進行了幾次小型罷工。這並未阻止公司裁員，被裁員的員工當中很多是工會領袖或成員，於是他們在一九六〇年一月開始阻撓車輛進出。為了回應他們的行動，工會決定罷工。罷工行動的作為之一，是拉起二十四小時的封鎖線，二十五歲以下的人則組織成「行動隊」，駐守在公司各支部，處理必要的緊急事件。

隨著工會分裂和暴力專家的介入，這起紛爭在三月轉而淪為暴力事件。工會的分裂在於那些想要繼續罷工，以及那些希望罷工者返回工作崗位的公司護航派之間。三月十七日，當後者與工會切斷關係，另外成立「第二組合」（或「三池勞組刷新同盟」）時，雙方正式分道揚鑣。第二組合最一開始僅三千人左右，接下來的十天，人數擴增到大約四千八百人，幾乎是原來工會的三分之一，其中成員多是擔心罷工事件擴大，以及對階級鬥爭的理念不特別熱中的人。第二組合受到公司的支持，與公司雇用的暴力團合作，共同反對罷工者。據說他們以守衛巡邏的名義，用公司的宣傳車和摩托車在街上遊行，像警察的宣傳車一樣，揮舞著日本國旗，並將暴力團安排在隊伍最前面。

79　這是我在使用「右翼」於戰後政治情境的原因，而戰前偏好的字眼是「國家主義」。

三月底，緊張情勢來到最高點，罷工者與有暴力團支持的第二組合之間，發生一連串暴力衝突。三月二十七日，開著卡車的暴力團衝破位於四山坑的封鎖線。試圖阻擋他們的糾察員遭遇長鎬、竹棍攻擊，還被潑水、被丟擲石塊。第二天下午，抗議者與暴力團以及第二組合成員在三川坑發生衝突。約有一千六百名第二組合的支持者，由暴力團加持，分成三組人馬，揮舞棍棒，試圖強逼六百名罷工者返回工作。這次衝突造成三池罷工第一起嚴重的流血事件，據報有兩百二十人受傷。這次對決延續到隔天，此時罷工者形成一個陣列，高唱勞工歌曲，準備迎戰開車和搭乘巴士前來的兩百名暴力團成員。下午四點左右，一輛車高速衝過檢查哨，在南門停下，一群暴力團下車，企圖挑釁糾察人員。此行動失敗後，便在警方護送下移往正門。這時，暴力團與糾察隊之間的衝突緊接著再次爆發，混亂中，一名抗議者久保清遭到暴力團刺殺身亡。當糾察隊員聽到久保的死訊，在他們重新整隊要對抗暴力團時，突然陷入了沉默。這時警察介入，將暴力團成員帶往荒尾警察署；第二天早上，除了殺死久保的嫌疑犯，其他人都被釋放了。這是三川罷工事件最關鍵的時刻——久保之死的震撼如此之大，消弭了兩個工會之間的敵意，他們再次合為一個組織。[80]

久保慘遭殺害一事，引起了大眾對於暴力團出現在勞資爭議的注意，極道越界以及警察加持的暴力同謀，成為千人所指的批判焦點。在日本共產黨的黨報中，記者高木喬評論說，右翼的暴力團已經如此明目張膽，並指出他們在一九五九年已涉入數起罷工，包括《主婦與生活》雜誌社、地下鐵公司、SS製藥、成光電機以及山武自動車。[81]

多名評論者也強調，暴力團是受雇用的職業打手，暗指身為暴力專家的他們必須對暴力層級升高負全責。馬克思主義經濟學者向坂逸郎觀察到，暴力團早在一九五九年末期，就對三池虎視眈眈。他們不時喝得酩酊，然後闖入工會主席辦公室。向坂本身也曾被人利用文宣攻擊，文宣上寫著：「向坂收了工會很多錢。」以及「赤色巨頭向坂」。[82]有些評論者不指名特定的暴力團，只稱他們為「暴力集團」或「刺青集團」，因為刺青是極道明顯的記號。這些人被描繪的形象是身穿破舊和服、用繩子當腰帶、手持棍棒。而且據說，他們每天的工作大約可拿到五千日圓。[83]其他則是直接指名參與其中的暴力團。松葉會被指名為一博徒組織，以破壞性行為模式聞名；有報導指出，其成員在三月底的三池罷工事件現身後，下個月又出現在《每日新聞》的支局攻擊事件，一名作者認為這起事件等同於戰前對《朝日新聞》的襲擊事件。[84]另一個被指名的暴力團

80　木村正隆〈二組暴力就労と久保さんの死〉《月刊労働問題》279號（1980年10月），36–37；城台巖、藤本正友、池田益實《1960年・三池》（同時代社，2002），41、45、53；三池炭鉱労働組合〈現地（三池）の実情はこうだ：闘うヤマの決意〉《月刊総評》第34號（1960年4月），36。
81　高木喬〈動きだした右翼暴力団の背景〉《前衛》169號（1960年6月），23。
82　大內兵衛、向坂逸郎〈三池の闘いを見つめて〉《世界》174號（1960年6月），26。
83　極東事情研究会編《三池争議：組合運動の転機を示すその実相と教訓》（極東出版社，1960），234。
84　高木喬〈動きだした右翼暴力団の背景〉，27。「每日新聞社」於四月二日遭受攻擊，就在久保死亡的前四天；新聞

圖5.1

1960年3月，手持棍棒和鐵條，由公司雇用的暴力團攻擊三池炭礦的罷工者。

出處《1960年・三池》（城台巖・藤本正友・池田益實，同時代社，2002），出版者與三池勞動組合同意轉載。

是「燃燈會」，這是右翼團體「大日本生產黨」的前線部隊。據說，該會從勞資爭議一開始，便與公司方面有所聯繫。有鑑於他們曾經用車子衝向工會成員並有破壞財物的行為，該團體被視為危險的存在。在三池爭議中，燃燈會成員拍下工會抗議者的照片，並張貼在町內大街的公告看板上，在三月底的暴力事件中，包括造成久保死亡的那一次，他們也是積極的參與者。隨著罷工緊張情勢升高，其他的暴力團如山代組和寺內組等，也相繼加入戰局。[85]

暴力團的出現，以及他們遭指控和警方之間的合作，被視為是對大眾的冒犯。前述的記者高木喬將最近勞工爭議的暴力行為部分歸咎於公司之間與日俱增的競爭，但也歸咎於警方的干預，指稱警方自一九五八年的《警察官職務執行法》爭議以來，執勤時愈來愈有攻擊性。[86]在高木看來，這兩者的發展削弱了法院在爭議中的仲裁角色，而法院原本是解決勞資糾紛較緩和且慎重的方式。少了循序漸進的合法仲裁途徑，公司轉而向暴力團和警方尋求協助。在《主婦與生活》雜誌社罷工事件中，據報導，當公司雇用的暴力團威脅工會成員時，警方只是袖手旁觀。同樣地，在山武自動車爭議當中，當暴力團搶劫車輛，向罷工者施暴時，一輛巡邏車只是靜靜地停在一邊。而在三池罷工中，警方被形容成只將注意力放在工會的抗議者身上，而警察也只坐在巴士裡，對暴力團與工會成員彼此衝撞毫無作為。[87]偶爾警察真的動手逮捕暴力團成員，也很快就釋放這些人。[88]用三池工會四山坑負責人的說法，在罷工者的心裡，他們

社被攻擊的原因是該報刊登了一篇關於保守政客與暴力團之間緊密關係的文章。破壞報社的行動中，罪犯投擲煙霧彈、損壞印刷機。中本たか子《わたしの安保闘爭日記》，90。

85　三池炭鑛労働組合〈闘うヤマの決意〉，36；大內兵衛、向坂逸郎〈三池の闘いを見つめて〉，26。

86　這項法案最有爭議的條款是允許警察採取強制手段，包括進入民宅，以防止可能會嚴重干擾公共秩序的犯罪。反對黨利用許多策略，例如封鎖線和路障，以及採取和一九五四年、一九五六年國會爭議中相同的手法。在強烈的抵抗下，這項法案被擱置了。見D. C. S. Sissons, "The Dispute over Japan's Police Law," *Pacific Affairs* 32, no. 1 (March 1959): 34–37。

87　高木喬〈動きだした右翼暴力団の背景〉，24–25；三池炭鉱労働組合〈闘うヤマの決意〉，36。

88　大內兵衛、向坂逸郎〈三池の闘いを見つめて〉，26–27。

很清楚警方本身已經變成一種暴力團。[89]然而，若說暴力團完全不會因他們的行為受到處罰，也是不公允的。一九六〇年四月初，警方曾經鎮壓這些團體，尤其是松葉會與國粹會。超過五十人遭逮，但至於他們被拘禁多久，他們的刑責有多重，就不得而知了。[90]

三池公司經營者想要藉助暴力團和警察，動用武力來平息罷工的企圖，在工會成員和他們的同情者看來，是一股鎮壓民眾運動趨勢的象徵。資方、暴力團暴力、警方以及自民黨，不斷被描繪成群眾政治參與和人民意志的敵人，不論是勞工爭議，或者是抗議《美日安保條約》更約。尤其是在三月久保之死與五月的僵局後，愈來愈多人認定三池罷工與抗議更約為一體、為同一場鬥爭。[91]

抗議更約最初是從岸信介政府支持修改《美日安保條約》所引發。比起一九五二年最初的條約，新約雖然看似更為對等，但最終版本仍維持美國可以在日本駐軍。這項基本的條款令社會主義者、學生團體、婦女團體等深感冒犯，他們認為，這將會箝制日本淪落為美國霸權的從屬地位。也有人擔心，美國軍隊持續存在，將迫使日本捲進一場非因日本而起的戰爭。然而，岸內閣對更約相當滿意，極力想拉攏美國一起合作，所以新約於一月在華盛頓簽定；他們希望國會於五月二十日批准，以便艾森豪總統預定六月十九日訪問東京時，能正式生效。由於預期五月期限到來，成千上萬的民眾在四月走上街頭，發動一連串的抗議。到了四月底，東京街上已經可以看見右翼團體和策動遊行者對峙的景象。試圖消弭示威的團體包括國粹會、大日本愛國黨、

「義人黨」，後者是一個成立於一九五二年的組織，擁有一個約五百人的青年團——「日乃丸青年隊」。[92]

五月十九日，岸信介與自民黨使用強制手段以確保新約在國會順利通過，這不禁令人想起一九五四年與一九五六年國會事件，致使情勢火上加油。從早上開始，當眾議員激烈爭論是否要延長會期時，松葉會、義人黨以及自民黨的青年部成員，占領了眾議院本會議場的旁聽席。自民黨想爭取更多時間，讓條約議題交付投票，社會黨則繼續發表冗長的演說以拖延時間。那天下午，圍繞著這項議題的陰謀持續，社會黨堵住了眾院議長進入議長室的路。衝突在走廊上一觸即發，涉入人員包括社會黨與自民黨國會議員、社會黨祕書團、自民黨院外團以及極道。一名社會黨的祕書據說頭部遭受撞擊，被一個極道跪壓「重要部位」；報導中則提到，兩名社會黨議員遭極道毆打。大約晚上六點，參眾兩院的議長請求派遣約兩千名警力到國會議事堂外。然而，偶發的衝

89 木村正隆〈二組暴力就労と久保さんの死〉，37。

90 《読売新聞》1960年4月8、12日。

91 城台巖等人《1960年・三池》，81；木村正隆〈二組暴力就労と久保さんの死〉，36。

92 《読売新聞》1960年4月26日；「主要右翼一覧表」，2。「大日本愛國黨」由赤尾敏於一九五一年成立，一九六〇年時有大約三十名黨員。該團體的宗旨包括修憲、再軍備、加強美日同盟、成立亞洲反共聯盟、使共產黨非合法化。整個一九五〇年代中期，該黨員陸續因暴力犯罪而被監禁。公安調查廳〈右翼團體の現勢〉1960年10月，資料來源：《「浅沼事件」関係資料集》，10–11。

圖5.2

國粹會動員，壓制《美日安保條約》更約抗議活動。1960年。

圖片來源：荒原朴水，《大右翼史》（大日本國民黨，1966）。

突與社會黨的靜坐持續到夜晚；晚上十點二十五分，當全院會議的鐘聲響起，議長仍被困在議長室。大約二十分鐘後，議長仍繼續催促社會黨解散從議長室到議場內議長席的封鎖線，但是徒勞無功。議長於是決定請求五百名警力，將社會黨黨員架出議事堂，以武力解散人肉路障——這是一九五六年以來，在日本國會史上，警察第二次進入議事堂。晚上十一點四十八分，議長由國會守衛護送至議長席，當他上台時，議場內的全是自民黨議員。不出所料，會期延長，條約案表決通過。[93]

新約案的強行表決通過，以及自民黨處理問題的方式，導致群情譁然，抗議活動激化到新的高點。上街抗議的民眾不僅反對新約，他們也要求岸信介下台，內閣總辭。六月初，抗議活動蔓延到東京以外的地區，部分工人開始罷工，展現團結氣勢，特定公共服務被迫中止。為了控制這場大規模的群眾運動，自民黨轉而向暴力團求援。很多人相信，岸信介本人聯繫了他在監獄時的獄友兒玉譽士夫，請他組成一支暴力的右翼團體聯盟。[94]我們不清楚兒玉是否真組成一個如此的超強組織，但暴力團在六月的抗議中的確隨處可見。六月十日，當艾森豪總統的先遣人員詹姆斯．哈吉爾蒂（James Hagerty）抵達成田機場，暴力團與警方阻擋了試圖向他遞交請願書的行動。哈吉爾蒂一下飛機的陣仗相當引人注意，因為迎接他的是數千名抗議者，有些人攻擊他的座車，一邊反覆呼喊著要他回去美國。

六月十五日，艾森豪總統預定訪問日本以及新約生效日的前幾天，抗議者和暴力團之間的衝突激化到一個高點。上萬名抗議者在國會外抗議，他們大多是由「日本勞動組合總評議會」與「全日本學生自治會總連合」動員的。[95]與他們抗衡的，是大約五千名警力以及數百名暴力團成

93 信夫清三郎《安保鬪争史：三五日間政局史論》（世界書院，1969），162、167–68、171–72、175；西井一夫編《60年安保・三池闘争：1957-1960》（每日新聞社，2000），125；George R. *Packard, Protest in Tokyo: The Security Treaty Crisis of 1960* (Princeton: Princeton University Press, 1966), 238–41。

94 在一次受訪時，岸信介稱他並未聯繫右翼組織，但確實動員了東京都外的消防隊和青年團。原彬久編《岸信介証言録》，292。

95 「勞動組合」成立於一九五〇年，由激進的工會組成。勞動組合鼓勵以侵略性的草根策略，在作業安全、超時工作與

圖5.3

1960年6月15日，暴力團攻擊抗議岸信介首相更新《美日安保協約》的遊行民眾。

圖片來源：西井一夫編《60年安保・三池鬥爭1957-1960》(《每日新聞社》，2000)。《每日新聞社》同意轉載。

員，他們來自各個不同團體，人數也許近千。包括在這場抗議前才剛成立的「維新行動隊」，還有國粹會，他們的手臂和頭上綁著印有該團體名稱的臂帶和頭帶。整個下午，抗議學生與暴力團之間不斷發生衝突。五點過後，兩台護國青年隊的卡車揮舞著維新行動隊的旗子，直接開進參議院門口旁的示威群眾之中。緊接著，數十名暴力團分子衝進人群裡，揮舞釘有釘子的棍棒，造成多人重傷，他們還向試圖逃走的民眾丟擲瓶罐。暴力團踐踏並威脅要打死他們，當中許多是平民百姓，或是「新劇團」的成員。就像在三池罷工事件一樣，抗議者對站在一旁事不關己、甚至與暴力團暴力同謀的警方，感到非常憤怒。六月十五日晚間，丟擲石塊的學生和揮舞警棍的警察爆發口角，結果導致東京大學學生樺美智子死亡，在抗議者眼中，這是三池事件久保清之死的翻版。[96]

有鑑於這一天的暴力事件規模，岸信介於隔天上午宣布，艾森豪總統的訪日行程取消。之後，六月十九日午夜的鐘聲響起時，新版《美日安保條約》正式生效。上萬名群眾當晚集結在國會外，和平地表達他們的不滿；到了這個時間點，阻擋該約的可能性不復存在，暴力業已平息。最後，六月二十三日上午，因為新版條約而鬧得滿城風雨的岸，宣布他將辭職。

在對新版條約的憤怒和岸的鐵腕策略緩和後，成千上萬的反條約抗議民眾將氣力轉移到依然持續的三池爭議，遠赴九州加入罷工者。[97]最後，到了一九六〇年秋天，資方在警方與其他礦場的支援下，堅持得比罷工者更久。最終，工會成員讓步，公司的因應措施得以完全實施。

正當左派與大部分民眾仍踉蹌走出一個暴力的夏天，當年第三個，也是最後一個震撼彈，終於在十月降臨，這也是三池爭議最後一個階段的展開。十月十二日下午，社會黨委員長淺沼稻次

薪資改善議題上獲得進展。「全學連」成立於一九四八年，最初主要由大學校園裡的日本共產黨成員組成。但是到了一九五〇年代末，這個團體走出象牙塔，開始參與政治議題，其成員也更包容開放。

96 西井一夫編《60年安保・三池闘争：1957-1960》，127–29、140、153；中本たか子《わたしの安保闘争日記》，219、243–45；Packard, Protest in Tokyo, 289–90, 294–96；《朝日新聞》1960年6月16日；中央委員会幹部会「聲明」，1960年6月15日，資料來源：《安保闘争：60年の教訓》（日本共產黨中央委員會出版局，1969），185–86。

97 城台巖等人《1960年・三池》，81。

郎正在日比谷公會堂對著一千多個民眾發表電視公開演說時，遭一名右翼團體成員打斷，他們正從會場的二樓發送反共產主義的傳單。突然間，一名十七歲少年山口二矢衝上台，當場以脇差（一種日本武士配戴的短刀）將淺沼刺死。被逮捕後，山口解釋他攻擊淺沼的動機：這名社會黨委員長與中國和蘇聯過度友好，是背叛國家的叛徒。依同樣的邏輯，山口原本打算暗殺日本共產黨與日教組的委員長。十一月二日，山口執行對自己的刑罰，以自殺結束生命。[98]

經過進一步調查，警方發現山口是「大日本愛國黨」成員，且有犯案前科。他長長的罪狀，光是一九五九年就包括如下：向反安保的抗議者發送傳單（六月二十五日）；干擾談論安保新約的廣播節目（七月二十九日）；在廣島的原子爆禁止世界大會上衝破交通封鎖線、丟擲煙霧彈、對警察動手（八月五日）；毀損警官衣物（九月七日）；非法入侵（九月八日）；散發傳單並傷害警察（十一月十六日）；用擴音器從車子裡大聲叫囂，並對警察動手（十二月十四日）。他在一九六〇年的罪狀包括：妨害反安保集會（三月一日）；妨害反安保遊行（四月二十六日）；暴力行為（五月三日）；毀損標示反安保請願地點的看板（五月十四日）。對於這些罪狀，似乎因為年紀的關係，山口的刑責皆為緩刑。[99]

在許多左派人士的心中，淺沼的暗殺與安保抗議活動是彼此攸關的，因為他們認為，社會黨委員長是反安保運動的重要象徵及領導者。對淺沼的攻擊，因而被廣泛解釋為對所有反對安保新約國民的攻擊。有些評論者進一步延伸，將暗殺行為解釋為對支持日本獨立、和平與民主人士的惡意行動。

而連結暗殺事件、反安保運動與三池罷工的，是右翼暴力團的存在，尤其從同情左派人士的觀點看來。到一九六〇年秋天之前，已可見諸多討論，是關於必須削弱暴力團勢力議題，因為他們「如洪水猛獸」，而且對平和的生活是一種禍害，他們的行事作風與公民的意志相左。對於該採取什麼反制行動的建議，包括鎮壓極道團體、留意他們的政治地位、內部運作，以及他們與政權的關係。一名東京教育大學的教授特別關心暴力右翼團體如何鎖定年輕人為招募對象。他憂心這件事，主要因為這一代的年輕人沒有經歷過戰爭，而這意味著，他們無法了解加入右翼勢力可能的負面後果。[100]

98 西井一夫編《60年安保・三池闘争：1957-1960》，155；岡崎万寿秀〈浅沼事件と右翼〉《前衛》176號（1960年12月）：185。

99 法務省刑事局〈最近における右翼関係主要刑事事件の処理状況〉1960年10月，資料來源：《「浅沼事件」関係資料集》，2–14。

100 大野達三、高木喬《浅沼暗殺事件と右翼暴力団》，19–20、23–24；〈暴力の横行と政治〉，185；渡辺洋三〈法と暴力〉《思想》438號（1960年12月），118；木下半治、鶴見俊輔、橋川文三〈テロ・國家・会議：浅沼刺殺事件の思想的背景と歴史的意味〉《思想の科學》23號（1960年11月），71。

圖5.4

在「總理大臣閣下」標題下，極道與警察被描繪成共同密謀終結反安保條約抗議，他們完全無視於大學生樺美智子之死，或是玷污議會政治。文字部分寫著：「我們不會屈服於國會外部壓力。示威者是我們的敵人，學生是我們的敵人，婦女和小孩是我們的敵人。擊滅示威者。嚴懲國際共產黨。（口氣轉至漫畫家那須良輔）當一名婦人死了，即使她是敵人，你難道不會表現任何同情？

圖片來源：《世界》176期（1960年8月）。畫家那須良輔之妻，那須美代同意轉載。

對於再一次經歷戰前歲月的恐懼，賦予了一九六〇年左派架構政治發展的方向。由於很多人立刻將淺沼的暗殺事件描述成右翼的「恐怖主義」，一九三〇年代的語彙便復活了。[101]也有人激烈地爭辯，法西斯主義是否在日本復興了。思想家兼評論家久野　並未明指法西斯主義，但是他堅信淺沼被刺是戰前與戰爭時期的「邪惡傳統」，期望利用暴力對付政治上的代表人物，而這傳統尚未絕跡。他主張，和戰前一樣，右派正使用政治與意識形態的謀殺，製造一種恐怖氣氛，如此他們便可以將這個國家帶往他們認為適合的方向。久野承認，在戰後的十五年間，人們開始書寫自由與民主。然而，他聲稱，在暗地裡仍有意識形態暗殺的可能性，而在淺沼的暗殺事件中便透露出來了。久野和其他人注意到美國媒體如何刊登關於最近日本事件的文章，讓美國的讀者對日本的民主與「文明社會」狀態產生質疑。一名評論者同意十月十二日在《華盛頓晚報》（Washington Evening Post）上的一篇文章，內容即是關於淺沼攻擊事件如何讓人想起一九二〇與三〇年代軍國主義者對政治人物的暗殺行動，這起事件也激發出一個重要的問題：日本法西斯主義是否有民眾支持的基礎？[102]

101　岡崎万寿秀〈浅沼事件と右翼〉，184；向坂逸郎〈浅沼さんの死と個人的テロリズム〉《社會主義》110號（1960年11月），2。

102　久野收〈民主主義の原理への反逆：浅沼委員長刺殺事件の思想的意味〉《思想》437號（1960年11月），67–69、72–73；高野実〈浅沼暗殺をめぐる政局〉《労働経済旬報》第14巻第453號（1960年10月），7。

其他人雖然擔心右翼的暴力，但不認為法西斯主義的威脅有那麼嚴重。這一方的論點是，民主與自由精神的普及，以及公民所具備的權力，使當前日本的政治情勢與一九二〇、三〇年代已經大不相同。一位作者寫道，不能因為淺沼的刺客山口提過對好幾個人物的景仰，包括天皇、吉田松陰、西鄉隆盛和墨索里尼，就輕易將他與帶有希特勒式虛無主義心理的法西斯青年相提並論。[103]

政治上的左派之外，一九六〇年的事件也引起一股對暴力的批評聲浪。在某些批評中，清楚且明確地譴責某些政治或意識形態團體，而其他批評則只是暗指，很少明說。然而，其共識都是對政治暴力的全面譴責。[104]較主流的報紙挺身發表反對暴力的聲明。六月中，反安保運動最高點時，《朝日》、《每日》、《讀賣》、《產經》、《東京》、《東京時報》和《日本經濟新聞》等發表聯合聲明，要求放棄暴力、守護議會政治。聲明中表示，六月十五日的「流血事件」是一件「痛恨事」（憾事），根源於對日本未來深沉的憂慮。使用暴力而非語言是令人難以接受的，聲明中也憂心這種趨勢若持續下去，將摧毀民主，危及日本身為一個國家的存在。他們催促執政黨和反對黨合作，解決當前局勢困境，回應人民想要保護議會政治的願望，並消弭焦慮。[105]

類似的情緒也表現在三池爭議上。《朝日新聞》雖然對罷工者的批評多於對資方，但針對此議題也以一篇社論作結，堅持暴力無法取得圓滿的結果，兩造必須找到一個和平解決爭議的方法。[106]而於一九六〇年七月接替岸信介的池田勇人首相也批評籠統的「集體的暴力」（雖然左派懷疑，「集體的暴力」暗指工人罷工和民眾運動）。十月二十一日的眾議院全院會上，池田發表談話，指出消弭所有暴力之必要，不分左派或右派。[107]

一九六一年，不同黨派向國會提出禁絕暴力的法案。二月時，社會黨提出《恐怖主義防止法案》，要求對政治恐怖主義的嚴懲罰責，其定義為受政治意識形態鼓動的謀殺，以及以武器脅迫，導致謀殺的可能性相當高。五月時，自民黨交出一份與「民主社會黨」（以下簡稱「民社黨」）共同連名的法案，民社黨成立於一九六〇年一月，是由退出社會黨的黨員組成。這份《政治的暴力行為防止法案》不只針對殺人或肢體傷害行為，同時提高了其他不正當行為如擅自侵入的罰責至重罪。這份草案也鼓勵人民向警察舉報任何施加暴力行為的可疑人物，阻止組織的不法和不當行為。若某團體被認為行為不當，其成員不得為該組織從事任何行為，包括發送機關報

103 大野達三、高木喬《浅沼暗殺事件と右翼暴力團》，24.；向坂逸郎〈浅沼さんの死と個人的テロリズム〉，7.；木下半治等人〈テロ・國家・會議〉，70–71。

104 有些左派的評論家對這些暴力譴責存疑，他們擔心對暴力的擔憂，將成為鎮壓民權運動、示威與以及罷工權的理由。向坂逸郎〈浅沼さんの死と個人的テロリズム〉，6.；木下半治等人〈テロ・國家・會議〉，77。

105 《每日新聞》1960年6月17日。

106 《朝日新聞》1960年7月8日，資料來源：三井鉱山株式会社《三池争議－資料》（日本経営者団体連盟弘報部，1963），954–55。

107 《讀売新聞》1960年10月21日。

紙、舉行示威遊行，或公共集會，限期至多四個月。可想像而知，這兩項法案無不飽受批評。社會黨的提案被一些人認為太過；類似的指控也針對自民黨－民社黨提出的版本，左派指他們的版本類似一九二五年的《治安維持法》。[108]由於伴隨這些爭議的國會衝突與示威遊行，兩項提案都沒有通過。[109]

終章：一九六〇年後的政治暴力

從日本戰後的歷史脈絡來看，一九六〇年標示了一個轉捩點——在三池罷工、反安保示威與淺沼暗殺事件後，由於民眾對肢體暴力的難以容忍、警方更大規模的控管，暴力漸漸縮退成為政治極端分子，而且被迫走入地下。這種演變是漸進式的；暴力不會一夕褪去或消失。例如，一九六〇年代初期，在池田勇人正式當選為岸信介繼任者的那個下午，一個右翼分子刺傷岸，在他的大腿刺了六刀；而且右派持續威脅政治人物，甚至謀畫殺害池田首相。[110]然而到了一九六〇年代中期，右翼團體的極端暴力行為引來警方及政客的鎮壓，這些組織與政黨之間開始拉開距離，自民黨自不例外。到了一九七〇年代，右翼暴力不再是來自一個廣大的支持聯合陣線，而是由極端分子執行的零星行動。[111]至於左派，學生與工人於一九六〇年代末期走上街頭，參加大型示威、抗議教育體制和越戰，深感日本與美國實為帝國主義。當部分團體丟擲炸彈、使用其他暴力手段，民眾轉而反對遊行示威者，並在一九六九年舉行的普選中，讓社會黨嚐到挫敗。隨著武裝鬥爭在一九七〇年代初式微，左派分崩離析，進而消失，暴力成為極端團體的特徵，例如「赤軍派」與「東亞反日武裝戰線」，他們後來走入地下，淪為非法團體。[112]

暴力專家也明顯的從政治舞台淡出。戰後的幾年內，壯士算是消聲匿跡了，而極道則漸漸和右派暴力拉開距離（雖然不是與全部的右派），尤其是在一九六〇年代中期。兒玉譽士夫的極道團體同盟顯然於一九六五年土崩瓦解，而右翼暴力也逐漸不再雇請極道，而是由像殺害淺沼的刺客山口二矢這些右派年輕人執行。[113]「暴力團」一詞，最終變成只是指組織型犯罪的同盟，而非極道—右派組織的聯盟。

---

108 〈政治テロと集団行動〉《世界》187號（1961年7月），190–92；西尾正栄〈暴力と社会主義〉《社会思想研究》第13卷第7號（1961年7月），11。

109 關於外國媒體對此次暴力的批評，見"Mobocracy Again,"Time Magazine，June 16, 1961。

110 Packard, *Protest in Tokyo*, 304–5.

111 Peter J. Katzenstein and Yutaka Tsujinaka, *Defending the Japanese State: Structures, Norms and the Political Responses to Terrorism and Violent Social Protest in the 1970s and 1980s* (Ithaca: Cornell University Press, 1991), 30–33.

112 同前註，14、20、24–25；Peter J. Katzenstein, *Left-wing Violence and State Response: United States, Germany, Italy and Japan, 1960s–1990s* (Ithaca: Cornell University Press, 1998), 2–4。

113 松葉會於一九六五年也解散了。堀幸雄《右翼辞典》，550。

極道自然不會迴避政治或右派，但是比較不再是涉入肢體暴力的暴力專家，而是涉及腐敗的經濟體。諸多原因可用以解釋這樣的轉變，包括極道團體轉變成手頭闊綽的組織型犯罪聯盟，以及民眾對政治暴力的不耐。對極道來說，比起使用暴力，金錢的運用更是投其所好，因為金錢往來較不易被民眾察覺。在一九七〇年代，祕密資金往來的必要相形重要，因為當時爆發數起備受關注的貪腐醜聞（其中一宗涉及兒玉譽士夫），使民眾對於行為不端的政治人物非常鄙視。同樣地，政治人物也不得張揚任何與政治掮客之間的來往，例如與兒玉或極道這些人士，尤其是一九八〇年代，民眾更不能接受黑手黨。[114]確實，政治人物一旦被揭露和極道有所掛鉤，其政治代價變得太高。從一九九〇年代初起，民眾對於政客與極道往來群情譁然，迫使竹下登首相與國會議員金丸信下台，並加速首相森喜朗失勢。

日本戰後初期的民主，深受大眾對政治暴力不滿的影響，且由愈來愈龐大的選舉人口，以及透過政治上廣布的草根參與便可看出端倪。如今無論男女，皆可前往投票所，對他們認為過分暴力的人投下反對票。[115]而且抗議者可導致內閣下台，或者逼迫政治人物辭職。利用街頭政治促使政治人物為其行為負責，這個概念並不是新的，因為在戰前，大型抗議活動已曾讓數個內閣垮台。不同的是，這些群眾所擁抱並傳達出的民主概念——不容政治領袖和執政黨動用武力，不論是國內政治（在國會內、在工人罷工，或是對付抗議者）或是國際政治（透過戰爭或擁有核武）。這個要求也許有些虛偽，尤其一思及那些曾經大肆揮舞暴力的左派；然而，大眾高舉的民主理想，已不再是戰前帝國主義那種一手民主、一手侵略性帝國主義的民主。

這些在日本民主中的改變，在戰後演變的結果是，金錢超越暴力，成為政治影響力的工具。[116]尤其是保守派發現，金錢，這項政治上持久的燃料，通常可以比暴力更有力量——而且低調。所以，留下來的暴力專家，主要是極道，他們的工作變成金錢的交易往來，而非展現肢體暴力，至少在政治領域是如此。捨去暴力，偏好賄賂，這在日本民主發展上是一種改變，但不是進化。金錢流動不僅比肢體攻擊更不易見、警方更難處理，賄賂也使得牽涉其中的人不得不參與更多共謀。戰前選舉中，在投票所被壯士恐嚇的選民受到影響，而戰後一到選舉日，在地方黨部逗留喝杯清酒的選民，或者在路上收了錢的選民，在貪腐中有了更深一層的同犯關係。這在很少聽聞有肢體威脅情事的地方尤其明顯。金錢政治的盛行，也意謂著擁有更多金錢管道的公民，可以

---

114 民眾對極道的忍受度降低，因為幫派內部的糾紛導致無辜市民枉死，以及因為極道活動掠奪的本質愈來愈明目張膽。Hill, *Japanese Mafia*, 138–46。

115 這在一九五〇年代也是一樣，例如當時選民即以選票嚴懲日本共產黨的極端手段；在一九五二年的選舉中，該黨失去在眾議院的所有席次。

116 這並不是指貪污和賄選在戰前並不存在，見Richard H. Mitchell, *Political Bribery in Japan* (Honolulu: University of Hawai'i Press, 1996)的第二章。關於戰前的政治腐敗，見Samuels, Machiavelli's Children, and Jacob M. Schlesinger, *Shadow Shoguns: The Rise*的第九章，以及*Fall of Japan's Postwar Political Machine* (Stanford: Stanford University Press, 1999)。

擁有更大的政治影響力；一個人得有足夠的財富才能賄賂政客。從某些方面來看，戰前雇請壯士的情況也是如此。但是，從任何持有棍棒的年輕人團體都可以威脅、恐嚇一名政客的角度來看，早期壯士要進入政治的門檻較低；而戰後，少了資金便被排除在某程度政治參與的水平之外。因此，貪腐和賄賂可以和暴力一樣有害、排他且不民主。

如上述所提，並不是說日本不再是一個暴力的民主國家。暴力仍然是一九六〇年代民眾抗議與工人抗爭的重點之一，即使在極道從政治舞台淡出以後。就算進入一九七〇年代，那些認為自己被排除在政治體制外的人，也轉向恐怖主義的暴力和暗殺，藉此宣揚他們的觀點、表達失望、展現出他們是政治結果的產物。關於如何處理政治邊緣人這個懸而未決的問題，讓暴力有機可乘。此外，極道不時在所屬其他戰線上動用武力，他們的存在，為政治帶來一種暴力威脅。[117]日本民主的暴力可能不像戰前那麼尋常、例行或者為人所接受，但是民主政治仍摻雜了具威脅性的潛在暴力，且經常衝出表面，足以提醒人們它的存在。

117 極道的暴力潛力甚至被大韓民國國家情報院認為是有價值的，他們在一九七三年時計畫收編極道，從東京綁架（未來的總統）金大中。這個想法後來因為擔心日本警察發現該計畫而中止。*Daily Yomiuri*, October 14, 2007。

後記　暴力與民主

日本近代史的大部分時期，暴力與民主一直以一種不安的、複雜的、緊張的關係共存。在日本，一如在其他地方，暴力和民主被緊緊拉在一起，彼此擁抱，既危及彼此，又不摧毀彼此。暴力並未一手消滅民主政治，民主也絕非暴力政治的萬靈丹。

確實，日本暴力民主的核心，即是一種緊張關係：民主政治正好吸引了結果通常不民主的那種暴力。一八九〇年代，憲法的施行、議會的成立以及國會的普選，並未平息前十年的壯士暴力，只是刺激暴力改變形式，從叛變及恐怖主義，到暴力行為。接下來數十年白熱化的政治競爭和民主政治的意見相左，促使壯士暴力行為被當成一種工具來使用，影響政治結果、推進政治目標。民黨與吏黨之間、競選候選人之間、以及兩黨政治要角之間的敵意，無不激起對某種手段——例如暴力——的需求，藉此鬆動、說服、引誘某種被期待的政治行為。民主改革並未預告暴力的終結，卻轉化了暴力，將曾經是從外部對抗不民主政治體制的反抗暴力，體制化成為民主政治的施行手段。

當民主政治推動暴力行為持續的同時，這些暴力行為產生了各種不民主的負面效應。其非民主的特質並非總是那麼清楚明確，例如院外團壯士可用以抑制藩閥勢力，而且偶爾會支持政黨所倡議的擴大政治參與，與當時民眾的需求一致。然而，壯士暴力傾向威脅、恐嚇，而且他們干擾行使民主的場所，例如演說會、議會辯論以及選舉。壯士也助長了政治中的不平等，是有錢雇請他們的那些人的資產。當他們被納入政治體系，也助長了一種政治暴力的文化；在這種文化裡，暴力，以及那些與他們有關聯的人，將運用肢體暴力的行為，視為一種必要且可接受的政治策略。到了一九二〇年代初期，一個正走向全國男性普選且有政黨內閣的兩黨政治體制，與院外團壯士和政治暴力文化，兩者交織在一起而密不可分。

在暴力與民主之間，還存在著許多其他的緊張關係。早在一八七〇和八〇年代中期，領導並參加自由民權運動暴力事件的博徒及壯士，即體現了使用暴力手段達成民主目的之間的矛盾。他們引爆毀滅性的力量，建構一種截然不同的政治秩序，並且背離政敵，建立一個更包容的政治體制。一八八〇和九〇年代，暗殺與軍事擴張以自由之名進行。來自自由民權運動的民眾，與懷抱自由精神的大陸浪人，做為帝國主義以及戰爭暴力的一部分，四處耀武揚威。而像吉田磯吉和保良淺之助這樣的極道老大，透過民主方式參選而進入國會，多少和他們暴力脅迫的能力有關。

如某些歷史學者所宣稱的，這樣的張力不是什麼日本民主倒退的獨特徵兆，或者說是被舊時代的封建遺毒所毒害。[1]民主的某些缺失確實助長了暴力的盛行，如選舉權限制即是最明顯的例子。然而，暴力的出現不是一種政治上的回歸現象；自由民權運動時的博徒，是推動民主改革的草根力量；大陸浪人促進了大陸擴張；壯士被組織化，進入民主政治體系；而大日本國粹會與大日本正義團這類組織，抵擋共產主義的蔓延，試圖確保日本為資本的、工業的強權。某些暴力專家確實引用德川時代的理念和語彙，將自身描繪成——而且可能也自認為是——俠義的「俠客」，或者傳說中的日本武士。但是在實際上，他們的政治暴力與最現代的脈動密不可分——近代國家的建立、議會與憲政民主、國家主義、帝國主義，以及法西斯主義。

暴力與民主的糾結，以及其多樣且充滿歧義的政治後果，使人們難以理解暴力與民主，是必須不相容，而且必須是根本上不相容。民主並未消滅暴力，反而可能助長暴力。而且，要說暴力是「民主鞏固」[2]的絆腳石，也沒有太大意義。[3]自由民權運動時的博徒與壯士，甚至院外團的壯士，再再說明我們可能有必要檢視以民主之名或者為促進民主的目的而使用暴力的可能性。換句

---

1 丸山真男在他研究大日本國粹會與大日本正義團時，發表這種關於「封建時代的遺物」的主張。Maruyama Masao, *Thought and Behavior in Modern Japanese Politics, ed. Ivan Morris* (Oxford: Oxford University Press, 1969), 27–28。

2 編注：民主鞏固（democratic consolidation），即民主國家走向成熟的過程，最終國家會更為鞏固。

3 關於暴力與「民主鞏固」，見Mark Ungar, Sally Avery Bermanzohn, and Kenton Worcester, "Introduction: Violence and Politics," in *Violence and Politics: Globalization's Paradox*, ed. Kenton Worcester, Sally Avery Bermanzohn, and Mark Ungar (New York: Routledge, 2002), 3–4。

話說，使用暴力背後的動機，以及潛藏在暴力之下的因與果，也許與「民主化」和暴力本身一樣相關。更廣泛地說，將暴力視為「民主鞏固」的絆腳石，即是冒了擁抱一簡單概念的風險，此即「暴力與民主成反比」，彷彿暴力的式微可以輕易標示並量測，彷彿民主之中沒有暴力。確實，「民主鞏固」概念的用處不大。若認為有一種朝向穩固民主的自然演進過程，這似乎是進行一混亂過程的特性描述時，所產生的錯誤想法，而且，民主是永保安康的假設，無疑也是相當危險的。

暴力、法西斯主義與軍國主義

在日本，民主確實偏離正軌，而暴力也助長了一九三〇與四〇年代的悲慘命運。政黨的政客長期與暴力專家合作，有些暴力專家甚至穿上正式的制服，這種情況也許讓政客比較有辦法忍受和軍人共治的責任。而結構上嵌入的政治暴力，也引發人民對於政黨能否維持秩序的懷疑。來自日本暴力民主的擔憂，因為國粹會與正義團這樣的法西斯團體而加劇，他們升高既存的政治暴力文化，接受或認同暴力的使用是值得讚揚的，甚至將暴力榮耀化，成為愛國的淨化行為。受到自負感的催化，法西斯團體秀出他們自己的政治肌肉，藉此確認他們對政黨無能的憂心。法西斯運動對民主更是毒害，因為它將國家（軍方及官僚）與暴力專家（極道）結合在一起。日本在此之前就與暴力專家有連結了；明治時期的政治元老站在吏黨壯士的後面，派駐大陸的軍方人員和國家主義的大陸浪人合作。但是從來不見國家精英分子與暴力專家如此緊密連結，做為一場政治運動中重要團體的領導人。因此，暴力民主與法西斯運動兩者便助長了一九三〇年代軍方企圖政變的態勢。

這並不是說暴力行為的組織化以及政治暴力的文化，無法阻擋也無法避免地導致了一九三〇年代的軍方統治的抬頭。這個轉變是複雜的，超過本書的重點，其情勢的形成還有其他諸多因素，包括經濟失序、農村困境、沙文式的帝國主義、高端的謀略以及政治腐敗。若沒有這些各方壓力促成並造成民主政治的崩毀，日本的暴力民主也許可能會無限期的繼續下去。

與壯士和院外團的暴力行為不同，法西斯運動和軍方統治沒有任何民主可言。確實，法西斯暴力的特性之一，就是沒有內部摩擦與矛盾。在暴力手段與民主結果之間、民主的成因與暴力的後果之間，民主意圖與非民主結果之間，都不會有任何衝突矛盾。例如國粹會與正義團，令人瞠目結舌的是，他們一逕的只想透過暴力手段，打壓那些擁抱他們所不認同的意識形態的人。而一九三〇年代接手日本政治領袖的軍政府，他們不需要壯士，甚至也不需要極道，因為造就這種需要非國家暴力專家的異質政治已被剷除。相反地，他們被正式的國家武力，或者國家武力專家所取代：警察和軍人。當活躍的政治角力被澆熄，當民主與暴力的緊張關係被終結，當暴力專家的策略為國家採用時，暴力出現了最驚人的系統性、無所不在且強而有力的形式。[4]

暴力專家，以及歷史

暴力專家強調，而且體現了日本暴力民主的各種緊張關係與模糊地帶。這或許在於他們明顯且明確的特質：他們處理事情時所使用的暴力，本身即是一種政治工具，被賦予多重的可能意義，端看是由誰動武、用什麼方式、對抗誰以及為了什麼目的。也許更重要的，是他們模糊界限的能力，以及複雜化任何國家與社會之間簡單二分法概念，因為他們為不同利益效勞的特性，且日本身為非國家行為者。有一段時間，某些暴力專家借助自身與國家各自獨立的立場，挑戰政府及現狀，例如一八八〇年代以及在「民眾騷擾期」某些壯士的作為。有些時候，非國家暴力專家與國家站在一起，或是站在他們後面，如一八九〇年代，壯士為政府支持的政黨效力、暴力團鎮壓工人抗議，以及極道於戰後保守派聯合陣線中，占有一席之地。這些不同的、因時制宜的位置，可說是讓他們得以存續——暴力專家對想要譴責他們的人來說，是一個移動標靶。而他們狡猾不定的地位也許促使國家接受，甚至支持他們使用暴力，因為一旦輿論施壓，國家得以否認與暴力專家的任何關聯。舉例來說，對國家而言，向極道求助也許比使用國家警察或軍隊更具吸引力，因為與其回應國家暴力過度的指控，對可能與暴力專家勾結的批評支吾其詞，似乎相對容易許多。

暴力專家不只是日本政治史的反映或櫥窗，也是國家與社會的變動關係、民主政治爭議性的特質，或是意識形態衝突的力量。他們也是重要的歷史角色，形塑了日本政治與政治生活的軌跡。暴力專家影響力的核心，是他們揮舞暴力的潛能及能力。知名的美國政治與社會史學家查爾斯·蒂利（Charles Tilly）曾提出有力的論說且經常被提及，她指出，暴力專家的存在，往往導致暴力的結果。[5]比起非暴力的可能性，這些暴力的結果之後將繼續加速不同的影響，誘發不同的反應。即使未大膽涉入違反事實的歷史這個領域，還是可以說，博徒與壯士助長了自由民權運動的暴力抵抗，進而促使明治政治元老走向民主改革。身為二十世紀初前幾十年民主運動的組織者，他們所屬的壯士與院外團活化並驅動民眾抗議，其所造成的結果包括推倒內閣。而極道與自民黨的合作，使保守派在戰後日本的政權相形鞏固且延續下去。除了暴力專家的工具性價值，這

4 軍國主義國家的暴力，超過這本書的範疇，但是確實強化了作者在第一章簡短提到的：國家暴力不必然都是正當的；和所有形式的暴力一樣，有必要討論並提出合理的解釋。國家暴力為正當的概念一直存在，是因為韋伯一再重複對國家的定義：國家具有使用武力的正當性及獨占性。雖然一個可以存續的國家確實需要有力量鎮壓對其統治的暴力反抗，但這種描述的潛在問題是：由國家斷占的暴力都是正當的。韋伯並未討論：誰來決定國家暴力的正當性？見Max Weber, *Economy and Society: An Outline of Interpretive Sociology*, vol. 1, trans. Ephraim Fischoff et al., ed. Guenther Roth and Claus Wittich (Berkeley: University of California Press, 1978)。

5 Charles Tilly, The *Politics of Collective Violence* (Cambridge: Cambridge University Press, 2003), 4–5.

些人物也形塑了他們運作其中的政治文化。暴力專家的存在，使得暴力更可能成為政治的常態工具，而非最後手段；而這種習以為常的工具，也有助於將暴力從目標的嚴肅性和全盤思考使用暴力的後果中分離出來。源於這種心態的政治暴力文化，造就壯士組織化進入政黨，最終也導致一九三〇年代民主的崩盤。

關於日本的暴力與政治暴力史，還有很多需要研究。本書將焦點放在政治領域暴力的運作及影響，但是我們還可以進一步了解更多：關於各種暴力產生的過程，是什麼觸發、刺激並造成人們做出揮拳或拿起武器的決定。那將是本書之外的另一個計畫，而且屆時將需要那少到令人沮喪的參考來源（日記、回憶錄之類的），和討論一般壯士或極道時的情況如出一轍。然而，如果可能的話，這類問題將有助於將暴力放在社會學的角度，並強調這本書隱含的想法——暴力，包括本書所討論的各種暴力專家，是多種因素匯集而成的，而且不是天生或無法避免的暴力。

對暴力民主的當代觀點

在世界大戰中大敗，接著戰後由外國勢力占領，將日本的暴力民主徹底改變成戰後的樣貌。而從根本上改變的，是戰前曾被容忍，甚至被鼓勵，以肢體暴力做為政治工具的政治暴力文化。曾經有不同的聲音，例如明治時期的報紙，曾企圖將博徒暴力貼上罪犯的標籤，一九二〇年代的自由派知識分子與記者也將暴力描繪成倒退行為。但是到了戰後，民眾對肢體暴力的不耐廣為蔓延，已經不只是幾篇批評罷了，暴力不僅被斥為不文明、不合法、不穩定、具破壞性，而且也被斥為不民主。由於暴力愈來愈令人難以接受，暴力專家漸漸淡出政治舞台，被迫轉入地下，或者改以運用金錢，而非暴力。我們不應該因此以為，將暴力行為組織化的戰前體系，已經對肢體暴力的使用進行了清洗；事實上，政治的暴力——尤其是右翼極道與左翼恐怖分子——持續對日本的民主構成威脅。

當代日本因此仍是一個暴力的民主，雖然已經和幾十年前截然不同。隨著暴力事件減少也相對少見，暴力與民主之間的緊張關係已經緩和。透過肢體衝突的政治，已不再是一直存在，或非常真實的可能。暴力的政治不被期待，也不是慣常。而當政治暴力的行為真的發生了，很快會被貼上不民主的標籤，而且通常引起民眾的反彈與震驚，這正是因為暴力已不是隨處可見。[6]但是因為持續的、潛在的暴力威脅，我們還是可以談論日本的暴力民主（如同在其他任何民主

6　二〇〇八年八月，自民黨政治人物加藤紘一的母親家遭一個右翼組織縱火，以及二〇〇七年四月，長崎市市長伊藤一長遭一名極道分子殺害，皆被公開譴責為對民主的攻擊。然而，找出暴力行為的責任者，並非那麼簡單。關於首相小泉純一郎對加藤宅遭攻擊之反應，見Gavan McCormack, *Client State: Japan in America's Embrace* (New York: Verso, 2007), 26–28。

國家）。[7]

在日本民主中，暴力的可能性持續著，部分是因為極道持續參與政治。當談到政治，極道如今可能較常使用金錢，而非暴力的手段，但是他們依舊具體表現出肢體恐嚇與強制的威脅；確實，極道經常使用暴力，主要在政治圈以外，偶爾會在政治圈內，以致他們的威脅顯得真實。日本不是唯一一直有暴力專家、組織罪犯，尤其是黑手黨參與政治的國家。例如在俄羅斯，組織犯罪集團會以獨立身分參選公職、地方政治機關代表，或極右翼政黨「俄羅斯民主自由黨」（Russian Liberal Democratic Party）候選人。自一九九〇年代中期，就有一些討論是針對該國與某些組織犯罪團體合作，吸納他們的協助，以維持秩序與穩定、控制某些他們同類中更殘暴組織的活動，並和車城的黑手黨相對抗。[8]在西西里，黑手黨可以將票灌給投其所好的政客及候選人，也會威脅、攻擊那些企圖削弱其勢力和影響力的人。[9]雖然方式不同，程度也不同，這三個國家以及其他國家，無不面臨需要將組織犯罪和黑手黨參與民主政治的暴力極小化的挑戰。而這些國家本身也無法，或不願意重擊這些團體，或是和他們超乎尋常的適應及生存能力正面對決。

不是只有在有重大組織犯罪與黑手黨的地方，才會持續與民主政治中內嵌的暴力纏鬥。即使在非國家暴力專家因為各種原因而未存活下來的國家（例如一個強大的國家、有效且有力的法律，以及民眾的無法容忍），協商暴力與民主之間的關係，依然是巨大挑戰。我會主張所有的現代國家—政府，以及所有的民主國家應控管他們內部的潛在暴力。所有導致日本民主史上暴力與起的重大議題——反抗及抗議、擁護平等的政治體制中的不平等、理想政治與經濟體系相互競爭的願景、國家與政府對威脅其政權的反應，以及如何對待政治上少數族群的問題——與今日日本仍然相關，而且在日本之外也會產生共鳴。所有的民主國家也必須面對國家自身暴力專家的問題，判定國家暴力何時是公義且合理的，討論其限制及踰越程度，並且謹慎討論國家企圖使用或誤用法律，以合法化其武力能量的擴張。國家和非國家的暴力專家一樣，最終必須由人民規範；而人民則承擔了一項重責大任：必須確保暴力那強而有力、可做為一種手段的邏輯，不會為了民主的實踐，而強壓過對其後果的慎思熟慮。

7 Daniel Ross可能會不同意我將潛在暴力以及實際的暴力行為區分開來。他的「暴力的民主」的概念，完全是依據民主的暴力可能來預言的。見Daniel Ross, *Violent Democracy* (Cambridge: Cambridge University Press, 2004)前言。

8 Federico Varese, *The Russian Mafia: Private Protection in a New Market Economy* (Oxford: Oxford University Press, 2001), 180–84.

9 Diego Gambetta, *The Sicilian Mafia: The Business of Private Protection* (Cambridge, Mass.: Harvard University Press, 1993), 182–87.

名詞解釋

博徒（bakuto）：即賭徒，與「的屋」同為一種日本極道。

暴力團（bōryokudan）：在戰前，是指以施行暴力聞名的團體。戰後，則是他們的批評者對組織性犯罪聯盟的同義詞。而在本書中，由於明確指出他們的組成有其難度，這個名詞便用來指稱暴力團體。

藩閥（hanbatsu）：明治初期初到大正中期主導政府的明治元老政治派系以及他們的後進。這些人在其領地為先鋒，擁護明治維新，一八七〇年代初期後，來自前薩摩藩與長州藩的藩閥占了主導地位。

一家（ikka）：一種極道組織，或說「家族」，一種建立在黑道老大和小弟之間的擬親關係。

院外團（ingaidan）：政黨中的壓力團體，其組成為黨員以及未當選公職的支持者。壯士也包括在內，他們主要負責保護該黨政治人物，也負責實際騷擾政敵。

俠客（**kyōkaku**）**：**一種對極道的恭維說法，指稱具分量的極道老大，尤其是德川幕府後半段時期。據說，俠客具有像羅賓漢一樣劫強濟弱的精神。

民黨（**mintō**）**：**自由民權運動後衍生出或延續下來的人民政黨。用以指稱明治中期抵抗藩閥的政黨，如自由黨和立憲改進黨。

無宿（**mushuku**）**：**德川時代「未登記」，或者沒有正式戶籍的人，在階級制度中完全沒有地位。

吏黨（**ritō**）**：**由藩閥所支持的政府政黨。用來指稱明治中期的政黨，如大成會。

浪人（**rōnin**）**：**有多種不同的定義：用來指德川時代無主人的流浪武士。

誓盃儀式（**sakazuki ceremony**）**：**日本極道的一種儀式（但不限於極道），使用一種小清酒杯，藉以宣誓鞏固人與人或團體之間的連結。對極道來說，這項儀式傳統上是標記成員入會、黑道老大與小弟更進一步的關係、「兄弟」之間連結的建立，或者兩個世仇「一家」的和解。

志士（**shishi**）**：**德川時代末期，試圖以武力推翻德川幕府的武士，通常是位階較低的武士。這些「志士」在一八五〇年代末與一八六〇年代初，執行暗殺計畫，目標是攻擊外國人，以及那些臣服西方的人。

士族（**shizoku**）**：**明治時期出現的名詞，指武士後代，或者前武士。

壯士（**sōshi**）**：**原指參與自由民權運動的年輕活躍分子，他們從一八八〇年代末以來，逐漸成為專門使用暴力的政治流氓。

大陸浪人（tairiku rōnin）**：**各種前往亞洲大陸的投機分子，或者前去投身各種不同活動的日本人，包括政治激進活動、間諜活動，乃至商業活動。這些人包括知識分子、國家主義組織成員、商人、軍人及其他，他們前往亞洲大陸的動機相當多元。

的屋（tekiya）**：**一種流動攤商，和博徒一樣，是極道的一種。在德川時代稱為「香具師」（yashi）。這些商人通常販賣劣質品，或者以詐術謊騙客戶。和博徒一樣，的屋也組織成「一家」，由一個老大領導。

極道（yakuza，也有音譯為「雅庫扎」，即「日本黑道」）**：**從明治時期起，日本極道就被視為日本的黑手黨。他們提供暴力與保護，而且涉入特種行業、娛樂產業以及營建業。戰後，他們擴張勢力範圍，舉凡企業黑函、討債、破產管理都有他們的身影。日本極道的起源可追溯至德川時期，當時他們主要為兩種類型：博徒和的屋。這樣的區分持續到第二次世界大戰後的幾十年。

參考書目

縮寫語

CJS Saitama Shinbunsha, ed. *Chichibu jiken shiryō*. Vol. 1. Tokyo: Saitama Shinbunsha Shuppanbu, 1971.

CJSS Inoue Kōji, Irokawa Daikichi, and Yamada Shōji, eds. *Chichibu jiken shiryō shūsei*. Vols. 1, 2, 3, 6. Tokyo: Nigensha, 1984–89.

KKMSBJ *Kensei o kiki ni michibiku Seiyūkai no bōkō jiken*. Tokyo: Jiyū Bundansha, 1927.

MNJ Edamatsu Shigeyuki et al., eds. *Meiji nyūsu jiten*. Vols. 3, 4. Tokyo: Mainichi Komyunikēshonzu, 1986.

TKKSS Ogino Fujio, ed. *Tokkō keisatsu kankei shiryō shūsei*. Vols. 9, 13, 14. Tokyo: Fuji Shuppan, 1991–92.

TNJ Edamatsu Shigeyuki et al., eds. *Taishō nyūsu jiten*. Vol. 4. Tokyo: Mainichi Komyunikēshonzu, 1987.

文獻

Abadinsky, Howard. Organized Crime. Chicago: Nelson-Hall, 1985.

阿部昭，《江戸のアウトロ：無宿と博徒》，講談社，1999。

安部磯雄，〈暴力に対する国民の不徹底的態度〉《改造》，第6巻第5號（1924年5月）：88-95。

安部磯雄，〈法治國に暴力を許すとは何事か〉《中央公論》，第38巻第1號（1923年1月）：216-21。

安部磯雄，〈国家的『力』の発現を公平ならしめよ〉《中央公論》，第38巻第9號（1923年8月）：74。

阿部善雄，《目明し金十郎の生涯：江戸時代庶民生活の実像》，中央公論社，1981。

相田豬一郎，《70年代の右翼：明治・大正・昭和の系譜》，大光社，1970。

Akita, George. *Foundations of Constitutional Government in Modern Japan, 1868–1900.*Cambridge, Mass.: Harvard University Press, 1967.

Alcock, Rutherford. *The Capital of the Tycoon: A Narrative of a Three Years' Residence in Japan.* 2 vols. New York: Harper & Brothers, 1863.

Ambaras, David R. *Bad Youth: Juvenile Delinquency and the Politics of Everyday Life in Modern Japan*. Berkeley: University of California Press, 2006.

Anbinder, Tyler. *Five Points: The 19th-Century New York City Neighborhood That Invented Tap Dance, Stole Elections, and Became the World's Most Notorious Slum*. New York: Free Press, 2001.

Anderson, Robert T. "From Mafia to Cosa Nostra." *American Journal of Sociology* 71, no. 3 (November 1965): 302–10.

安在邦夫，〈自由民権裁判派壮士に見る國權意識と東洋認識〉《アジア歴史文化研究所：シンポジア報告集：近代移行期の東アジア——政治文化の變容と形成》，早稲田大学アジア歴史文化研究所，2005。

安在邦夫、田崎公司合編，《自由民権の再發現》，日本經濟評論社，2006。

青木一男，〈許されね社會党の暴力：無抵抗で終始した自民党〉《経済時代》，第21巻第7號，1956年7月：36-37。

Apter, David E. "Political Violence in Analytical Perspective." *In The Legitimization of Violence,* ed. David E. Apter. New York: New York University Press, 1997.

荒原朴水，《大右翼史》，大日本國民党，1966。

新井佐次郎，《秩父困民軍會計長：井上伝蔵》，新人物往來社，1981。

新井佐次郎〈明治期博徒と秩父事件——その虚実を地元資料でただす〉《新日本文學》，第34巻第1號（1979年1月）：131。

Arendt, Hannah. *On Violence*. New York: Harcourt, Brace & World, 1969.

有馬学，〈大正デモクラシー　論の現在　民主化・社会化・国民化〉《日本歷史》700號（2006年9月）：134-42。

有馬頼寧，《政界道中記》，日本出版協同，1951。

有馬頼寧，《七十年の回想》，創元社，1953。

《朝日年鑑 昭和23年》，朝日新聞社，1948。

《朝日年鑑 昭和36年》，朝日新聞社，1961。

《朝日新聞》。

浅見好夫，《秩父事件史》，言叢社，1990。

坂野潤治，《明治デモクラシー》，岩波書店，2005。

Bates, Robert, Avner Greif, and Smita Singh. "Organizing Violence." *Journal of Conflict* Resolution 46, no. 5 (October 2002): 599–628.

Beasley, W. G. *The Meiji Restoration*. Stanford: Stanford University Press, 1972.

Bensel, Richard Franklin. *The American Ballot Box in the Mid-Nineteenth Century*. Cambridge: Cambridge University Press, 2004.

Berger, Gordon Mark. *Parties out of Power in Japan, 1931–1941*. Princeton: Princeton University Press, 1977.

Bergreen, Laurence. Capone: *The Man and the Era*. New York: Simon & Schuster, 1994.

Bessel, Richard. *Political Violence and the Rise of Nazism: The Storm Troopers in Eastern Germany, 1925–1934*. New Haven: Yale University Press, 1984.

Bornfriend, Arnold J. "Political Parties and Pressure Groups." *Proceedings of the Academy of Political Science* 29, no. 4 (1969): 55–67.

《暴力行為等処罰ニ関スル法律》法律第60號，1926年3月，国立公文書館。

〈暴力の横行と政治〉《世界》，174號（1960年6月）：183-87。

Botsman, Daniel V. *Punishment and Power in the Making of Modern Japan*. Princeton: Princeton University Press, 2005.

Bowen, Roger W. *Rebellion and Democracy in Meiji Japan: A Study of Commoners in the Popular Rights Movement*. Berkeley: University of California Press, 1980.

Brown, Howard G. *Ending the French Revolution: Violence, Justice, and Repression from the Terror to Napoleon*. Charlottesville: University of Virginia Press, 2006.

Brown, Richard Maxwell. "Violence and the American Revolution." In *Essays on the*

American Revolution, ed. Stephen G. Kurtz and James H. Hutson. Chapel Hill: University of North Carolina Press, 1973.

Buck, James H. "The Satsuma Rebellion of 1877: From Kagoshima through the Siege of Kumamoto Castle." *Monumenta Nipponica* 28, no.4 (winter 1973): 427–46.

Byas, Hugh. Government by Assassination. London: George Allen & Unwin, 1943.

Catanzaro, Raimondo. *Men of Respect: A Social History of the Sicilian Mafia*. Trans. Raymond Rosenthal. New York: Free Press, 1988.

蔡洙道，〈黑龍會の成立—玄洋社と大陸浪人の活動を中心に〉《法學新報》，第109巻第1－2號（2002年4月）161-84。

蔡洙道，〈「天佑俠」に關する一考察〉《中央大學大學院研究年報》，第30號（2001年2月）：439-50。

Childers, Thomas, and Eugene Weiss. "Voters and Violence: Political Violence and the Limits of National Socialist Mass Mobilization." *German Studies Review* 13, no. 3 (October 1990): 481–98.

鎮西國粹會，〈鎮西国粋会会則〉協調会史料，編號52。

千嶋寿，《困民党蜂起：秩父農民戦争と田代榮助論》，田畑書房，1983。

勅令第299號，《大正十五年法律第六十號ヲ朝鮮、台湾及樺太ニ施行ノ件》，1926年7月19日，国立公文書館。

《朝野新聞》。

《中外商業新報》。

中央委員会幹部会「声明」，1960年6月15日。資料來源：《安保闘争：60年の教訓》，日本共産党中央委員会出版局，1969。

CIA Biographical Sketch. "Kishi Nobusuke." July 29, 1980. U.S. National Archives. CIA Name File. Box 66. Folder: Kishi Nobusuke.

——. "Sasakawa Ryōichi." March 5, 1987. U.S. National Archives. CIA Name File. Box 111. Folder: Sasakawa Ryōichi.

CIA Report. November 10, 1949. U.S. National Archives. File 44-7-8-8yl. Report ZJL-220. CIA Name File. Box 67.

Folder: Kodama Yoshio. Vol. 1.

——. November 17, 1949. U.S. National Archives. File 44-7-8-9y. Report ZJL-222. CIA Name File. Box 67. Folder: Kodama Yoshio. Vol. 1.

——. December 8, 1949. U.S. National Archives. File 44-7-8-9yl. Report ZJL-236. CIA Name File. Box 67. Folder: Kodama Yoshio. Vol. 1.

——. January 5, 1950. U.S. National Archives. File 44-7-8-9y3. Report ZJL-243. CIA Name File. Box 67. Folder: Kodama Yoshio. Vol. 1.

——. January 25, 1951. U.S. National Archives. Report ZJL-540. CIA Name File. Box 67. Folder: Kodama Yoshio. Vol. 1.

——. April 19, 1951. U.S. National Archives. File 44-5-3-52. Report ZJL-604. CIA Name File. Box 67. Folder: Kodama Yoshio. Vol. 1.

——. April 4, 1952. U.S. National Archives. Report ZJLA-1909. CIA Name File. Box 67. Folder: Kodama Yoshio. Vol. 1.

——. October 31, 1952. U.S. National Archives. File 44-7-15-25. Report ZJJ-239. CIA Name File. Box 67. Folder: Kodama Yoshio. Vol. 2.

——. December 14, 1956. U.S. National Archives. CIS-2829. CIA Name File. Box 67. Folder: Kodama Yoshio. Vol. 2.

——. August 5, 1957. U.S. National Archives. XF-3-207416(5b3). CIA Name File. Box 67. Folder: Kodama Yoshio. Vol. 2.

——. December 14, 1962. U.S. National Archives. Report FJT-8890. CIA Name File. Box 67. Folder: Kodama Yoshio. Vol. 2.

——. "Smuggling (?) or Secret Recruiting (?)." October 31, 1949. U.S. National Archives. CIA Name File. Box 67. Folder: Kodama Yoshio. Vol. 1.

Cole, Allan B. "Population Changes in Japan." *Far Eastern Survey* 15, no. 10 (May 1946): 149–50.

Colegrove, Kenneth. "The Japanese General Election of 1928." *American Political Science Review* 22, no. 2 (May 1928): 401–7.

Conley, Carolyn. "The Agreeable Recreation of Fighting." *Journal of Social History* 33, no. 1 (autumn 1999): 57–72.

Conroy, Hilary. *The Japanese Seizure of Korea, 1868–1910: A Study of Realism and Idealism in International Relations.* Philadelphia: University of Pennsylvania Press, 1974.

Counter Intelligence Review. Number Eight. Personalities: Kodama Yoshio. April 15, 1952. U.S. National Archives. CIA Name File. Box 67. Folder: Kodama Yoshio. Vol. 1.

〈第九工場作業開始に就いて：野田醤油株式会社〉（1927年10月）。法政大学大原社会問題研究所，野田醤油労働争議するファイル，1927年9月–1928年4月。

《デイリー・ヨミワリ》（The Daily Yomiuri）。

大日本國粹會，〈大日本国粋会仮規約〉，協調会史料，編號52，1919。

〈大日本国粋会規約說明〉，協調会史料，編號52（1919年11月）。

〈大日本国粋会設立趣意書〉，協調会史料，編號52（1919年11月）。

〈大日本国粋会大分縣本部会則〉，協調会史料，編號52。

〈大日本国粋会設立趣意書〉，協調会史料，編號52。

大日本國粹會総本部会報局，〈大日本国粋会史〉《大日本国粋会会報》（1926年12月1日）：34-43。

〈大日本国粋田辺支部設立趣意書〉国立国會図書館憲政資料室藏，內務省資料，9.5–7。

〈大日本国粋会八幡支部規約〉，協調会史料，編號52。

De Vos, George A., and Keiichi Mizushima. "Organization and *Social Function of Japanese Gangs: Historical Development and Modern Parallels." In Socialization for*

Achievement: Essays on the Cultural Psychology of the Japanese, ed. George A. De Vos. Berkeley: University of California Press, 1973.

Dore, R. P., ed. *Aspects of Social Change in Modern Japan*. Princeton: Princeton University Press, 1967.

Dower, John W. "E. H. Norman, Japan and the Uses of History." In *Origins of the Modern Japanese State: Selected Writings of E. H. Norman*, ed. John W. Dower. New York: Pantheon, 1975.

——. *Embracing Defeat: Japan in the Wake of World War II*. New York: W. W. Norton & Company, 1999.

Duggan, Christopher. *Fascism and the Mafia*. New Haven: Yale University Press, 1989.

Duus, Peter. *Party Rivalry and Political Change in Taisho Japan*. Cambridge, Mass.: Harvard University Press, 1968.

Duus, Peter, and Daniel I. Okimoto. "Fascism and the History of Pre-War Japan: Th e Failure of a Concept." *Journal of Asian Studies* 39, no. 1 (November 1979): 65–76.

枝松茂之他編，明治ニュース事典，3、4巻，毎日コミュニケーシンズ，1986。

枝松茂之他編，大正ニュース事典，4巻，毎日コミュニケーシンズ，1987。

《絵入自由新聞》。

Election Department, Local Administration Bureau, Ministry of Internal Aff airs and

Communications. "Fixed Number, Candidates, Eligible Voters as of Election Day, Voters and Voting Percentages of

Elections for the House of Representatives (1890–1993)."

Etō Shinkichi and Marius B. Jansen. Introduction to *My Thirty-Three Years' Dream: The Autobiography of Miyazaki Tōten, by Miyazaki Tōten.* Trans. Etō Shinkichi and Marius B. Jansen. Princeton: Princeton University Press, 1982.

Faison, Elyssa. *Managing Women: Disciplining Labor in Modern Japan*. Berkeley: University of California Press, 2007.

Fischer, Conan. *Stormtroopers: A Social, Economic and Ideological Analysis, 1929–35*. London: George Allen & Unwin, 1983.

Fogelson, Robert M. Big-City Police. Cambridge, Mass.: Harvard University Press, 1977.

Fruin, Mark W. *Kikkoman: Company, Clan, and Community. Cambridge*, Mass.: Harvard University Press, 1983.

藤野裕子，〈騷乱する人びとへの視線〉，資料來源：須田努、趙景達、中嶋久人合編《暴力の地平を超えて：歴史学からの挑戦》，青木書店，2004。

藤沼庄平（警視總監）致內務大臣等人，〈日本正義団ノ満州進出ニ関スル件〉，外務省記錄「本邦移民関係雜件：満州國部」，1932年7月8日。

藤田五郎，《任俠百年史》，升倉出版社，1980。

Fujitani Takashi. *Splendid Monarchy: Power and Pageantry in Modern Japan*. Berkeley: University of California Press, 1996.

福田薰，《蚕民騷擾録：明治十七年群馬事件》，青雲書房，1974。

《福島民報》。

《福島民友》。

Gambetta, Diego. *The Sicilian Mafia: The Business of Private Protection*. Cambridge, Mass.: Harvard University Press, 1993.

Garon, Sheldon. "Rethinking Modernization and Modernity in Japanese History: A

Focus on State-Society Relations." *Journal of Asian Studies* 53, no. 2 (May 1994): 346–66.

——. *The State and Labor in Modern Japan*. Berkeley: University of California Press, 1987.

——. "State and Society in Interwar Japan." In *Historical Perspectives on Contemporary East Asia*, ed. Merle Goldman and Andrew Gordon. Cambridge, Mass.: Harvard University Press, 2000.

〈檄！〉1930年10月5日，法政大學大原社会問題研究所，〈洋モス争議ファイル(1)〉。

現代法制資料編纂会，《明治「旧法」集》，国書刊行会，1983。

General Headquarters, United States Army Forces Pacific, Office of the Chief of Counter Intelligence. October 18, 1945. U.S. National Archives. CIA Name File. Box 67. Folder: Kodama Yoshio. Vol. 1.

Gentile, Emilio. "The Problem of the Party in Italian Fascism." *Journal of Contemporary History* 19 (1984): 251–74.

玄洋社社史編纂会編，《玄洋社社史》，1917（復刊：葦書房，1992）。

Gluck, Carol. *Japan's Modern Myths: Ideology in the Late Meiji Period*. Princeton: Princeton University Press, 1985.

——. "The People in History: Recent Trends in Japanese Historiography." *Journal of Asian Studies* 38, no. 1 (November 1978): 25–50.

Goodwin, Jeff . "A Th eory of Categorical Terrorism." *Social Forces* 84, no. 4 (June 2006): 2027–46.

Gordon, Andrew. *Labor and Imperial Democracy in Prewar Japan*. Berkeley: University of California Press, 1991.

群馬県警察史編纂委員会編，《群馬県警察史（第1巻）》，群馬県警察本部，1978。

Hackett, Roger F. *Yamagata Aritomo in the Rise of Modern Japan, 1838–1922*. Cambridge, Mass.: Harvard University Press, 1971.
芳賀登，《幕末志士の世界》，雄山閣，2004。
萩原進，《群馬県博徒取締考》，資料來源：林英夫編《近代民衆の記録(4)：流民》，新人物往來社，1971。
萩原進，《群馬県遊民史》（復刊：国書刊行會，1980）。
Hall, John W. “Rule by Status in Tokugawa Japan.” *Journal of Japanese Studies* 1, no. 1 (autumn 1974): 39–49.
花村仁八郎，《政財界パイプ役半生記：経団連外史》，東京新聞出版局，1990。
原彬久編，《岸信介證言録》，毎日新聞社，2003。
Harootunian, H. D. *Toward Restoration: The Growth of Political Consciousness in Tokugawa Japan*. Berkeley: University of California Press, 1970.
春名幹男，《秘密のファイル：ＣＩＡの對日工作（下）》，共同通信社，2000。
長谷川昇，《博徒と自由民権：名古屋事件始末記》，平凡社，1995。
橋本伸，〈ＧＨＱ秘密資料が語る“黑幕”の実像〉《文化評論》，第333號（1998年11月）：100-10。
Havens, Thomas R. H. “Japan’s Enigmatic Election of 1928.” *Modern Asian Studies* 11, no. 4 (1977): 543–55.
林田和博，〈Development of Election Law in Japan〉《法政研究》，第34巻第1號（1967年7月）：98–101。
Hesselink, Reinier H. “The Assassination of Henry Heusken.” *Monumenta Nipponica* 49, no. 3 (autumn 1994): 331–51.
Hill, Peter B. E. *The Japanese Mafia: Yakuza, Law, and the State*. Oxford: Oxford University Press, 2003.
火野葦平，《日本文學全集（第52）火野葦平集》，新潮社，1967。
平野義太郎，《馬城大井憲太郎傳》，風媒社，1968。

平野義太郎，《秩父困民党に生きた人びと》，資料來源：中澤市郎編《秩父困民党に生きた人びと》，現代史出版会，1977。

広川禎秀，〈八幡製鐵所における１９２０のストライキ〉《人文研究》，第24巻第10號（1972年）：21-24。

Hobsbawm, Eric. *Bandits*. New York: Delacorte Press, 1969.

堀幸雄，《戦後政治史：1945–1960》，南窓社，2001。

堀幸雄，〈戦後政治史の中の右翼：児玉誉士夫にみる黒幕の役割〉《エコノミスト》，第54巻第12號（1976年3月16日）：21-24。

堀幸雄，《右翼辞典》，三嶺書房，1991。

堀江帰一，〈暴力的団体の存在を黙認するか〉《中央公論》，第38巻第1號（1923年1月）：210-13。

Hoshino Kanehiro. “Organized Crime and Its Origins in Japan.” Unpublished paper.

Howell, David L. *Geographies of Identity in Nineteenth-Century Japan*. Berkeley: University of California Press, 2005.

——. “Hard Times in the Kantō: Economic Change and Village Life in Late Tokugawa Japan.” *Modern Asian Studies* 23, no. 2 (1989): 349–71.

——. “Visions of the Future in Meiji Japan.” In *Historical Perspectives on Contemporary East Asia*, ed. Merle Goldman and Andrew Gordon. Cambridge, Mass.: Harvard University Press, 2000.

Huber, Th omas. “ ‘Men of High Purpose’ and the Politics of Direct Action, 1862–1864.” In *Conflict in Modern Japanese History*, ed. Tetsuo Najita and J. Victor Koschmann. Princeton: Princeton University Press, 1982.

Ianni, Francis A. J. *A Family Business: Kinship and Social Control in Organized Crime*. New York: Russell Sage Foundation, 1972.

井出孫六編，《自由自治元年：秩父事件資料、論文と解說》，現代史出版会，1975。
井口剛、下山正行、草野洋共編，《黑幕研究：武村正義・笹川良一・小針暦二》，新国民社，1977。
飯塚昭男，〈日本の黒幕・児玉誉士夫〉《中央公論》，第91巻第4號（1976年4月）：152-60。
《イラストレイテド・ロンドンニュース》。
今川德三，《考證幕末俠客傳》，秋田書店，1973。
稲田雅洋，《日本近代社會成立期の民眾運動：困民党研究序說》，筑摩書房，1990。
〈院外団の正体を衝く〉《政経時潮》第8巻第3號（1953年3月）：13–14。
猪野健治，〈黒幕を必要とした密室政治児玉誉士夫「惡政・銃声・乱世」〉《朝日シャーナル》，第18巻第20號（1976年5月21日）：59-61。
猪野健治，《俠客の条件：吉田磯吉伝》，現代書館，1994。
井上忻治，〈群眾心理に通暁せよ〉《中央公論》，第38巻第9號（1923年8月）：99-104。
井上幸治，《秩父事件：自由民權期の農民蜂起》，中央公論社，1968。
井上光三郎、品川榮嗣，《写真でみる秩父事件》，新人物往來社，1982。
乾照夫，〈軍夫となった自由党壮士——神奈川県出身の「玉組」軍夫を中心に〉《地方史研究》，第32巻第3號（1982年6月）：45-64。
Irokawa Daikichi and Murano Ren'ichi. *Murano Tsuneemon den.* Tokyo: Chūō Kōron Jigyō Shuppan, 1969.
色川大吉，《困民党と自由黨》，揺籃社，1984。
色川大吉〈，民眾史の中の秩父事件〉《秩父》，（1995年3月號）：6-8。
色川大吉，《流転の民権家：村野常右衛門伝》，大和書房，1980。

色川大吉編，《三多摩自由民権史料集》，大和書房，1979。

色川大吉編，《多摩の歴史散歩》，朝日新聞社，1975。

色川大吉、村野廉一，《村野常右衛門傳（民權家時代）》，中央公論事業出版，1969。

石瀧豊美，《玄洋社發掘：もうひとつの自由民権》，西日本新聞社，1981。

板垣退助監修，遠山茂樹、佐藤誠明校訂，《自由党史（下巻）》，1910（復刊：岩波書店，1958）。

岩井弘融，《病理集団の構造：親分乾分集団研究》，誠信書房，1963。

Jacobs, James B. *Mobsters, Unions, and Feds: The Mafia and the American Labor Movement*. New York: New York University Press, 2006.

Jansen, Marius B., ed. *Changing Japanese Attitudes toward Modernization*. Princeton: Princeton University Press, 1965.

——. *The Japanese and Sun Yat-sen*. Cambridge, Mass.: Harvard University Press, 1954.

——. "Ōi Kentarō: Radicalism and Chauvinism." *Far Eastern Quarterly* 11, no. 3 (May 1952): 305–16.

——. "On Studying the Modernization of Japan." In *Studies on Modernization of Japan by Western Scholars*. Tokyo: International Christian University, 1962.

——. *Sakamoto Ryōma and the Meiji Restoration*. Princeton: Princeton University Press, 1961.

Japan Weekly Mail.

自治省選挙部編，《選挙百年史》，第一法規出版，1990。

《時事新報》。

自由党党報，《選挙干涉問題之顛末》，自由党党報局，1892。

城台巖、藤本正友、池田益實，《1960年・三池》，同時代社，2002。

加賀孝英，〈笹川良一黒幕への道〉《文藝春秋》，第71巻第1號（1993年10月）：298-314。

戒能通孝，《暴力　日本社会のファッシズム機構》，日本評論社，1950年。資料来源：《近世の成立と神権説》，慈学社出版，2012。

《改進新聞》。

龜井信幸，〈シンがーミシン会社分店閉鎖及分店主任解雇問題に関する件〉協調会史料，編號80（1925年12月7日）：502。

神田由築，《近世の芸能興行と地域社会》，東京大學出版会，1999。

姜昌一，〈天佑侠と「朝鮮問題」：「朝鮮浪人」の東学農民戦争への対応と関連して〉《史學雜誌》。第97編第8號（1998年8月）：1-37。

鹿野政直，《日本の歴史27　大正デモクラシー》，小学館，1976。

関東庁警務局長致拓務次官等人，〈大満州正義団ノ誓盃式挙行〉，外務省記録，1932年9月13日。

関東庁警務局長致拓務次官、内務書記官長等人、〈大満州正義団々規〉、外務省記録，1932年9月25日。

関東庁警局長致拓務次官、外務次官等人，〈国粋会奉天本部ノ改称ト其ノ活働〉，外務省紀録，1931年6月1日。

〈關東合同労働組合ニュース1號〉，1930年10月11日，法政大學大原社會問題研究所〈洋モス争議ファイル(1)〉。

関東労働同盟会〈野田争議の真因経過及現状　会社の誇大併に虚構の宣伝を糾す〉協調会史料，編號63，1928年。

Kaplan, David E., and Alec Dubro. *Yakuza: Japan's Criminal Underworld*. Berkeley: University of California Press, 2003.

Karlin, Jason G. "The Gender of Nationalism: Competing Masculinities in Meiji Japan." *Journal of Japanese Studies* 28, no. 1 (winter 2002): 41–77.

Kasher, Asa, and Amos Yadlin. "Assassination and Preventive Killing." *SAIS Review* 25, no. 1 (winter-spring 2005): 41–57.

Kasza, Gregory J. "Fascism from Below? A Comparative Perspective on the Japanese Right, 1931–1936." *Journal of Contemporary History* 19, no. 4 (October 1984): 607–29.

加太こうじ，《新版日本のヤクザ》，大和書房，1993。

加藤陽子，〈ファジズム論〉《日本歷史》，第700號（2006年9月）：143-53。

Katzenstein, Peter J. *Left-wing Violence and State Response: United States, Germany, Italy and Japan*, 1960s–1990s. Ithaca: Cornell University Press, 1998.

Katzenstein, Peter J., and Yutaka Tsujinaka. *Defending the Japanese State: Structures, Norms and the Political Responses to Terrorism and Violent Social Protest in the 1970s and 1980s*. Ithaca: Cornell University Press, 1991.

川越茂，（青島総領事）致外務大臣〈青島国粋会解散ニ関スル件〉（外務省記録，1932年4月1日）：208–9。

河西英通，《明治青年とナショナリズム》，資料來源：岩井忠雄編《近代日本社會と天皇制》（柏書房，1988）：139–41。

Keane, John. *Reflections on Violence*. New York: Verso, 1996.

——. *Violence and Democracy*. Cambridge: Cambridge University Press, 2004.

警保局保安課，〈戰時下ニ於ケル国家主義運動取締ノ方針〉（1942年7月），資料來源：荻野富士夫編，《特高警察関係資料集成，第14巻》，不二出版，1992。

警視庁，〈右翼資料〉，資料來源：《「浅沼事件」関係資料集》，1960年。

警視総監，〈最近ニ於ケル国家主義運働情勢ニ関スル件〉（1931年11月5日），資料來源：《特高警察関係資料集成：第13巻》，不二出版，1992。

菊池寛，〈暴力に頼らずして凡ての事を処理したし〉《中央公論》，第38巻第9號（1923年8月）：95-96。

木村正隆，〈二組暴力就労と久保さんの死〉《月刊労働問題》，279號（1980年10月）：36–37。

木村直恵，《「青年」の誕生：明治日本における政治的実践の転換》，新曜社，1998。

木下半治，《ファシズム史》，岩崎書站，1949。

木下半治、鶴見俊輔、橋川文三，〈テロ・國家・会議：浅沼刺殺事件の思想的背景と歴史的意味〉《思想の科學》，23號（1960年11月）：70-79。

岸信介，《岸信介回顧録：保守合同と安保改定》，広済堂出版，1983。

北岡寿逸，〈暴力国会の批判と対策〉《経済時代》，第21巻第7践（1956年7月）：29-31。

桑島主計（日本駐天津総領事）致外務大臣「満州関係浪人来往及活系統表送付ノ件」（外務省記録〈支那浪人関係雑件〉，1933年3月17日。

公安調査庁，〈右翼団体の現勢〉1960年10月，資料来源：《「浅沼事件」関係資料集》，1960。

小林雄吾、小池靖一編，《立憲政友会史：第2巻》，立憲政友会出版局，1924。

高知県編，《高知県史：近代編》，高知県，1970。

Kodama Yoshio. *I Was Defeated.* Japan: R. Booth and T. Fukuda, 1951.

小池喜孝，《秩父颪：秩父事件と井上伝蔵》，現代史出版会，1974。

小泉信三，〈暴力と民主主義〉《経営評論》，第4巻第9號（1949年9月）：4–6。《国民之友》

《国民新報》。

《国定忠治》（電影），牧野省三導演，1924。

《国定忠治》（電影），谷口千吉導演，1960。

《国定忠治》（電影），山中貞雄導演，1935。

久野收，〈民主主義の原理への反逆：浅沼委員長刺殺事件の思想的意味〉《思想》，437號（1960年11月）：67–74。

来原慶助，《不運なる革命児前原一誠》，平凡社，1926。

葛生能久，《東亜先覚志士記伝》，1933（復刊：原書房，1966）。

協調会労働課編，《野田労働争議の顛末》，協調会労働，1928。

極東事情研究會編，《三池争議：組合運動の転機を示すそ実相と教訓》，極東出版社，1960。

《九州新聞》。

Lebra, Takie Sugiyama. “Organized Delinquency: Yakuza as a Cultural Example.” In *Japanese Patterns of Behavior*. Honolulu: University of Hawai‘i Press, 1986.

Le Vine, Victor T. “Violence and the Paradox of Democratic Renewal: A Preliminary Assessment.” In *The Democratic Experience and Political Violence*, ed. David C. Rapoport and Leonard Weinberg. London: Frank Cass, 2001.

Lewis, Michael Lawrence. *Rioters and Citizens: Mass Protest in Imperial Japan*. Berkeley: University of California Press, 1990.

Lyttelton, Adrian. *The Seizure of Power: Fascism in Italy, 1919–1929*. New York: Routledge, 2004.

町田辰次郎，《労働争議の解剖》，第一出版社，1929。

Mackie, Vera. *Creating Socialist Women in Japan: Gender, Labour and Activism, 1900–1937*. Berkeley: University of California Press, 1997.

前島省三，〈ファシズムト議会〉《その史的究明》，法律文化社，1956。

前島省三，〈志士的プッチと国家権力〉《日本史研究》，第24號（1995年5月）：55-63。

真辺将之，〈宮地茂平と壮士たちの群像〉《土佐史談》，第211號（1999年8月）。

Mann, Michael. *Fascists*. Cambridge: Cambridge University Press, 2004.

Maruyama Masao. *Thought and Behaviour in Modern Japanese Politics*. Ed. Ivan Morris. Oxford: Oxford University Press, 1969.

丸山鶴吉（警視総監），〈洋モス亀戸工場労働争議ニ関スル件〉協調会史料，編号97，1930年9月30日，10月1日、10日。

Mason, R. H. P. “Changing Diet Attitudes to the Peace Preservation Ordinance, 1890–2.” In *Japan’s Early Parliaments, 1890–1905: Structure, Issues and Trends*, ed. Andrew Fraser, R. H. P. Mason, and Philip Mitchell. New York: Routledge, 1995.

——. *Japan’s First General Election, 1890*. Cambridge: Cambridge University Press, 1969.

増田甲子七，〈民主政治と暴力：断固懲罰すべし〉《経済時代》，第9巻第7號（1954年7月）：32–35。

増川宏一，《賭博の日本史》，平凡社，1989。

摩天楼・斜塔，《院外団手記：政党改革の急所》。時潮社，1935。

松本二郎，《萩の乱——前原一誠とその一党》，鷹書房，1972。

松本健一，〈暴徒と英雄と——伊奈野文次郎覚え書〉《展望》，第223號（1978年5月）：117-28。

松尾尊兊，《普通選舉制度成立史の研究》，岩波書店，1989。

McCaff ery, *Peter. When Bosses Ruled Philadelphia: Th e Emergence of the Republican Machine, 1867–1933*. University Park: Pennsylvania State University Press, 1993.

McCormack, Gavan. *Client State: Japan in America's Embrace.* New York: Verso, 2007.

《明治日報》。

明治大正昭和新聞研究会編，《新聞集成大正編年史》，明治大正昭和新聞研究会，1969）。

Merkl, Peter H. *The Making of a Stormtrooper*. Princeton: Princeton University Press, 1980.

《弥陀ヶ原の殺陣》，衣笠貞之助導演，1925。

三池炭鉱労働組合，〈現地（三池）の実情はこうだ：闘うヤマの決意〉《月刊総評》，第34號（1960年4月）：31-42。

Mitchell, Richard H. *Justice in Japan: The Notorious Teijin Scandal.* Honolulu: University of Hawai'i Press, 2002.

三井鉱山株式会社，《三池争議——資料》，日本経営者団体連盟弘報部，1963。

宮地正人，《日露戦後政治史の研究》，東京大学出版会，1973。

三宅雪嶺，〈『力』を頼むの弊〉《中央公論》，第38巻第9號（1923年8月）：80–83。

三宅雪嶺，〈国粋会に望む〉《中央公論》，第38巻第1號（1923年1月）：213–16。

宮沢胤男，〈鳩山内閣を信任して〉《経済時代》，第21巻第7號（1956年7月）：38-41。

溝下秀男，〈これが「川筋者」の魂だ！〉《實話時代》，2001年10月號：38–39。

水野広徳，〈暴力黙認と国家否認〉《中央公論》，第38巻第1號（1923年1月）：204-10。

水野広徳，〈一視同仁たれ〉《中央公論》，第38巻第9號（1923年8月）：93-95。

"Mobocracy Again." Time Magazine (June 16, 1961).

森川哲郎，《幕末暗殺史》，三一新書，1967。

森長英三郎〈，群馬事件——博徒と組んだ不発の芝居〉《法學セミナー》，第20巻第14號（1976年11月）：124-27。

森長英三郎，〈野田醤油労働争議事件：217日の長期、最大のスト1〉《法學セミナー》，第202號（1972年10月）：104-6。

森長英三郎，〈野田醤油労働争議事件：217日の長期、最大のスト2〉《法學セミナー》，第203號（1972年11月）：88-91。

守安敏司，〈今田丑松と水平社創立者たち：大日本国粋会と奈良縣水平社〉《水平社博物館研究紀要》，第2號（2000年3月）：1-29。

Morn, Frank. *"The Eye Th at Never Sleeps": A History of the Pinkerton National Detective Agency*. Bloomington: Indiana University Press, 1982.

Morris, Ivan. *The Nobility of Failure: Tragic Heroes in the History of Japan*. New York: Holt, Rinehart and Winston, 1975.

Mouffe, Chantal. *On the Political*. New York: Routledge, 2005.

村田淳編，《甦える地底の記録（第1巻）磐炭・入山労働争議資料集成》，いわき社会問題研究，1984。

室伏哲郎，《日本乃テオリスト　暗殺のクーデターのク歷史》，弘文堂，1962。

Mushkat, Jerome. *The Reconstruction of the New York Democracy, 1861–1874*. Rutherford, N.J.: Fairleigh Dickinson University Press, 1981.

永川俊美，〈政党の親分・乾児〉《改造》，（1920年8月）：25-33。

《長崎日日新聞》。

永田秀次郎，〈選挙の裏面に潜む罪惡〉《日本評論》，第2巻第4號（1917年4月）：192-93。

內務省警保局，〈暴力団続出跋扈の状況〉（出版年不詳），国立国会図書館憲政資料室蔵，內務省資料。

——，〈「大日本国粋会員の服装に関する件（愛媛）」（1935年6月4日）。

——，〈国粋会員の服装に関する件通牒（庁府縣）〉（1923年8月15日）。

內務省警保局編，《社會運動の狀況：第7巻》，三一書房，1972。

內務省警保局保安課，〈特高資料——社会運動団体現勢調〉，1932年6月、1934年6月、1935年6月。

Najita, Tetsuo. *Hara Keiin the Politics of Compromise, 1905–1915.* Cambridge, Mass.: Harvard University Press, 1967.

Najita, Tetsuo, and J. Victor Koschmann, eds. *Conflict in Modern Japanese History: The Neglected Tradition*. Princeton: Princeton University Press, 1982.

中嶋幸三，《井上伝蔵：秩父事件と俳句》，邑書林，2000。

中島岳志，《中村屋のボース—インド独立運動と近代日本のアジア主義》，白水社，2005。

中本たか子，《わたしの安保闘争日記》，新日本出版社，1963。

中西輝磨，《昭和山口県人物誌》，マツノ書店，1990。

Neary, Ian. *Political Protest and Social Control in Pre-War Japan: The Origins of Buraku Liberation.* Manchester: Manchester University Press, 1989.

New York Times.

《日萬朝報》。

日本紡織勞動組合，〈洋モス争議について町民諸君に檄す〉1930年10月2日、法政大學大原社会問題研究所〈洋モス争議ファイル(1)〉。

日本紡織労働組合加盟，〈洋モス争議は最後の決戦だ！〉，1930年，法政大學大原社会問題研究所，〈洋モス争議ファイル(1)〉。

日本紡織労働組合争議團，〈洋モス争議日報〉，1930年10月10、15日，法政大學大原社会問題研究所，〈洋モス争議ファイル(2)〉。

日本現代史研究会編，《1920年代の日本の政治》，大月書店，1984。

日本社会問題研究所編，《労働争議野田血戰記》，日本社会問題研究所，1928，復刊，崙書房，1973。

〈「仁俠？」につながる保守政治家〉，《週刊読売》，1963年8月18日號：12–17。

西井一夫編，《60年安保・三池闘争：1957-1960》，毎日新聞社，2000。

西島芳二，〈國會はあれでよいか〉《政治経済》，第9巻第7號（1956年7月）：4-5。

西島芳二等人，〈國會・暴力・民眾（座談會）〉《世界》，第104號（1954年8月）：73-93。

西尾正栄，〈暴力と社会主義〉《社会思想研究》，第13巻第7號（1961年7月）：11-13。

西尾陽太郎，《頭山満翁正傳》，葦書房，1981。

野田醤油株式会社編《野田争議の經過目錄》，野田醤油，1928。

野田醤油株式会社編，《野田争議の顛末》，野田醤油，復刊：崙書房，1973。

《野田醤油株式會社二十年史》，野田醤油，1940。

〈野田醤油株式會社労働争議概況〉，資料來源《特高警察関係資料集成：第9巻》，不二出版，1991。

野島貞一郎，〈暴力國會と参議院〉《政治経済》，第9巻第7號（1956年7月）：24–26。

野村襄二，〈全労働者は決起して建國會を叩きつぶせ〉《労働者》，第13號（1982年2月）：41-48。

Norman, E. Herbert. "The Genyōsha: A Study in the Origins of Japanese Imperialism." *Pacific Affairs* 17, no. 3 (September 1944): 261–84.

王希亮，〈大陸浪人のさきがけ及び日清戦争への躍動〉《金澤法學》，第36巻第1–2合併號（1994年3月），55-77。

大日方純夫，《日本近代国家の成立と警察》，校倉書房，1992。

落合弘樹，《明治国家と士族》，吉川弘文館，2001。

尾形鶴吉，《本邦侠客の研究》，博芳社，1933。

大口勇次郎，《村の犯罪と関東取締出役》，資料來源：川村優先生還暦記念会編《近世の村と町》，吉川弘文館，1988。

小栗一雄（福岡縣知事）致內務大臣、外務大臣等人，〈満州国粋会幹事ノ言動ニ関スル件〉，外務省紀錄，1933年4月5日。

小栗一雄（福岡縣知事）致內務大臣等人，〈満州正義団誓盃式挙行ノ件〉，外務省記録，1932年9月12日。

岡崎万寿秀，〈浅沼事件と右翼〉《前衛》，176號（1960年12月）：184-92。

大宮　警察署，〈第一回訊問調書：田代榮助〉1884年11月15日，資料來源：埼玉新聞社出版部編，《秩父事件史料：第1巻》，1971。

——.〈第二回訊問調書：田代榮助〉1884年11月16日。

——.〈第五回訊問調書：田代榮助〉1884年11月19日。

大宮　警察当部，〈逮捕通知，田代栄助〉1884年11月5日，資料来源：《秩父事件史料集成：第1巻：農民裁判書1》，二玄社，1984。

大野伴睦先生追想録刊行会編集委員会，《大野伴睦：小伝と追想記》，大野伴睦先生追想録刊行会，1970。

大野伴睦，《大野伴睦回想録》，弘文堂，1962。

大野達三、高木喬，《浅沼暗殺事件と右翼暴力団：戦後右翼暴力団の実体・政治的役割・背景》，労働法律旬報395號（1960年10月）19-24。

長田午狂，《俠花錄：勳四等籠寅・保良淺之助傳》，桃園書房，1963。

大阪府知事致內務大臣等人，〈新滿州國ニ於ケル正義団ノ行動其ノ他ニ関スル件〉，外務省記録，1932年9月15日。

大阪府警察史編集委員會，《大阪府警察史：第2巻》，大阪府警察本部，1972。

《大阪每日新聞》

《大阪日日新聞》

大內兵衛、向坂逸郎，〈三池の闘いを見つめて〉《世界》，174號（1960年6月）：11-27。

大矢正夫（色川大吉編），《大矢正夫自徐傳》，大和書房，1979。

Ozaki Yukio. *The Autobiography of Ozaki Yukio: The Struggle for Constitutional Government in Japan*. Trans. Hara Fujiko. Princeton: Princeton University Press, 2001.

尾崎行雄，《咢堂自伝》，資料來源：《尾崎咢堂全集 第11巻》，公論社，1955。

Packard, George R. *Protest in Tokyo: The Security Treaty Crisis of 1960*. Princeton: Princeton University Press, 1966.

Paxton, Robert O. *The Anatomy of Fascism.* New York: Alfred A. Knopf, 2004.

Petersen, Michael. "The Intelligence That Wasn't: CIA Name Files, the U.S. Army, and Intelligence Gathering in Occupied Japan." In *Researching Japanese War Crime Records: Introductory Essays.* Washington: National Archives and Records Administration, Nazi War Crimes and Japanese Imperial Government Records Interagency Working Group, 2006.

Pittau, Joseph. *Political Thought in Early Meiji Japan, 1868–1889.* Cambridge, Mass.: Harvard University Press, 1967.

Quigley, Harold S. "The New Japanese Electoral Law." *American Political Science Review* 20, no. 2 (May 1926): 392–95.

Rapoport, David C., and Leonard Weinberg. "Elections and Violence." In *The Democratic Experience and Political Violence*, ed. David C. Rapoport and Leonard Weinberg. London: Frank Cass, 2001.

Ravina, Mark. *The Last Samurai: The Life and Battles of Saigō Takamori.* Hoboken: John Wiley & Sons, 2004.

Reynolds, Douglas R. "Training Young China Hands: Tōa Dōbun Shoin and Its Precursors, 1886–1945." *In The Japanese Informal Empire in China, 1895–1937,* ed. Peter Duus, Ramon H. Myers, and Mark R. Peattie. Princeton: Princeton University Press, 1989.

Reynolds, John F. "A Symbiotic Relationship: Vote Fraud and Electoral Reform in the Gilded Age." *Social Science History* 17, no. 2 (summer 1993): 227–51.

Riall, L. J. "Liberal Policy and the Control of Public Order in Western Sicily 1860–1862." *Historical Journal* 35, no. 2 (June 1992): 345–68.

Richie, Donald, and Ian Buruma. *The Japanese Tattoo*. New York: Weatherhill, 1980.

労働農民党、東京府京橋支部〈野田六千の兄弟諸君!!〉協調会史料，編號63，1928年1月16日。

労働運動史研究会編，《日本労働運動の歴史（戦前編）》，三一書房，1960。

Rogers, John M. "Divine Destruction: The Shinpūren Rebellion of 1876." In *New Directions in the Study of Meiji Japan*, ed. Helen Hardacre with Adam L. Kern. New York: Brill, 1997

労農党，〈洋モス争議応援暴圧反対、打倒浜口内閣の演説会に就いて〉，1930年10月3日、法政大学大原社会問題研究所〈洋モス争議ファイル(1)〉。

Ross, Daniel. *Violent Democracy*. Cambridge: Cambridge University Press, 2004.

蠟山政道，《日本政治》，毎日新聞社，1955。

Rush, Michael, ed. *Parliament and Pressure Politics*. Oxford: Clarendon Press, 1990.

Ruxton, Ian C., ed. *The Diaries and Letters of Sir Ernest Mason Satow (1843–1929), A Scholar-Diplomat in East Asia*. Lewiston: Edwin Mellen Press, 1998.

佐賀県史編纂委員会編，《佐賀県史（下巻）近代編》，佐賀県史料刊行会，1967。

斉藤秀夫，〈京浜工業地帯の形成と地域社會：いわゆる「鶴見騒擾事件」をめぐって〉《横浜市立大学論叢：人文科学系列》，第40巻第1號（1989年3月）：1-121。

酒井栄蔵，《無遠慮に申上げる》，竜文館，1927。

向坂逸郎，〈浅沼さんの死と個人的テロリズム〉《社會主義》，110號（1960年11月）：2-7。

Samuels, Richard J. *Machiavelli's Children: Leaders and Their Legacies in Italy and Japan*. Ithaca: Cornell University Press, 2003.

《山陽新報》。

佐藤孝太郎，《三多摩の壮士》，武蔵書房，1973。

サトウマコト編，《鶴見騒擾事件百科》，ニイサンマルクラブ，1999。

Scalapino, Robert A. *Democracy and the Party Movement in Prewar Japan.* Berkeley: University of California Press, 1953.

SCAP Government Section. *Political Reorientation of Japan: September 1945 to September 1948*. Vol. 1. Washington: U.S. Government Printing Offi ce, 1949.

SCAP Investigation Division. Interrogation of Kodama Yoshio. In "Records Pertaining to Rules and Procedures Governing the Conduct of Japanese War Crimes Trials, Atrocities Committed Against Chinese Laborers, and Background Investigation of Major War Criminals." June 14, 1948. Reel 15.

SCAP Investigation Division. Interrogation of Yoshida Hikotarō. In "Records Pertaining to Rules and Procedures Governing the Conduct of Japanese War Crimes Trials, Atrocities Committed Against Chinese Laborers, and Background Investigation of Major War Criminals." June 4, 1948. Reel 15.

Schaller, Michael. *Altered States: The United States and Japan since the Occupation.* Oxford: Oxford University Press, 1997.

Schlesinger, Jacob M. *Shadow Shoguns: The Rise and Fall of Japan's Postwar Political Machine*. Stanford: Stanford University Press, 1999.

Security Group, Control and Analysis Branch, C/S Section. October 24, 1956. U.S.

National Archives. CIA Name File. Box 67. Folder: Kodama Yoshio. Vol. 2.

《政治経済通信》。

〈政治テロと集團行動〉《世界》，187號（1961年7月）：190-92。

大阪毎日新聞說く政友会の暴行事件〉1926年3月30日，資料來源：《憲政を危機に導政友会の暴行事件》，自由文壇社，1927。

関戸覚蔵編，《東陲民権史》，1903（復刊：明治文献，1966）。

Servadio, Gaia. *Mafioso: A History of the Mafi a from Its Origins to the Present Day*. New York: Stein and Day, 1976.

Seymour, Charles. *Electoral Reform in England and Wales: The Development and Operation of the Parliamentary Franchise, 1832–1885*. 1915. Reprint, Newton Abbot: David & Charles, 1970.

社会局労働部編，《東洋モスリン株式会社労働争議状況》，社会局労働部，1930。

《社会民衆新聞　号外》，協調会史料，編號63。

司法省調査課，《司法研究報告書集：第8集》，1928。

島田研一郎，《うき草の花》，羽村市教育委員會，1993。

島津明，〈本朝選舉干涉史〉《人物往來》，1995年3月號：48-52。

清水亮三（瓢々居士）編，《社會の花：壮士運動》，翰香堂，1887。

清水吉二，《群馬自由民權運動の研究上毛自由黨と激化事件》，あさを社，1984）。

下関市市史編集委員会編，《下関市史：第3巻》，下関市役所，1958。

下関商工会議所，《下関商工会議所創立百年史》，下関商工会議所，1981。

《下野新聞》。

子母澤寛，《國定忠治》，改造社，1933。

信夫清三郎，《安保闘争史：三五日間政局史論》，世界書院，1969。

庄司吉之助，《米騷動の研究》，未来社，1957。

「主要右翼團體一覽表」，1960年10月，資料來源：《「淺沼事件」關係資料集》，1960。

Sissons, D. C. S. "The Dispute over Japan's Police Law." *Pacific Affairs* 32, no. 1 (March 1959): 34–45.

Smith, Henry DeWitt II. *Japan's First Student Radicals*. Cambridge, Mass.: Harvard University Press, 1972.

Smith, Thomas C. "Japan's Aristocratic Revolution." *In Native Sources of Japanese Industrialization*. Berkeley: University of California Press, 1988.

Sorel, Georges. *Reflections on Violence*. Ed. Jeremy Jennings. Cambridge: Cambridge University Press, 1999.

Stark, David Harold. "The Yakuza: Japanese Crime Incorporated." Ph.D. diss., University of Michigan, 1981.

須田努，《「惡党」の一九世紀：民眾運動の變質と「近代移行期」》，青木書店，2002。

須田努，〈暴力はどう語られてきたか〉，資料來源：須田努、趙景達、中嶋久人合編《暴力の地平を超えて：歴史学からの挑戦》，青木書店，2004。

須田努、趙景達、中嶋久人合編《暴力の地平を超えて：歴史学からの挑戦》，青木書店，2004。

〈水平社對国粋会騷擾事件〉（種村氏警察參考資料第78集），国立公文書館藏。

鈴木孝一編，《ニュースで追う明治日本発掘：憲法発布・大津事件・壮士と決闘の時代》，河出書房新社，1994。

鈴木武史，《星亨——藩閥政治を揺がした男》，中央公論社，1988。

鈴木安蔵，〈暴力・とくに民主主義における暴力について〉《理論》，10－11號（1949年11月）：24–59。

鈴木安蔵編，《日本の国家構造》，勁草書房，1957。

高木喬，〈動きだした右翼暴力団の背景〉《前衛》，169號（1960年6月），22-26。

高木健夫，〈大野伴睦という男〉《政界往来》，第18巻第12號（1952年12月）：30–32。

高橋彥博，〈院外団の形成——竹内雄氏からの聞き書を中心に〉《社會勞動研究》，第30巻第3、4號（984年3月）：91-118

高橋敏，《博徒の幕末維新》，筑摩書房，2004。

高橋敏，《國定忠治》，岩波書店，2000。

高橋哲夫，《風雲・ふくしまの民権壮士》，歴史春秋出版，2002。

高橋哲郎，《律義なれど、仁侠者——秩父困民党総理田代栄助》，現代企畫室，1998。

高橋雄豺，《明治警察史研究》，令文社，1963。

高野実〈浅沼暗殺をめぐる政局〉《労働経済旬報》第14巻第453號（1960年10月）：3-7。

高野壽夫，《秩父事件：子孫からの報告》，木馬書館，1981。

高崎警察署，〈第2回訊問調書：小柏常次郎〉1884年11月15日，資料來源：井上幸治、色川大吉、山田昭次共編，《秩父事件史料集成：第3巻：農民裁判文書3》，二玄社，1984。

竹内良夫，《政党政治の開拓者・星亨》，芙蓉書房，1984。

玉井政雄，《刀と聖書：筑豊の風雪二代記》，歴史圖書社，1978。

玉置和宏，《経団連と花村仁八郎の時代》，社会思想社，1997。

田村榮太郎，《上州遊び人風俗問答》，資料來源：林英夫編《近代民衆の記録(4)流民》，新人物往來社，1971。

田村栄太郎，《やくざの生活》，雄閣出版，1964。

田中千弥，《秩父暴動雑録》，資料來源：大村進、小林弌郎、小池信一編《田中千弥日記》，琦玉新聞社出版局，1977。

田中惣五郎，《ファッシズムの源流 北一輝の思想と生涯》，白揚社，三一書房，1970。

田中惣五郎編，《日本官僚政治史》（改訂版），河出書房，1954。

田中惣五郎編，《大正社会運動史：第2巻》，三一書房，1970。

寺崎修，《明治自由党の研究：下巻》，慶応通信，1987。

手塚豊，《自由民権裁判の研究（中）》，慶応通信，1982。

Tilly, Charles. *The Politics of Collective Violence*. Cambridge: Cambridge University Press, 2003.

戸部良一，《逆説の軍隊》，中央公論社，1998。

《德島毎日新聞》。

《東京朝日新聞》。

富田信男，〈戦後右翼の機能と役制：保守支配の現実〉《エコノミスト》，第43巻第28號（1965年6月）：65-69。

頭山統一，《筑前玄洋社》，葦書房，1977。

遠山茂樹編，《三多摩の壮士》，資料來源：《明治のにない手（上）人物・日本の歴史11》，読売新聞社，1965。

〈東洋モス大争議：レポ集〉，1930年10月11、24日，法政大學大原社会問題研究所〈洋モス争議ファイル(1)〉。

東洋モスリン争議団本部によるのないチラシ，1930年10月7日，法政大學大原社会問題研究所〈洋モス争議ファイル(1)〉。
土倉宗明，〈院外団爭鬥記〉《藝文春秋》，1935年12月號：210-17。
津田左右吉，〈暴力政治への怒り：どうなる場合も暴力を排除せよ〉《文藝春秋》第32巻第12號（1954年8月）：73–76。
都築七郎，《頭山満：そのどでかい人間像》，新人物往來社，1974。
Uchida, Jun. " 'Brokers of Empire': Japanese Settler Colonialism in Korea, 1910–1937." Ph.D. diss., Harvard University, 2005.
內村義城，《明治社會壯士の運動》，翔雲堂，1888。
宇田友豬、和田三郎合編，《自由黨史：下卷》，五車楼，1910。
植木枝盛，《植木枝盛日記》，高知新聞社，1955。
梅田又次郎，《壯士之本分》，博文堂，1889。
梅津勘兵衛，《俠客及俠客道に就いて》，日本外交協會，1941。
Ungar, Mark, Sally Avery Bermanzohn, and Kenton Worcester. "Introduction: Violence and Politics." *In Violence and Politics: Globalization's Paradox,* ed. Kenton Worcester, Sally Avery Bermanzohn, and Mark Ungar. New York: Routledge, 2002.
United States Department of State. *Occupation of Japan: Policy and Progress.* Washington: U.S. Government Printing Offi ce, 1946.
——. "Internal Aff airs of Japan, 1955–1959." June 12, 1956. U.S. National Archives. Decimal File 794.00/6 1256. C-009. Reel 26.

United States Department of State, Bureau of Far Eastern Aff airs. “The Political Climate in Japan.” [1958]. U.S. National Archives. Subject Files Relating to Japan, 1954–1959. Lot File 61D68. C-0099. Reel 3.

浦和重罪裁判所，〈裁判言渡書：田代榮助〉1885年2月19日，資料來源：井上幸治、色川大吉、山田昭次合編，《秩父事件史料集成，第1卷，農民裁判文書1》，二玄社，1984。

薄田斬雲編，《頭山滿翁の真面目》，平凡社，1932。

Valli, Roberta Suzzi. “The Myth of Squadrismo in the Fascist Regime.” *Journal of Contemporary History* 35, no. 2 (April 2000): 131–50.

Varese, Federico. T*he Russian Mafia: Private Protection in a New Market Economy.* Oxford: Oxford University Press, 2001.

——. “The Secret History of Japanese Cinema: The Yakuza Movies.” *Global Crime* 7, no. 1 (February 2006): 105–24.

Vlastos, Stephen, ed. *Mirror of Modernity: Invented Traditions of Modern Japan*. Berkeley: University of California Press, 1998.

——. “Opposition Movements in Early Meiji, 1868–1885.” *In The Cambridge History of Japan*. Vol. 5. Ed. Marius B. Jansen. Cambridge: Cambridge University Press, 1989.

——. *Peasant Protests and Uprisings in Tokugawa Japan*. Berkeley: University of California Press, 1986.

我妻栄編，《舊法令集》，有斐閣，1968。

我妻栄他編，《日本政治裁判史錄：明治》，第一法規出版，1969。

Walthall, Anne. *Social Protest and Popular Culture in Eighteenth-Century Japan*. Tucson: University of Arizona Press, 1986.

Wardlaw, Grant. *Political Terrorism: Theory, Tactics, and Counter-measures*. Cambridge: Cambridge University Press, 1989.

〈我等的信条〉《国粋》第1號，（1920年10月15日）。

Waswo, Ann. "Th e Transformation of Rural Society, 1900–1950." *In The Cambridge History of Japan*. Vol. 6. Ed. Peter Duus. Cambridge: Cambridge University Press, 1989.

渡辺悦次，〈戦前の労働争議－3－河野密さんにきく　高野山への籠城戦術をあみだした大阪市電争議〉《月刊総評》，第241号（1978年1月）：108-14。

渡辺幾治郎，〈随筆：政党の親分子分〉《政界往来》，第12巻第5號（1941年5月）：5-6。

渡辺銕蔵，〈大正志士論〉《中央公論》，第38巻第12號（1923年11月）：83-85。

渡辺洋三，〈法と暴力〉《思想》，438號（1960年12月）：118。

Weber, Max. *Economy and Society: An Outline of Interpretive Sociology*. Vol. 1. Trans. Ephraim Fischoff et al. Ed. Guenther Roth and Claus Wittich. Berkeley: University of California Press, 1978.

Westney, D. Eleanor. *Imitation and Innovation: Th e Transfer of Western Organizational Patterns to Meiji Japan*. Cambridge, Mass.: Harvard University Press, 1987.

White, James W. *Ikki: Social Conflict and Political Protest in Early Modern Japan*. Ithaca: Cornell University Press, 1995.

Wigen, Kären. *The Making of a Japanese Periphery, 1750–1920*. Berkeley: University of California Press, 1995.

Wray, William D. *Mitsubishi and the N.Y.K., 1870–1914: Business Strategy in the Japanese Shipping Industry*. Cambridge, Mass.: Council on East Asian Studies, Harvard University, 1984.

八幡製鉄株式会社八幡製鉄所，《八幡製鉄所労働運働誌》，八幡製鉄所，1953。

《山形新報》

山口林三，〈暴走した参議院〉《政治経済》，第9巻第7號（1956年7月）：22–23。

山本四郎，《立憲政友会史：第3巻》，1924（復刊：日本図書センター，1990）。

山村昌子，〈水平社・国粋会爭門事件の検討：裁判記錄を中心として〉《部落解放研究》，第27號（1981年9月），161–64。

《大倭国粋新聞》，自由民権資料館蔵。

Yanaga Chitoshi. *Big Business in Japanese Politics*. New Haven: Yale University Press, 1968.

安丸良夫編，《監獄の誕生—歴史を読みなおす22》，朝日新聞社，1995。

安丸良夫，〈困民党の意識過程〉《思想》，726號（1984年12月）：78-97。

安丸良夫、深谷克己校注，《日本近代思想大系21民眾運動》，岩波書店，1989。

《読売新聞》

読売新聞社西部本社編，《福岡百年（下）日露戦争から昭和へ》，浪速社，1967。

洋モス争議団、全国労働組合同盟、日本紡織労働組合〈洋モス争議について町民諸君に檄す〉，1930年10月2日、法政大学大原社会問題研究所〈洋モス争議ファイル(1)〉。

〈洋モス争議闘争ニュース6號〉，1930年10月11日、法政大學大原社会問題研究所〈洋モス争議ファイル(2)〉。

吉田磯吉翁伝記刊行会編，《吉田磯吉翁伝》，吉田磯吉翁伝記刊行会，1941。

吉野作造，〈「國家」の外「力」の使用を許さず〉《中央公論》，第38巻第1號（1923年1月）：201-4。

吉沢清次郎（新京総領事）致外務大臣与駐満洲大使，〈自称満州国正義団総務池田英雄ノ働静ニ関スル件〉（外務省記録〈支那浪人関係雑件〉，1934年4月25日。

《郵便報知新聞》

行友李風，《国定忠治》（戲曲），1919年。

《ザ・グラフィック》

《全国大衆新聞》

趙軍，〈「別働隊」と「志士」のはざま—近年来大陸浪人研究の回顧と展望〉《千葉商大紀要》，第36巻4號（1999年3月）：105–24。

國家圖書館出版品預行編目資料

日本暴力政治：流氓、極道、國家主義者,影響近代日本百年發展的關鍵因素／英子．丸子．施奈華（Eiko Maruko Siniawer）著；游淑峰譯. -- 初版. -- 臺北市：麥田出版, 城邦文化事業股份有限公司出版：英屬蓋曼群島商家庭傳媒股份有限公司城邦分公司發行, 2021.05
面； 公分
譯自：Ruffians, yakuza, nationalists : the violent politics of modern Japan, 1860-1960
ISBN 978-986-344-937-9（平裝）

1.政治 2.近代史 3.日本史

731.27 110004174

歷史選書

日本暴力政治

流氓、極道、國家主義者，影響近代日本百年發展的關鍵因素

Ruffians, Yakuza, Nationalists: The Violent Politics of Modern Japan, 1860–1960

作　　者／英子．丸子．施奈華（Eiko Maruko Siniawer）
譯　　者／游淑峰
特約編輯／劉懷興
主　　編／林怡君

國際版權／吳玲緯
行　　銷／巫維珍　何維民　吳宇軒　陳欣岑
業　　務／李再星　陳紫晴　陳美燕　葉晉源
編輯總監／劉麗真
總 經 理／陳逸瑛
發 行 人／凃玉雲
出　　版／麥田出版
10483臺北市民生東路二段141號5樓
電話：(886)2-2500-7696　傳真：(886)2-2500-1967
發　　行／英屬蓋曼群島商家庭傳媒股份有限公司城邦分公司
10483臺北市民生東路二段141號11樓
客服服務專線：(886) 2-2500-7718、2500-7719
24小時傳真服務：(886) 2-2500-1990、2500-1991
服務時間：週一至週五09:30-12:00．13:30-17:00
郵撥帳號：19863813　戶名：書虫股份有限公司
讀者服務信箱E-mail：service@readingclub.com.tw
麥田網址／https://www.facebook.com/RyeField.Cite/
香港發行所／城邦（香港）出版集團有限公司
香港灣仔駱克道193號東超商業中心1/F
電話：(852)2508-6231　傳真：(852)2578-9337
馬新發行所／城邦（馬新）出版集團Cite (M) Sdn Bhd.
41-3, Jalan Radin Anum, Bandar Baru Sri Petaling, 57000 Kuala Lumpur, Malaysia.
電話：(603)9056-3833　傳真：(603)9057-6622
讀者服務信箱：services@cite.my

封面設計／倪旻鋒
印　　刷／前進彩藝有限公司

■2021年5月6日　初版一刷　Printed in Taiwan.

定價：450元

ISBN 978-986-344-937-9